Research on Long-term Mechanism of Mutual
Assistance Care for the Rural Elderly
Theoretical Construction and Path Optimization

农村互助养老长效机制研究
理论建构与路径优化

王 辉 著

中国社会科学出版社

图书在版编目（CIP）数据

农村互助养老长效机制研究：理论建构与路径优化／王辉著. —北京：中国社会科学出版社，2023.6
ISBN 978 - 7 - 5227 - 1759 - 3

Ⅰ.①农⋯　Ⅱ.①王⋯　Ⅲ.①农村—养老—研究—中国　Ⅳ.①D669.6

中国国家版本馆 CIP 数据核字（2023）第 059191 号

出 版 人	赵剑英
责任编辑	冯春凤
责任校对	张爱华
责任印制	张雪娇

出　　版	中国社会科学出版社
社　　址	北京鼓楼西大街甲 158 号
邮　　编	100720
网　　址	http://www.csspw.cn
发 行 部	010 - 84083685
门 市 部	010 - 84029450
经　　销	新华书店及其他书店

印　　刷	北京君升印刷有限公司
装　　订	廊坊市广阳区广增装订厂
版　　次	2023 年 6 月第 1 版
印　　次	2023 年 6 月第 1 次印刷

开　　本	710 × 1000　1/16
印　　张	19.75
插　　页	2
字　　数	330 千字
定　　价	118.00 元

序　言

　　人口老龄化和城镇化的挑战、传统农村家庭养老的衰落和社区养老功能的弱化交织引发了农村老年人经济困难、生活失靠、精神孤寂，乃至失望自杀等一系列复杂的社会问题。为疏解此难题，习近平总书记强调要建立农村留守老人关爱服务体系。而以农村社区为依托来发展互助养老，不仅具有较强的文化适应性和低成本性，还注重调动农村老人参与服务，被视为一条疏解农村养老难题的可行之路。随着 2011 年民政部将河北肥乡地区的农村幸福院推向全国，农村互助养老（互助幸福院）迎来了蓬勃发展的空间，各地探索出了时间银行、以预防自杀为主的守门人等互助形式，以及政府主导型、民间主导型、敬老院代管型、老年协会主办型等多种互助养老模式，受到了学界和业界的广泛关注。

　　农村互助养老的运行，面临发展理念落后、以行政指令为中心、忽视老人需求、资金筹集渠道单一、养老设施缺乏、管理专业性弱、服务功能不强、社会低度信任、老人缺乏热情、参与程度不高，互助流于表面、欠缺生产生活上的互助等困境。学界对此也从宏观层面的法规框架和压力型体制分析了原因，并提出了相应的政策建议，但尚欠缺对困境背后的影响因素进行科学分析和广泛田野调查基础之上的优化路径设计。总之，既有研究呈现出碎片化状态且缺乏坚实的理论基础，未能构建出系统的解释框架来统合各项制度安排，尤其是针对其长效机制的深度研究还比较少，不利于其可持续发展。

　　在农村互助养老长效机制的理论建构上，本研究以互助论来阐释建构老人互助机制，以福利供给理论和社会运行理论来阐释建构资源筹集机制、组织运行机制、老人互助机制和社会连带机制。每重机制都指涉了特定领域中的主体、对象、方式等维度，如资源筹集机制指涉了谁来筹集、筹集哪些资源、如何筹集、为什么筹集等；组织运行机制指向了哪个主体对互助养老组织的日常运行管理负责，并为老年人开展文娱活动和提供服务；老人互助机制指向了老年人之间通过何种方式互帮互助，以及凭借何种机制让互助方式可持续；社会连带机制指向了家庭、社区、社会慈善等要素是基于何种动力、通过何种方式来增加对互助养老组织和老年人的社会支持。四重机制分别刻画了多个行动者的参与方式和农村互助养老的各个面向，并预设了机制之间的互动关系，从总体上呈现了农村互助养老的实践过程。

在农村互助养老的分类和分阶上，本研究根据资源筹集主体多少、养老服务内容丰富程度、服务管理者的专业化程度、老年人参与范围程度、互助养老的制度化程度以及社会连带范围程度 6 个维度，共分成初级、中级和高级农村互助养老；初级农村互助养老对应的模式为：政府—村庄能人为主导，政府—老年协会为主导的农村互助养老；中级农村互助养老对应的模式为：政府—村委会为主导，政府—社工机构为主导的农村互助养老；高级农村互助养老对应的模式为：政府—村委会—老年协会为主导，基金会—社工机构—老年协会为主导的农村互助养老。

在定量研究统计分析上，本研究采用问卷抽样调查的方式，对江西、浙江、河南等 12 个省份（直辖市）的农村老人展开调研，涵盖了团结型/宗族型农村、分裂型农村、松散型农村三类理想型村庄结构，以及华东、华北、东北、华中、西南、西北六大地理区域。扫描了农村老年人经济社会生活现状和互助养老推广状况、实现形式，以及老年人的互助养老认同度和意愿。通过多层次回归分析表明：养老保障能力和社会规范对于农村老人互助养老的认同度和参与意愿具有显著正向影响。社交偏好对于农村老人互助养老的认同度具有显著正向影响，但对互助养老参与意愿没有影响。

在定性研究案例分析上，本研究根据判断性抽样原则，分别将重庆铜梁区农村互助养老服务站，湖北恩施以农村老年协会为典型的互助养老，河北肥乡区农村幸福院，重庆大足区以社工机构服务为典型的互助养老，浙江省金华市政府、村委会和老年协会均发挥作用的互助养老，河北荷花公益基金会互助养老作为六种模式和三个阶段发展的典型案例。对六个典型案例从互助养老创办经历、资源筹集机制、组织运行机制、老年人互助机制、社会连带机制、模式特征、成效与不足等方面展开详细介绍。通过学理层面分析：四重机制的运作存在一定的序向，每一机制作用的发挥以前一重机制的存在和完备为前提。前者对后者产生直接影响，后者对前者也产生反作用，而各重机制的影响可能会跨层次传导，产生间接影响。

在政策建议上，促进农村互助养老长效发展需要遵循结合人口老龄化和乡村振兴的战略导向，在实施步骤上因地制宜、分类推进，构建党建引领互助养老的协同治理体系等原则。而在农村互助养老长效机制的具体优化路径上，针对四重机制，既提出了共性的政策建议，也提出了针对不同阶段的个性政策建议。

在研究创新上，本研究将长效机制具体化为资源筹集机制、组织运行机制、老人互助机制和社会连带机制，为研究组织运行长效机制提供了解释框架。将组织管理视为筹资、服务递送管理等多个环节构成的有机系统，创新农村互助养老的模式分类，提出政府—村庄能人主导、政府—社工机构主导、基金会—社工机构—老年协会主导等六种类型；政府或基金会主要扮演资源筹集者、规划引导者、方案设计者、服务监管者等角色，而村庄能人、老年协会、村委会、社工机构等则扮演服务递送者、互助服务实施者、老人生活照料者等角色，更适合农村互助养老运行场域；创新农村互助养老发展阶段划分，将发展阶段与发展模式挂钩，在不同阶段选择合适的互助养老模式，突破了目前学界以一种静态视角分析农村互助养老模式的局限。提出影响老年人参与互助养老意愿的效益观和条件观，打开了影响老人参与互助养老的隐形之门。

目　　录

Catalogue

第一章　绪 论

一　研究背景与问题提出

（一）人口快速老龄化的挑战

就国际公认的标准，一个国家或地区 60 岁及以上的人口占到 10% 或 65 岁及以上的人口占到 7%，这个国家或地区就被视为进入人口老龄化社会。依照此种标准，我国在 20 世纪末已出现人口老龄化现象，并于 21 世纪初正式迈入了老龄化社会。近十年来，我国老龄化进程明显加快，并向深度老龄化社会发展：全国第六次人口普查结果显示，2010 年我国人口总量为 137054 万人，60 岁及以上人口为 17765 万人，占 13.26%，其中 65 岁及以上人口为 11883 万人，占 8.87%；而全国第七次人口普查显示，2020 年我国人口总量是 141212 万人，60 岁及以上人口为 26402 万人，占 18.70%，比第六次人口普查时上升了 5.44%，其中 65 岁及以上人口为 19064 万人，占 13.50%，较第六次人口普查上升了 4.63%，且与上个十年相比，上升幅度分别提高了 2.51 和 2.72 个百分点。根据国家统计局历年发布的《年度统计公报》与《中国统计年鉴》，我们可以得到近二十年中国人口老龄化趋势。

此外，根据中国疾病预防控制中心测算[1]，到 2033 年我国 60 岁及以上人口将达到 30% 以上，我国将进入超老龄社会。当前我国老年人口增长率高于社会总人口增长率，老年人口占总人口的比例将会持续走高。而老年人口在整个人口结构中比例越高，整个国家的人口结构越倾向于"倒金

---

[1]　Luo Y, Su B, Zheng X. Trends and Challenges for Population and Health During Population Aging-China, 2015 - 2050. *China CDC Wkly*, Vol. 3, No. 28, 2021, pp. 593 - 598.

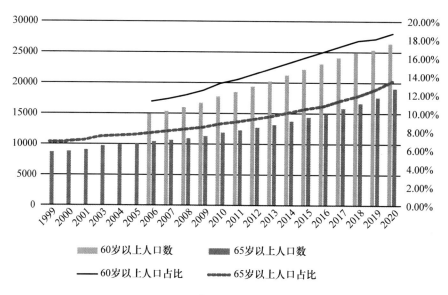

图 1-1 我国老龄人口统计图

资料来源：国家统计局历年统计公报。

注：左侧纵向坐标轴表示人口（万人），右侧纵向坐标轴表示老龄人口占总人口比例。

字塔"型，社会整体的养老成本也会显著提升，为经济社会发展带来新的挑战。

老龄危机并非"将来时"，而已是"进行时"：我国已有 149 个地级及以上市 65 岁及以上人口占比超过了 14%，进入深度老龄化阶段；且东北三省所有城市均已进入深度老龄化阶段①。不仅仅城市面临着老龄化的威胁，在乡村，老龄化现象更加显著。根据《中华人民共和国 2020 年国民经济和社会发展统计公报》，2020 年全国常住人口城镇化率达到 63.89%，但是户籍人口城镇化率只达到 45.4%，相差 18.49%，大量农村人口城镇化使得乡村"空心化"，其显著表现就是留守儿童与留守老人问题，民政部的公报也佐证了这一点。根据《2020 年度国家老龄事业发展公报》，2020 年农村 60 岁及以上老年人口为 1.21 亿人，占农村总人口的 23.81%，

① 央视网. 中国城市老龄化大数据：149 城深度老龄化，集中在这些省份 [EB/OL]（2021.09.06）. https://news.cctv.com/2021/09/06/ARTIYU6jcmpUupyuRlPDLXc8210906.shtml？spm＝C94212.PBZrLs0D62ld.EKoevbmLqVHC.39（网络文件没有修改标准）

高出全国总体老龄化水平 5 个百分点，农村老龄化趋势及城乡老年人口问题决定了社会养老服务体系的重点和难点都留在了农村。

综上所述，人口老龄化已成为我国社会发展的一大趋势，也是当前历史时期内我国所要面对的一大国情，为当前社会治理带来新的问题与挑战。

（二）家庭照料能力弱化

农村留守老年人数量约有 5000 万，经济困顿、劳作压力、生活无依和情感寂寞是他们普遍面临的问题。其中，家庭照料功能的弱化正是助推问题产生的重要因素。首先，这种弱化表现为老人和子女的分离，空间上的分隔使得子女与父母在空间与精神上的接触大大减少。在新中国成立初期，我国实行城乡分割的二元户籍制度，农村人口被限定在土地上，不能随意流动或进入城市之中。伴随着改革开放的逐步深入，传统的城乡二元户籍制度走向瓦解。东部地区迅猛发展的工商业创造了海量的工作岗位与就业机会。根据传统的经济学模型，在市场经济的大环境之下，劳动力可以在市场上自由流通。经济越发达，尤其是制造业、建筑业和服务业越繁荣，对外来劳动力的吸引力越强。也就是说，一个地方的人口流入率与经济发达程度呈正相关。因而基于同样的逻辑与运作机理，当前我国也存在着大规模的人口流动，且流动人口主要是从落后地区流向发达地区，从中西部流向东部沿海，从农村流向城市。然而，城乡之间、东西部之间的差距和地区之间的差距在短期内并不会完全消失，甚至还有进一步加大的趋势。

然而，农村大规模人口流动也带来了严重的社会问题。首先，外出务工人员以农村青壮年为主，这使得农村人口结构发生了剧烈的变化，形成了空心村和空巢家庭的格局。"386199"人群是对当前农村人口格局的客观陈述和形象描摹，即在留守的农村人口中，以妇女、儿童和老人为主体。据学者估计，2012 年我国农村空巢老人数量大约占据农村老人总数的一半。而根据国家第六次人口普查数据，全国农村空巢老年人家庭比例为 30.77%，约 1.8 亿人的规模。概而言之，农村人口外流使得子女更少地直接照顾父母及与父母进行沟通交流[1]。

---

[1]　王辉：《农村老年组织的连带福利机制研究》，博士学位论文，上海交通大学 2016 年。

其次，家庭供养功能的弱化还表现在传统家庭养老模式的解体。正如"养儿防老"这一俗语所体现的，家庭养老是中国社会自古以来最为主要的养老模式①。但这种"亲代抚育子代、子代赡养亲代"的反哺模式②正在遭遇挑战：一方面来自独生子女政策背景下的家庭规模小型化，另一方面来自社会现代化过程中的观念转变。

首先，因老年人社会养老服务需求嵌入其家庭结构情境之中③，家庭结构的转变会对传统的家庭养老模式产生冲击。基于对我国人口发展的科学估计，我国于 20 世纪 80 年代在全国范围内推行计划生育政策，这对我国的人口结构与家庭结构产生了长远的影响：以父辈为权威的大家庭制度越来越多地让位于以子女，特别是独生子女为中心的小家庭制度④。虽然伴随着农村土地政策的变化，中国社会已有家庭结构缓慢转型⑤，但计划生育制度下对社会成员的强制节育无疑大大推进了这一进程。有学者⑥指出，20 世纪 80 年代及之后，农村地区三四胎及以上的多育现象减少，二胎及以下生育占多数且只有单性别子女，特别是只有一个儿子者，在 1980 年以后结婚、生育的夫妇中占比明显升高。这种家庭生育独生子女化的趋势使得核心家庭无论是在数量上还是在比例上都有了明显的上升⑦，在此背景下，独生子女对父母的经济供养、生活照料和精神慰藉就成为家庭供养的核心因素⑧。而当独生子女因为种种原因难以顾及亲代时，家庭养老的功用无疑遭到极大的削弱。

其次，我国极速推进的现代化和城市化对社会观念产生了强烈的冲

① 袁方：《中国老年人在家庭、社会中的地位和作用》，《北京大学学报》（哲学社会科学版）1987 年第 3 期。

② 费孝通：《家庭结构变动中的老年赡养问题——再论中国家庭结构的变化》，《北京大学学报》（哲学社会科学版）1983 第 3 期。

③ 田北海、王彩云：《城乡老年人社会养老服务需求特征及其影响因素——基于对家庭养老替代机制的分析》，《中国农村观察》2014 第 4 期。

④ 唐灿：《中国城乡社会家庭结构与功能的变迁》，《浙江学刊》2005 年第 2 期。

⑤ 王天夫、王飞、唐有财、王阳阳、裴晓梅：《土地集体化与农村传统大家庭的结构转型》，《中国社会科学》2015 年第 2 期。

⑥ 王跃生：《改革开放以来中国农村家庭结构变动分析》，《社会科学研究》第 2019 年第 4 期。

⑦ 杨清哲：《人口老龄化背景下中国农村老年人养老保障问题研究》，博士学位论文，吉林大学，2013 年。

⑧ 风笑天：《从"依赖养老"到"独立养老"——独生子女家庭养老观念的重要转变》，《河北学刊》2006 年第 3 期。

击，短短 40 年，我国经历了由后农业社会向工业化社会转变的过程。伴随着这种转变而来的也有我国社会思潮和观念方面的巨大转变。传统上："维系家庭养老的，不是西方社会的权利义务观，而是情感的流露和亲情的联络，更重要的是孝道观念，这与西方的权利义务观相差甚远"①，我国传统的家庭养老是基于文化约束、非正式网络以及一种慈善的共情的复杂逻辑②。而现代化与城市化进程带来的则是大规模的人口流动，农村社会愈发空心化、原子化，我国乡村由传统的"熟人社会"向"半熟人社会"转变。旧的、传统的价值规范与社会观念被打破，而新的社会规范尚待建立。农村流动人口所带来的，事实上正是一种"文明规则的边缘人"现象，他们"不愿再坚守他们祖辈遵循的集体本位"传统，而为"自我中心"的观念所支配③。由于观念的转化，家庭养老的功用受到了一定的影响，传统的家庭反哺之"场域"正受到激烈冲击④，西方所盛行的"接力养老"模式——父母抚育子女，子女继续抚育后代，老人则被推向社会的一种单向循环养老模式，也逐渐为我国社会观念所接纳。在这两种因素的共同作用下，家庭养老的功能正受到削弱。

（三）传统国家—社区养老功能下降

新中国成立后，伴随着我国农村集体化经济的建设，政府相应建立起一套集体化供养制度，如 1956 年出台的《高级农业生产合作社示范章程》，其中规定："农业生产合作社对于缺乏劳动力或者完全丧失劳动力、生活没有依靠的老、弱、孤、寡、残疾的社员，在生产上和生活上给以适当的安排和照顾，保证他们的吃、穿和柴火的供应，保证年幼的受到教育和年老的死后安葬，使他们生养死葬都有依靠"⑤，强调基层集体化组织对农村无经济来源、无生活能力、无法定赡养人的"三无老人"进行供养。彼时集体养老保障机构蔚为大观，为所在地的老年人口提供了相对充足的

---

① 潘光旦：《潘光旦文集》（第 1 卷），北京大学出版社 1993 年版。
② 王辉：《农村老年组织的连带福利机制研究》，博士学位论文，上海交通大学 2016 年。
③ 周裕琼：《数字代沟与文化反哺：对家庭内"静悄悄的革命"的量化考察》，《现代传播》（中国传媒大学学报）2014 年第 2 期。
④ 洪彩华、李桂梅：《"反哺"与"接力"：中西方家庭养老模式之异同》，《中州学刊》2007 年第 2 期。
⑤ 廖鲁言：《关于高级农业生产合作社示范章程草案的说明》，《中华人民共和国国务院公报》1956 年第 29 期。

养老保障。

改革开放后，对全能型政府和总体性社会①的拨乱反正使得国家不断退出，而以一种更为隐蔽的方式通过创新配置意识形态来重构市场支配权②。在这一过程中，国家逐步将原有的养老职能交付市场，推进农村老年人口分散化供养。而缺乏国家层面的相应政策支持，农村原有的集体化供养能力也逐步弱化，发达地区与落后地区、"团结型村庄"与"分裂型村庄"③间养老服务拉开了较大的差距。同时，在养老领域市场化的背景下，不是"五保"户的农村老人经济来源较为有限，"未富先老"④，难以承担市场化条件下相对高昂的养老费用，以至于出现了刘燕舞所分析的"绝望型自杀"⑤现象。不过在 2000 年后，随着国家重新进入乡村，乡村养老体系开始重建。整体而言，"从社区来看，虽然传统意义上的福利功能日渐萎缩，但是社区内的关系网络和邻里互助传统却仍然潜在，并没有完全割断"⑥，但相对于集体化时期而言，国家—社区养老功能的弱化也是不争的事实。

（四）农民支付能力不足与养老资源分布非均等化

首先，农民支付能力不足是一大制约。根据民政部的相关数据，2018年，农村居民人均可支配收入为 1218.1 元/月。东部地区农村居民人均可支配收入 1523.8 元/月，中部地区 1162.8 元/月，西部地区 986.0 元/月，东北地区 1173.4 元/月。整体来说，农村居民养老金相对较少，且由于基数较小，相对于城市提升缓慢⑦。虽然得益于农村地区相对较低的生活成

---

① 孙立平、王汉生、王思斌、林彬、杨善华：《改革以来中国社会结构的变迁》，《中国社会科学》1994 年第 2 期。

② 应星：《气与抗争政治：当代中国乡村社会稳定问题研究》，社会科学文献出版社 2016年版。

③ 贺雪峰：《如何应对农村老龄化——关于建立农村互助养老的设想》，《中国农业大学学报》（社会科学版）2019 年第 3 期。

④ 王胜今、舒莉：《积极应对我国人口老龄化的战略思考》，《吉林大学社会科学学报》2018年第 6 期。

⑤ 刘燕舞：《农民自杀研究》，社会科学文献出版社 2014 年版。

⑥ 王辉：《政策工具视角下多元福利有效运转的逻辑——以川北 S 村互助式养老为个案》，《公共管理学报》2015 年第 4 期。

⑦ 胡宏兵、高娜娜：《城乡二元结构养老保险与农村居民消费不足》，《宏观经济研究》2017年第 7 期。

本，老年人尚可维持生活，但资金的缺乏阻碍其进一步获取更高质量的养老服务。且中西部地区人口老龄化相对超前于经济发展水平①，农民"未富先老"，难以承担昂贵的市场化养老服务，缺乏支付能力的现状为农村老人养老福利的提高带来了现实层面的困难。

其次，当前养老资源的分布还存在着显著的非均等化。改革开放以来，我国养老资源在总体上有了长足的发展，如据民政部《2019 年民政事业发展统计公报》：截至 2019 年底，全国共有各类养老机构和设施 20.4 万个，养老床位合计 775.0 万张，每千名老年人拥有养老床位 30.5 张。其中，全国共有注册登记的养老机构 3.4 万个，比上年增长 19.9%，床位 438.8 万张；社区养老照料机构和设施 6.4 万个（其中社区养老照料机构 8207 个），社区互助型养老设施 10.1 万个，共有床位 336.2 万张。而在 2000 年，全国城乡各种福利事业单位只有 4.0 万个；床位 113 万张，全国每千名 65 岁及以上老人平均拥有老年收养性福利机构床位 10 张。相较于 2000 年，2019 年的床位增长了 7 倍，同时在人口老龄化加快的大趋势下，人均养老床位也提升到原有的 3 倍。但在东部与西部间、在城市与乡村之间都存在着诸多的差异。现有养老资源主要集中于城市，而在广大的乡村地区，养老保障体系尚待完善②。

（五）农村互助养老的兴起

互助养老在我国有着悠久的历史传统，甚至早于家庭养老出现——在氏族社会时期便形成了公社的"集体供养"③。而在中国传统乡土社会的发展中，互助养老作为传统社会中社会保障体系的主体，与集体、家庭及政府等养老方式结合在一起成为中国传统社会养老的主要方式④。这种以宗族、姻亲为主体的互助模式，以其特有的文化场域、正式规范制度和非正式的人际关系构筑起较为完善的地方养老体系，与国家建立的一系列养老体系相互补充，成为传统乡土社会的一抹底色。在新中国成立后的

---

① 钟水映、赵雨、任静儒：《我国地区间"未富先老"现象研究》，《人口研究》2015 第 1 期。

② 王洪围：《二元制背景下城乡养老的现状与未来》，《中国集体经济》2017 年第 36 期。

③ 葛晓萍、李澍卿、袁丙澍：《中国传统社会养老观的变迁》，《河北学刊》2008 年第 1 期。

④ 高和荣、张爱敏：《中国传统民间互助养老形式及其时代价值——基于闽南地区的调查》，《山东社会科学》2014 年第 4 期。

集体化运动时期，大规模的集体化运动使农村经济结构产生深刻变革，也导致了农村养老制度的巨大转变，消解了家庭养老的组织基础①，并在其基础上建立起了一套集体化的供养体系。但集体化养老是基于一种单位制总体性社会下的运作逻辑来执行的②，离现代化的互助养老尚有一段距离。

改革开放后，随着经济社会形势变化，互助养老模式得到了学界进一步的关注与重视。自 2014 年伊始，国家社科基金规划办便开始支持对于互助养老课题的研究，尤其是 2020 年关于农村互助养老的国家社科基金项目上升到 6 项，足见其在当前乡村振兴背景下的重要性。

表 1 - 1　　　　近年来互助养老领域国家社科基金立项情况

（截止 2021 年 6 月 30 日）

课题名称	项目负责人	立项时间	项目类别	学科分类
我国农村互助养老模式问题及政策配套体系研究	张岭泉	2014	一般项目	社会学
城镇化背景下民族地区农村互助养老模式研究	黄建明	2014	一般项目	民族问题研究
城市互助养老组织的生长机制及培育路径研究	张旭升	2015	一般项目	人口学
互助养老研究	景君	2016	重点项目	社会学
基于社会网络的新型农村互助养老服务场域建构研究	孙永勇	2018	一般项目	社会学
农村地区民间信仰参与互助养老研究	唐丽娜	2018	一般项目	社会学
农村互助养老长效机制理论建构与路径优化研究	王辉	2018	青年项目	社会学
农村互助养老的制度化供给机制研究	朱火云	2018	青年项目	社会学

---

　① 李捷枚：《20 世纪 50 年代中国农村养老保障模式变革》，《华中师范大学学报》（人文社会科学版）2016 年第 2 期。

　② 孙立平、王汉生、王思斌、林彬、杨善华：《改革以来中国社会结构的变迁》，《中国社会科学》1994 年第 2 期。

续表

课题名称	项目负责人	立项时间	项目类别	学科分类
我国农村互助养老服务供给模式创新研究	米恩广	2018	青年项目	社会学
西南地区农村互助养老服务模式的实证比较与对策	张娜	2019	一般项目	社会学
基于区块链技术的农村互动养老模式创新研究	张云英	2020	一般项目	社会学
农村互助养老的社会基础、实践困境和发展路径研	王立剑	2020	一般项目	社会学
农村互助养老的资源整合、制度创新与可持续性研究	康建英	2020	一般项目	社会学
农村互助养老服务三位一体供给体系研究	张晨寒	2020	一般项目	社会学
农村互助养老可持续发展的制度保障及实现路径研究	张世青	2020	一般项目	社会学
农村互助养老的内生动力机制及社会支持体系构建	张彩华	2020	一般项目	社会学

资料来源：国家社科基金项目数据库。

互助养老这一研究领域的火热不仅仅体现在国家社科基金立项方面，在期刊报纸领域相关文献也经历了爆炸式的增长。据知网数据显示，整个2011年发表的互助养老相关文献仅有43篇，而到2021年，相关文献飙升到291篇，说明我国学者在互助养老领域内倾注了大量的精力，并且这种投入也取得了丰厚的成果，学界已就互助养老的主体、形式、运作机理等做了详尽的分析，学术大厦已然成型。

不仅在学术研究领域，在实际的运行过程中，互助养老也得到广泛的实践。就城市地区而言，上海早在20世纪90年代就开始引入西方流行的"时间银行"互助模式①；武汉、青岛等地的城市社区则创新依托社区居委

———

① 陈友华、施旖旎：《时间银行：缘起、问题与前景》，《人文杂志》2015年第12期。

会展开互助活动①。在农村地区，根据各地不同的现有条件、政策环境以及各主体之间的互动，形成了各具特色的互助养老模式：福建泉州、湖北恩施依托村老年协会主导互助服务；四川阆中依托村干部间接管理，陕西米脂依托留守妇女开展助老服务，部分地区还将其并入敬老院代管。各地在资金来源、组织管理、老人互助等方面既有相似性，又有差异性，反映了当前我国乡村互助养老实践的现状。在此基础上，国家也给予了相应的政策保障与支持，我国互助养老发展正当时。尤其是 2012 年民政部将河北肥乡幸福院作为"政府支持得起、村集体办得起、老人住得起""老人离家不离村"的互助养老模式在全国推广，并给予 30000 元/人的财政补贴之后，农村互助幸福院这一模式更是进入了蓬勃发展的阶段。

综上所述，农村互助养老的学术研究和实践探索处于快速发展时期，但也暴露出不少问题，影响了其长效运行，难以支撑农村敬老、养老和助老的社会支持体系建设。故此，本书以互助养老长效机制的理论建构与路径优化为两条研究主线展开研究。

（六）总结

当前我国农村养老面临着诸多问题与挑战：人口结构快速的老龄化、城市化发展及其伴随的家庭小型化和空巢化、传统国家—社区养老功能的弱化、农民支付能力不足与养老资源分布时空差异、互助养老的勃兴……这些现状使得农村养老或老年福利供给成为一个影响深远的社会问题。本研究正是在此背景下选择以农村互助养老为研究对象，来深入探究农村老年福利供给互助养老长效运行的可能途径。本研究主要包括如下问题：（1）农村互助养老现状如何及为什么需要发展它；（2）其长效运行受到哪些因素影响，应该构建哪些机制来保障其长效运行；（3）不同类型的互助养老组织长效机制有哪些相同点和不同点；（4）怎样对长效机制进行实证研究；（5）怎样结合乡村振兴战略来明确其优化的路径。

二　农村互助养老文献述评

农村互助养老长效机制理论建构与优化路径这一课题涉及农村互助养

---

① 梁巧惠：《我国城镇社区"互助养老"模式研究》，硕士学位论文，东北师范大学，2014 年。

老性质与功能、互助养老的理论视角，互助养老的优化路径、互助养老意愿影响因素以及时间银行等相关研究内容，故有必要系统检视和梳理该领域的文献。

（一）农村互助养老性质、功能与关系

互助源于人的情感和需要，是人类的本能和人类社会的道德基础[1]。社会科学领域也同样关注互助，涂尔干认为社会分工在造成个人和群体之间差异的同时，也会形成社会成员之间相互依赖的需要，因此互助在社会分工中尤为重要[2]。互助养老根源于人类的互助行为，以道义和互惠来维持[3]，被人类学家视为互惠型交换行为之一[4]。互助养老作为一种非正式的社会保障实践[5]，引发社会学、社会保障和公共政策等多学科共同的关注。

学界目前对于互助养老的定义不一，但也基本达成共识。其一，互助养老建立在互惠互利和社会交换基础之上。景军[6]、钟仁耀等[7]认为互助养老是相同代际或不同代际之间养老资源、服务的交换，其建立在传统的互助文化和孝文化之上，蕴含了"自助—互助"的理念。其二，互助养老是对老年人力资源的积极审视和开发利用。互助养老将老年人从被动的消极角色转变为主动的积极角色，在积极老龄化的视角之下将闲散的老年人力资源整合起来[8]，在促进老年人社会交往与社会参与的同时，推动其实现个人价值与社会价值的统一，进而将养老提升到老有所为的格局。其三，互助养老建立在深厚的社会文化基础之上。在中国，互助养老拥有天然而深厚的文化积淀和社会土壤。差序格局之下的农村是熟

---

① ［俄］克鲁泡特金：《互助论：进化的一个要素》，李平沤译，商务印书馆 2010 年版。

② ［法］涂尔干：《社会分工论》，渠东译，生活·读书·新知三联书店版，2000 年版。

③ ［美］詹姆斯·C. 斯科特：《农民的道义经济学》，程立显、刘建等译，南京译林出版社 2001 年版，第 34 页；熊跃根：《需要、互惠和责任分担》，格致出版社 2008 年版。

④ Michael Glassman. Mutual Aid Theory and Human Development：Sociability as Primary. *Journal for the Theory of Social Behaviour*，Vol. 30，No. 4，2000，pp. 391 –412.

⑤ James Midgley，Mitsuhiko Hosaka. Grassroots Social Security in Asia：Mutual Aid，Microinsurance and Social Welfare. *Taylor and Francis*，2011.

⑥ 景军、赵芮：《互助养老：来自"爱心时间银行"的启示》，《思想战线》2015 年第 4 期。

⑦ 钟仁耀、王建云、张继元：《我国农村互助养老的制度化演进及完善》，《四川大学学报》（哲学社会科学版）2020 年第 1 期。

⑧ 刘妮娜：《互助与合作：中国农村互助型社会养老模式研究》，《人口研究》2017 年第 4 期。

人社会①。基于血缘、地缘关系的社会网络为互助养老的发展提供了天然的资源环境，催生了亲友相助、邻里互助等互助行为。这种强大的文化社会传统在经历现代化转型的今天依然焕发着生命力，深嵌于农村社会的结构之中，成为农村互助养老发展的重要文化依托②。然而，中国的互助虽然源自民间的自发行为，但不等于公益或慈善，而是深深扎根于建立在血缘、地缘基础上的农村传统互助网络③。基于中国农村社会环境的特殊性，贺雪峰将互助养老置于中国村庄的环境之下进行讨论，指出村庄实施农村互助养老所具有的四大天然优势：一是村庄有大量低龄健康老人；二是熟人社会中农民对村庄有强烈的依附感；三是低龄老年人可与土地结合进行生产；四是村庄拥有舒适的自然环境④。由此可见，互助养老有着深厚的文化传统与社会基础，因此具有极强的文化适应性⑤，是应对当前老龄化严峻形势的重要养老方式之一。同时，农村互助养老在不断发展的过程之中，呈现出明显的中国特色。"党委领导、政府负责的各类互助组织在互助型社会养老体系建设中起主导作用。"⑥ 从肥乡模式备受瞩目到河北全省推广再到如今互助养老在全国方兴未艾，政府在推动其规范化、制度化进程中发挥着至关重要的作用。

就其功能而言，学界基本达成共识，可从微观、中观、宏观三大层面对其进行归纳概括。在微观层面，它是老人的社会支持或社会资本重构的连接点⑦，能够整合政府、家庭、邻里的支持与照料以满足老年人多元化的养老需要⑧。在中观层面，互助养老缓解了家庭养老的压力，减轻了政

---

① 费孝通：《乡土中国》，北京大学出版社 2012 年版。

② 方静文：《从互助行为到互助养老》，《中南民族大学学报》（人文社会科版）2016 年第 5 期。

③ 刘妮娜：《农村互助型社会养老：中国特色与发展路径》，《华南农业大学学报》（社会科学版）2019 年第 18 卷第 1 期。

④ 贺雪峰：《互助养老：中国农村养老的出路》，《南京农业大学学报》（社会科学版）2020 年第 5 期。

⑤ 赵志强、王凤芝：《文化社会学视角下的农村互助养老模式》，《农业经济》2013 年第 10 期。

⑥ 刘妮娜：《中国农村互助型社会养老的定位、模式与进路》，《云南民族大学学报》（哲学社会科学版）2020 年第 3 期。

⑦ 卢艳、张永理：《社会支持网络视角下的农村互助养老研究》，《宁夏党校报》2015 年第 3 期。

⑧ Goodwin, Nick. Understanding integrated care: a complex process, a fundamental principle. *International Journal of Integrated Care*, No. 3, 2013. 杜鹏、李兵、李海荣：《"整合照料"与中国老龄政策的完善》，《国家行政学院学报》2014 第 3 期。

府应对养老问题的成本，缓和了社会不同代际群体之间的矛盾，实现了个人、家庭、政府和社会多层面的双赢。在宏观层面，互助养老作为一种低成本的新型养老模式，是对我国现行养老保障体系的超越性补充①，对于应对我国养老问题、发展老龄事业、完善养老体系具有重要作用，近些年来不断受到政府的关注和支持。

（二）互助养老研究的理论视角

积极应对人口老龄化已上升至国家战略层面，农村养老作为重要的民生问题也备受政府重视。近年来，互助养老作为一种重要的新型养老方式，继河北肥乡模式面向全国推广之后，在广大农村遍地开花，引发了学界的研究热潮。目前，学界从不同的理论视角切入进行研究，主要包括积极老龄化理念、社会资本、社会支持网络等。

互助养老蕴含积极老龄化的理念，健康、参与、保障是该理念的三大支柱②。因此，部分学者以该三大支柱为分析框架，着重对农村互助养老的功效进行分析。从健康层面而言，其提供健康照料服务，解决"急病无人管"难题。从参与层面来看，其促进了老人的政治、经济以及文化参与。从保障层面来看，其实现了照顾保障、服务保障和尊重与自我实现保障。在分析其价值的基础之上，针对互助养老长效机制建设提出相应建议③。但这类研究缺乏一定的创新性，仅为套用理论框架的浅层次分析，缺乏理论构建和分析深度。

从社会资本的角度对农村互助养老进行研究受到不少学者的青睐。社会资本不仅是个人层面的资源集合④，还包括组织层面的信任、互惠和规范⑤。中国农村的社会资本是农民长期形成的相互信任、互惠互利的社会关系，包括伦理文化资本、社会组织资本和正式制度资本⑥。近年来，

---

① 欧旭理、胡文根：《中国互助养老典型模式及创新探讨》，《求索》2017 第 11 期。

② 邬沧萍、姜向群：《老年学概论》，中国人民大学出版社 2015 年版，第 48 页。

③ 张俊浦：《积极老龄化视角下农村互助养老模式的功能分析》，《福建农林大学学报》（哲学社会科学版）2017 年第 1 期。

④ ［法］皮埃尔·布迪厄：《文化资本与社会炼金术》，包亚明译，上海人民出版社 1997 版，第 202 页。

⑤ ［美］罗伯特·D. 帕特南：《使民主运转起来——现代意大利的公民传统》，王列、赖海荣译，江西人民出版社 2001 年版。

⑥ 赵宁：《社会资本视角下农村多元化养老模式研究》，《社会保障研究》2018 年第 2 期。

学界已有从社会资本的角度对农村互助养老进行的探讨研究。袁同成从社会资本入手分析作为古代互助养老典型模式"义庄"赡族养老的发展历史，义庄在挖掘宗族社会资本的基础上将其转化为经济资本①。针对目前实践的研究来看，陈际华等从苏北 S 县"老年关爱之家"案例入手，重点阐释互助养老对空巢老人社会资本双重缺失进行补偿的内在逻辑，即通过重构社会网络形成关键节点②。然而，赵志强在阐释互助养老有利于增加老人社会资本存量之际，认为社会资本对互助养老发展存在负效应，如社会资本的不均衡导致互助养老发展的不均衡③。

与社会资本密切相关的是社会网络，社会资本嵌入社会网络之中，故也有学者从社会支持网络视角对农村互助养老进行探讨。卢艳等在社会支持网络视角下对农村互助养老模式进行探析，认为其有利于改变农村老人原有的规模小、趋同性高、异质性低的社会支持网④，使村委会、老人子女、政府、社会组织等成为支持主体，进而提升老人的社会支持程度。李翌萱等以社会支持网络作为理论分析框架，基于关中农村 9 所互助幸福院的调研来探讨互助养老支持体系的整合与优化⑤。比起前者的研究，该研究更具有实践性、可操作性。

鉴于农村互助养老的发展强调社会力量的参与，社会工作也介入其中发挥其专业作用。还有部分学者从社会工作的视角对农村互助养老进行探讨。一方面，是对社会工作介入策略和方式的探讨。陈静等在老年社会工作的视角下深入阐释农村互助养老"自助—互助"的特质，并介绍老年社会工作介入的技巧和方法⑥。沈朝霞通过详细的案例分析揭示出社会工作在其中需充当治疗者、培训者、教育者等角色，并剖析当前的社会工作介

① 袁同成：《"义庄"：创建现代农村家族邻里互助养老模式的重要参鉴——基于社会资本的视角》，《理论导刊》2009 年第 4 期。

② 陈际华、黄健元：《农村空巢老人互助养老：社会资本的缺失与补偿——基于苏北 S 县"老年关爱之家"的经验分析》，《学海》2018 年第 6 期。

③ 赵志强：《社会资本视野下的农村互助养老模式》，《经济论坛》2014 年第 6 期。

④ 贺寨平：《社会网络与生存状态——农村老年人社会支持网研究》，中国社会科学出版社 2004 年版，第 26 页。

⑤ 李翌萱、蒋美华：《农村互助养老服务支持体系的多元整合与优化——基于关中农村 9 所互助院的调研》，《中州学刊》2020 年第 6 期。

⑥ 陈静、江海霞：《"互助"与"自助"：老年社会工作视角下"互助养老"模式探析》，《北京青年政治学院学报》2013 年第 4 期。

入在服务评估和服务内容上的问题①。另一方面，在互助养老过程中如何实现"增权"也受到学者重视。互助养老实现增权面临来自个体、家庭以及社区三方的权力障碍，要由内而外和由外而内进行双向增权②。总体而言，这类研究注重实践性，主要提供社会工作介入农村互助养老的方法论，在学理层面的理论创新性不强。

互助养老是在一定的制度环境之中发展的，基于此，部分学者从制度的视角对农村互助养老进行研究。赵志强等从制度嵌入性视角进行分析，认为国家对农村福利的价值取向、农村基本的政治经济管理制度和地方政府行为模式是影响互助养老发展的关键制度变量。此外，其独具新意地将农村互助养老置于中国特色的压力型体制之下进行分析，剖析出其存在选择性执行和敷衍性应对等问题③。

近年来，部分学者开始运用治理的相关理论来探究农村互助养老。杜鹏在社会治理的视角下，探讨政府治理作为一种行政力量在介入农村互助养老过程中与村民自治力量之间的互动，其亮点在于揭示出两种力量在互助养老发展不同阶段所呈现的互动。④ 还有学者从参与式治理视角分析当前农村互助养老服务面临居民参与意识淡薄等困境⑤，根据多中心治理理论三大核心要义提出针对互助养老发展的指导意义和路径优化策略⑥。

现有研究表明，区域空间变量对农村养老具有一定的形塑作用，区域社会结构因素会影响农村养老类型⑦。由于互助养老的发展存在区域之间的不均衡，部分学者从区域差异的视角对农村互助养老进行研究。纪春燕在新型城镇化的视角之下，深入刻画城乡老龄化倒置和城乡经济、社会保

---

① 沈朝霞：《社会工作介入农村互助养老策略研究》，硕士学位论文，华中师范大学，2017年。

② 班娟：《社区老年群体互助养老中增权模式探究》，《社会科学战线》2014年第8期。

③ 赵志强、杨青：《制度嵌入性视角下的农村互助养老模式》，《农村经济》2013年第1期。

④ 杜鹏、安瑞霞：《政府治理与村民自治下的中国农村互助养老》，《中国农业大学学报》（社会科学版）2019年第3期。

⑤ 胡博、葛倩玉等：《参与式治理视角下农村互助养老服务的困境及建议——以石家庄市D村为例》，《农村经济与科技》2020年第3期。

⑥ 曲绍旭：《多中心治理视角下农村互助养老服务制度发展路径的优化研究》，《广西社会科学》2020年第1期。

⑦ 班涛：《农村养老的区域差异研究》，《社会科学研究》2017年第5期。

障差距的实际情况，对农村互助养老的困境和优化路径进行分析①。然而，该研究仅将城镇化作为农村互助养老发展的背景引入。与此同时，欠发达地区和发达地区农村互助养老发展的差距也受到学界关注。这类研究关注欠发达地区农村空巢老人面临的双重困境，强调互助养老是破解该困境的有效之道②，并给出了可操作性的发展建议③。然而，欠发达地区农村经济基础薄弱、组织力量缺乏等导致其互助养老发展与发达地区存在差距。

（三）互助养老意愿影响因素

随着人口老龄化的不断深化，中国农村老年人的养老问题面临着诸多压力。在此背景下，互助养老作为一种具有深厚历史和文化积淀的养老模式，被赋予了重要使命。

2016 年《民政事业发展第十三个五年规划》指出要"积极开展互助养老服务，提高养老服务能力"，体现了国家对互助养老模式的肯定，也预示这一养老模式有广阔的研究和推广空间。然而，从现有实践看，互助养老取得的实际效果却不尽如人意，主要原因在于没有搞清楚农村互助养老的关键在于激发农村老年人守望相助的认知，让老人积极、主动地投入养老服务中去。

基于此，近年来学术界关注老年人互助养老参与意愿及其影响因素的学者日渐增多。学者们主要以不同地区的老年人为研究对象，采用问卷调查的方式探讨何种因素对老年人的养老方式产生影响，研究重点主要集中在两个方面：一是老年人的基本情况对于互助养老的影响；二是老年人参与互助养老的活动类型及参与形式对其互助养老意愿的影响。

从人口学特征看，老年人互助养老意愿主要受性别、年龄、文化程度、健康状况、婚姻状况、居住方式、经济情况等个人基本特征的影响。如，年龄越小、文化程度越高，老人对新事物的接受能力和理解能力就越

---

① 纪春艳：《新型城镇化视角下农村互助养老模式的发展困境及优化策略》，《农村经济》2018 年第 1 期。

② 杨静慧：《欠发达地区农村空巢家庭养老的困境与应对——兼论互助式养老的综合效益》，《甘肃社会科学》2017 第 6 期。

③ 刘妮娜：《欠发达地区农村互助型社会养老服务的发展》，《人口与经济》2017 年第 1 期。

高，越能够接受互助养老①；身体健康状况好的老人更愿意通过参与互助
养老排遣寂寞②；相比而言，空巢老人对互助养老有广泛的认同③。其次，
制度偏好、生活担忧度和孤独感等行为认知也在不同程度上影响着老人的参
与意愿。郝亚亚等人结合山东省调查数据指出，有制度保障偏好的老人对于
社区互助养老这种国家尚未出台相关制度、发展尚不成熟的养老方式往往持
怀疑态度；老年人对生活越担忧，对互助养老了解得越多，互助养老选择意
愿就越强烈④。此外，家庭规模、代际关系、所在地区、村居资源与互动
等因素同样与老人选择互助养老密不可分。于长永、杨静慧、孙永浩等学
者就此方面进行了探讨，结果显示：一是家庭规模越大，老年人越不愿意
互助养老⑤；二是与子女的关系越融洽，老人越乐于享受儿孙绕膝的天伦
之乐，故而不愿意参加互助养老⑥；三是中部地区和西部地区的农村老年
人参与互助养老的意愿远远低于东部地区老年人；四是老年人拥有的村居
资源越多且参与家族、社区活动的积极性越高⑦，邻里之间相处关系融洽，
对于互助养老的接受度越强，参与积极性也越高。

从社会支持看，已有研究发现老年人互助养老的参与意愿与当地老年
活动组织情况、基础设施满意度、社区关心度等因素密切相关。对老人关
心度较高的社区，老年基础设施建设越完善，组织老年活动的频率越高⑧，
尊老、爱老、敬老的社会氛围越浓厚，老年人的生活质量和生活满意度也
越高，对社区互助养老的认可度较高。除了物质方面的支持，精神方面的

---

① 胡芳肖、李蒙娜、张迪：《农村老年人养老服务方式需求意愿及影响因素研究——以陕西
省为例》，《西安交通大学学报》（社会科学版）2016 年第 4 期。

② 张正正：《农村老年人互助养老需求意愿影响因素分析及政策支持研究》，硕士学位论文，
河北经贸大学，2020 年。

③ 许加明、华学成：《城市社区空巢老人互助养老的参与意愿与互助方式——基于江苏省淮
安市的调查与分析》，《现代经济探讨》2015 年第 8 期。

④ 郝亚亚、毕红霞：《山东省农村老人社区互助养老意愿及影响因素分析》，《西北人口》
2018 年第 2 期。

⑤ 于长永：《农村老年人的互助养老意愿及其实现方式研究》，《华中科技大学学报》（社会
科学版）2019 年第 2 期。

⑥ 杨静慧：《农村老人互助养老意愿及政策启示——基于江苏的实证研究》，《兰州学刊》
2020 年第 4 期。

⑦ 孙永浩：《农村老年人参与社区互助养老意愿的影响因素研究——基于 ISM-AHP 的分
析》，《福建行政学院学报》2019 年第 5 期。

⑧ 张宇颖：《泰安市老年人社区互助养老参与意愿及发展对策研究》，硕士学位论文，山东
农业大学，2019 年。

抚慰也不可或缺，支持力度越大，老年人农村互助养老选择意愿越强烈。贺寨平等学者提出，照顾、护理老年人还需要在医学、养生和精神抚慰等方面发挥作用，其中精神抚慰方面就是对农村老年人多加关心①。当然，政府提供的制度的支持更是老人们参与互助养老的一剂"强心针"。如通过制定互助养老相关法律制度、建立和完善网络互助养老信息服务平台②、加强信任机制建设、融入现代信息技术等措施提高公信程度③，消除老年人的顾虑，让老年人能够享受到互助养老的福利，更好地认识到互助养老的优势。

从激励机制看，一方面，学者们从理性人角度出发，认为要调动双方的互助意愿，互助双方价值的实现是不可或缺的，必须实施有偿互助。黄海娜、李海舰等学者提出，可以引入区块链技术，运用信息化的手段，通过公开透明地记录、换算互助成果的方式④，推广积分激励这一志愿服务创新模式，鼓励开展多样互助模式，促进互助养老的意愿提升，并使之良性发展。另一方面，也有学者从我国的社会观念和社会结构出发，认为农村老人们之间的互助养老服务主要表现为一种志愿行为，而非获利行为，应多从农村老人的需求和意愿出发，突出其志愿性，大力弘扬这种守望相助的优良传统。⑤

总体来看，影响老年人参与互助养老的因素众多且错综复杂，尽管学界对老年人参与互助养老意愿的研究取得了一定进展，但仍存在很大的空缺。这体现在三个方面：一是对老人互助养老意愿的关注程度依然很低，现有研究主要针对某一地区的简单调查，缺乏系统的整体研究，尤其缺乏扎实的田野调查和理论支持；二是缺少成熟的评价工具，对分析得出的影响因素，以及各影响因素间的关系缺乏深入分析；三是对于互助意愿的分类没有进行探索，老年人在互助养老中会存在互助提供意愿和互助寻求意

---

① 贺寨平、武继龙：《农村社区互助养老的可行性分析与问题研究——基于大同市水泊寺乡 X、D 两村的实地调查》，《天津师范大学学报》（社会科学版）2017 年第 6 期。

② 黄海娜：《时间银行式互助养老服务模式化发展路径探索》，《新金融》2019 年第 7 期。

③ 李海舰、李文杰、李然：《中国未来养老模式研究——基于时间银行的拓展路径》，《管理世界》2020 年第 3 期。

④ 李海舰、李文杰、李然：《中国未来养老模式研究——基于时间银行的拓展路径》，《管理世界》2020 年第 3 期。

⑤ 杨静慧：《农村老人互助养老意愿及政策启示——基于江苏的实证研究》，《兰州学刊》2020 年第 4 期。

愿，不同意愿支撑下老年人的考虑因素自然有所差异。

（四）互助养老中的时间银行

时间银行起源于美国，由埃德加·卡恩（Edgar S. Cahn）于 20 世纪 80 年代提出，其是对美国金融危机之下高失业率的直接回应，在利用"时间货币"实现物质救济的同时，也促进经济复苏①。随后，其逐渐被其他国家所采用，已扩散至 30 多个国家和地区，其在各国发展程度不一，在欧美发展较早，拥有完善的运营管理制度，如英国的 RGTB（Rushey Green Time Bank）、日本的 NALC（Nippon Active Life Club）、美国的 PIC（Partners In Care）②。在国外经验示范和国内养老压力的推动之下，20 世纪 90 年代末，时间银行引入我国，以上海市虹口区提篮桥街道创办的"劳务银行"为首次实践，其后在山西、广州、北京等地相继开展③。随着我国人口老龄化的加剧，其受到的关注增加，被认为是一种志愿服务和养老模式的创新④。

究其概念而言，在卡恩看来，时间银行是简单的时间货币的等值交换。然而，在中国的探索中，其与传统互助文化紧密结合，变成应对老龄化的养老服务模式创新。不同于西方，中国的时间银行是政府、市场、互助三种模式的混合⑤。学界对其认知形成的基本共识为时间银行是低龄健康老人帮助高龄老人，采用劳动成果代际接力的方式开展互助养老服务的一种养老模式⑥。其本质上是劳动成果的延时支付，是一种社会交换行为⑦。

学界的争议点主要在于时间银行是否属于志愿服务。Papaoikonomou 等通过多项研究表明，"时间银行"成员参与提供服务是出于自愿目的，认

---

① 陈友华、施旖旎：《时间银行：缘起、问题与前景》，《人文杂志》2015 年第 12 期。
② 陈雪萍等：《互助养老服务理论与实践》，上海交通大学出版社 2017 年版。
③ 陈功、黄国桂：《时间银行的本土化发展、实践与创新——兼论积极应对中国人口老龄化之新思路》，《北京大学学报》（哲学社会科学版）2017 年第 6 期。
④ 穆光宗：《建立代际互助体系　走出传统养老困境》，《市场与人口分析》1999 年第 6 期。
⑤ 袁志刚、陈功等：《时间银行：新型互助养老何以可能与何以可为》，《探索与争鸣》2019 年 8 期。
⑥ 陈际华：《"时间银行"互助养老模式发展难点及应对策略——基于积极老龄化的理论视角》，《江苏社科》2020 年第 1 期。
⑦ 陈功、杜鹏、陈谊：《关于养老"时间储蓄"的问题与思考》，《人口与经济》2001 年第 5 期。

为其属于志愿活动的范畴①。有学者则持不同意见。桂世勋认为不属于志愿服务的范畴，其提供的虽然是公益服务，但并非无偿，而是采用延迟型劳务支付的方式②。陈友华认为中国的时间银行属于"志愿服务＋有偿服务"的变体，其所提供的服务是以偿还为基础的③。刘妮娜则提出中国特色的时间银行不同于西方，其对应着党委领导、政府负责下的自上而下和自下而上相结合的互助性的社会部门，应当采用互助话语而非仅是志愿话语④。

时间银行作为重要的互助养老实践形式，具有诸多价值，主要包括个人价值和社会价值。就个人价值而言，其通过服务的异时交换来实现照料等，满足了老人多层次的养老需求，有利于提升老人身心健康；在互动过程中满足参与者的社会需求和精神需求，有助于提升老人的自我认同⑤。此外，在促进个人社会资本提升的同时，时间银行还有助于融洽邻里关系，提升集体层面的社会资本。就社会价值而言，首先，时间银行拥有一定的激励机制，有利于推动互助养老可持续运行⑥。其次，作为潜在的公共服务提供者，时间银行有助于弥补家庭、政府、市场等在养老方面的不足，是对现有养老服务体系的重要补充⑦。最后，时间银行的代际互助模式有助于培育敬老爱老的风尚，推动志愿服务精神的认同和践行。

尽管近年来时间银行在中国取得了创新性发展，也被学界认为是破解农村养老困境的突破口，然而，据实际情况而言，较之于西方成熟的时间银行管理和运作体系，目前我国时间银行发展仍面临诸多问题。首先，政府支持和政策制度保障不足。国家层面相关法律法规的缺乏使其在实践运行中公信力不足，作为民间自发的养老服务探索受到的政策支持也不足⑧。

---

① Eleni Papaoikonomou, Carmen Valor. Exploring Commitment in Peer-to-peer Exchanges: the Case of Timebanks. *Routledge*, No. 32, 2016, pp. 13 – 14.

② 桂世勋：《志愿服务：时间银行养老的悖论与破解》，《探索与争鸣》2019 年第 8 期。

③ 陈友华、施旖旎：《时间银行：缘起、问题与前景》，《人文杂志》2015 年第 12 期。

④ 刘妮娜：《论中国时间银行的特色及发展逻辑》，《城市问题》2020 年第 7 期。

⑤ Lukas Valek. The Time Bank Implementation and Governance: Is PRINCE 2 Suitable?. *Procedia Technology* No. 16, 2014, pp. 950 – 956.

⑥ 夏辛萍：《时间银行社区养老服务模式初探》，《人民论坛》2012 年第 17 期。

⑦ 纪春艳：《农村"时间银行"养老模式发展的优势、困境与应对策略》，《理论学刊》2020 年第 5 期。

⑧ 祁峰、高策：《发展"时间银行"互助养老服务的难点及着力点》，《天津行政学院学报》2018 年第 3 期。

其次，时间银行的运作和管理机制不完善。运营主体多为街道办、社区居委会①，缺乏有效的组织管理。同时，缺乏实现服务匹配、信息共享的技术支撑②，考核评价体系和监督管理机制不健全③。再次，时间银行的制度设计存在缺陷。服务时长的界定、换算以及登记制度不完善，不同服务之间的价值差异难以衡量。统筹层次低，通存通兑困难，转让和继承机制缺失④。最后，服务供给质量还有待提升。服务内容单一，多为简单的助老服务⑤。服务专业化水平较低，参与者缺乏有效培训。受制于志愿者服务队伍的不稳定，服务供给的可持续性难以保证。此外，社会认知和参与不足，使得时间银行普及程度较低。

针对时间银行发展存在的问题，学界从不同层面提出优化建议，主要围绕以下五大方面。

一是完善政府制度保障，强化支持力度。一方面，政府加强顶层设计，出台相关法规法律制度，出台国家层面的指导文件和规范文件，如《时间银行养老服务模式志愿者服务条例》，为时间银行发展提供信用支持⑥。另一方面则是发挥资源整合功能，政府在自身为时间银行提供支持的同时，整合企业、养老院、医疗等更多社会主体为时间银行助力⑦。

二是完善时间银行运营和管理机制。围绕时间银行参与者注册、质量监管、信用保障、问题反馈等方面健全机制⑧。运用互联网、区块链等现代信息技术打造时间银行信息服务平台，既有助于建立权威的记账体系，

---

①　彭炎辉：《代际双重绑定时间银行：农村养老服务新模式》，《西北人口》2017 年第 6 期。

②　张文超、杨华磊：《我国"时间银行"互助养老的发展现状、存在问题及对策建议》，《南方金融》2019 年第 3 期。

③　夏辛萍：《中国互助养老"时间银行"本土化发展历程及经验反思》，《中国老年学杂志》2017 年第 22 期。

④　祁峰、高策：《发展"时间银行"互助养老服务的难点及着力点》，《天津行政学院学报》2018 年第 3 期。

⑤　邓志锋：《关于我国助老服务"时间银行"建设的思考》，《南京人口管理干部学院学报》2012 年第 4 期。

⑥　杨帆、曹艳春：《基于社会交换理论的我国时间银行养老服务模式影响因素分析》，《东北大学学报》（社会科学版）2019 年第 4 期。

⑦　李海舰、李文杰、李然：《中国未来养老模式研究——基于时间银行的拓展路径》，《管理世界》2020 年第 3 期。

⑧　隋国辉、蔡山彤、黄琳：《新时间银行互助养老模式研究——基于传统时间银行的改进》，《老龄科学研究》2019 年第 4 期。

又有利于实现养老数据信息互联互通①。完善对时间银行的执行监督机制，建立综合服务评价体系②。

三是加强时间银行的制度设计。时间银行的制度设计和改进是学界关注的重点，总体而言，时间银行的制度设计主要围绕四大着力点展开。其一是服务兑换机制，根据劳动内容和强度制定科学的时间银行货币计量体系③，促进不同类型服务之间的公平合理兑换。其二是通存通兑机制，提升时间银行统筹层次至省一级④。其三是继承和转让机制，彭炎辉提出打造家庭之间的代际双重绑定时间银行，以亲缘关系进行服务时长的继承和转让⑤。其四是激励机制，增强时间货币兑换的及时性，时间储蓄可兑换等值消费，考虑时间货币的计息问题。

四是提升养老服务质量。在服务内容上，时间银行的服务内容应丰富多样，细化服务内容。就服务提供者而言，加强对志愿者的专业化培训。在服务流程上，促进服务提供的规范化。完善服务者实名注册流程，在提供服务之前与被服务者签订风险告知书，加强服务质量追踪管控、服务质量评价以及问题反馈⑥。

五是加强社会认知和社会参与。结合传统互助思想，宣传时间银行的特色、优势和典型案例。吸纳青年、留守妇女等充当志愿者，推动高校学生参与，将高校社会实践志愿活动与时间银行养老服务相关联⑦。推动敬老院等养老公益机构与时间银行合作⑧，鼓励企业采用商业合作的模式提供资金支持或物质捐赠。

---

① 梁磊、郭凤英：《基于"时间银行"养老平台模式体系研究及实践》，《新疆社会科学》2016年第3期。

② 夏辛萍：《中国互助养老"时间银行"本土化发展历程及经验反思》，《中国老年学杂志》2017年第22期。

③ 陈际华、姚云伟：《时间银行模式在农村互助养老长效运行机制中的探索——以苏北SN县为例》，《湖北农业科学》2017年第17期。

④ 杨帆、曹艳春：《基于社会交换理论的我国时间银行养老服务模式影响因素分析》，《东北大学学报》（社会科学版）2019年第4期。

⑤ 彭炎辉：《代际双重绑定时间银行：农村养老服务新模式》，《西北人口》2017年第6期。

⑥ 隋国辉、蔡山彤、黄琳：《新时间银行互助养老模式研究——基于传统时间银行的改进》，《老龄科学研究》2019年第4期。

⑦ 陈功、黄国桂：《时间银行的本土化发展、实践与创新——兼论积极应对中国人口老龄化之新思路》，《北京大学学报》（哲学社会科学版）2017年第6期。

⑧ 梁磊、郭凤英：《基于"时间银行"养老平台模式体系研究及实践》，《新疆社会科学》2016年第3期。

总体而言，学界既立足理论层面对时间银行的发展历程、概念特点等进行梳理探究，又着眼于实际层面对时间银行的国内外发展经验、存在问题及优化路径进行深入探讨，为优化和改进时间银行奠定了一定基础。然而，既有的研究仍存在一些不足之处。一方面，其多为宏观层面的探讨，遵循的研究路径也较为一致，聚焦于时间银行本身的深入的微观研究则较少。另一方面，时间银行作为起源于西方的实践模式应该如何结合中国实际进行本土化发展，学界有一定探究。但针对时间银行优化和改进设计方面的建议还不够细化，未能给出一套详尽的制度设计方案。

（五）互助养老长效运行的优化路径

针对农村互助养老长效运行面临的重重困境，学界予以充分关注，并为其提供路径优化的策略。既有的关于农村互助养老的研究在对其存在问题进行剖析之时，也围绕这些问题提供对策建议。这些研究多主张多元主体发力，从宏微观共同着手来促进农村互助养老长效运行。大体而言，学界关于农村互助养老长效运行的优化路径主要围绕法律政策制度体系、资金保障、互助服务、社会支持等方面展开。

一是加强法律保障，完善政策制度体系。互助养老的长效发展首先需要立法先行，以法律形式确定互助养老在社会保障体系中的地位。完善农村养老保障体系，将农村互助养老纳入农村社会事业发展规划，出台相关管理办法与服务标准。其中，不容忽视的是建立意外伤害责任认定机制，以降低责任风险。就完善政策制度体系而言，将农村互助养老发展与乡村振兴战略相结合①，加强互助养老与家庭养老、市场养老等其他养老方式的有效衔接。在构建服务型政府的基础之上，规范互助养老服务场所的设立条件和管理机制，围绕土地供应、税费优惠、财政补贴等制定政策支持体系。同时，构建互助养老的监督评估体系，改变原有的量化考核方式，将老年人作为重要评估参与主体。

二是完善资金筹集机制，强化资金保障。资金作为互助养老长效运行的关键要素，构建多元化且稳定的资金筹集机制的重要性不言而喻。首先，政府加大资金投入，将互助养老投入资金纳入财政预算，设立互助养

---

① 杨静慧：《农村老人互助养老意愿及政策启示——基于江苏的实证研究》，《兰州学刊》2020年第4期。

老公共基金，实施分类补贴以促进地区发展平衡。其次，以乡村振兴为契机，大力发展村集体经济，为互助养老提供补充性的资金支持。再次，争取公益基金会和社会慈善力量进行捐赠，发挥民间资本的作用。最后，有部分学者认为应当加强互助养老本身的造血功能，如依托互助小组发挥老人的生产功能，依托互助养老组织进行一些生产经营活动。此外，在资金管理运用上，采用社区互助养老基金的形式，用以进行资金的统一收支。

三是优化互助服务供给，提升专业化水平。在互助服务内容上，改变"重娱乐、轻养护"的趋势，以老人需求为导向，增加互助服务内容，如提供助餐服务和失能老人集中照料等。与村卫生室进行对接，充分利用农村原有的公共服务设施，拓宽养老功能。在互助服务范围上，借鉴西方老少合租等代际互助模式，动员留守妇女、留守儿童等力量，推动原有的老人之间互助转向代际互助。在互助服务形式上，积极发展志愿服务必不可少。然而，因其缺乏一定的激励作用，学界认为还应发展时间银行等储蓄式的互助①，同时注重培育互助养老的市场机制。就互助服务专业化水平而言，一方面，培育部分老人成为志愿者，加强对互助服务者的技能培训②。另一方面，则是立足组织层面，建立县级互助养老服务中心，打造互助养老服务指导队；组建专业化的服务队伍，建立日常管理运行机制。

四是强化社会支持，动员社会力量参与。互助养老的服务主体应当是多元化的，主要围绕老年人、村两委和社会服务机构等形成多中心，在此基础上打造互助服务综合体③。除以社区为组织依托外，采用"三社联动"的策略来发挥社会组织的作用，采用政府购买社会组织服务的形式来提升互助养老服务。基层政府积极扮演"能促者"角色，挖掘并培育其他福利主体④。在社区内部，挖掘村庄精英参与互助养老组织的管理和运用。培育老年协会等本土民间组织，加强其规范化建设。其既有利于增加社区集体资本，又能在互助养老发展中发挥作用。放眼社区外部，有利于加强互

① 何茜：《国外互助养老模式对我国农村地区养老的借鉴与启示》，《农业经济》2018 年第 6 期。

② 李明、曹海军：《老龄化背景下国外时间银行的发展及其对我国互助养老的启示》，《国外社会科学》2019 年第 1 期。

③ 王辉：《政策工具视角下多元福利有效运转的逻辑——以川北 S 村互助式养老为个案》，《公共管理学报》2015 年第 4 期。

④ 李俏、李久维：《回归自主与放权社会：中国农村养老治理实践》，《中国农业大学学报》（社会科学版）2016 年第 3 期。

助养老组织与农村妇联、志愿者、民间文化组织等社会组织的联系。

五是挖掘传统文化，宣传互助养老。其重点在于破除农村互助养老的思想认知障碍，在理念层面进行积极引导。首先，弘扬传统孝道文化，推动家庭成为互助养老的有力后盾，从而为互助养老发展提供更多资源。其次，宣传互助文化，其作为互助养老的重要文化基础，是对孝道文化的补充，利于提升老人参与互助养老的意愿。再次，大力宣传农村互助养老，增进认知。增强对老龄化这一严峻国情的认识，强调互助养老作为一种新型养老方式，是对现有养老体系的补充。通过电视、广播等大众传媒和邻里亲友等熟人网络宣传互助养老的性质、理念和典型案例，发挥舆论影响力量，以推动老人及其子女对互助养老的认识。这种宣传是面向全社会的，以此鼓励社会组织、慈善组织等关注并参与农村养老事业。

除此之外，对于在行政力量介入农村互助养老发展过程中如何保持农村互助养老自治性这一问题，学界认为要明确政府组织的权力边界，防止行政权力的过度渗透①。政府在明确其作为引导者和监督者的责任之后，需要合理放权赋能，确保村民在发展中的主体地位。当互助养老基本运行趋于成熟时，政府应当渐进转变其在互助养老发展中的主导地位。随着现代信息技术的发展，部分学者开始关注采用互联网、大数据等为互助养老赋能添彩。如利用全国志愿服务信息系统促进互助养老中时间银行的供需有效对接，打造网络互助养老信息服务平台以便于志愿服务资源的对接和管理。而"互联网＋养老"是养老服务发展的新趋势②，具有实现养老服务智能化、整合数据资源和链接志愿服务等独特优势，其核心目的是推动养老服务更加便捷化③。

总体而言，学界在深入剖析农村互助养老存在问题的基础之上，瞄准其面临的困境纾难解困，为其长效运行机制的构建提供了方向。其优化路径聚焦政府、村集体、社会、老人等多元主体，涉及互助养老的资源要素、服务供给、社会支持、文化理念等多个层面，既有宏观制度层面的抽象化政策建议，又有立足于实践层面的可操作性建议。不足之处在于对策

① 赵洁：《国内外互助养老模式的比较及借鉴》，《中国民政》2019 年第 5 期。

② 于潇、孙悦：《"互联网＋养老"：新时期养老服务模式创新发展研究》，《人口学刊》2017 年第 1 期。

③ 曹莹、苗志刚：《"互联网＋"催生智慧互助养老新模式》，《人民论坛》2018 年第 8 期。

建议的细化程度尚不足，可操作性有待加强。除此之外，这类优化路径多是在对现有困境进行批判之上建构的，或出于对发达国家的经验借鉴。然而，还有必要关注国内农村互助养老的先进实践，在对其实践进行深入考察的基础之上凝练经验，从实践之中提取农村互助养老长效运行的优化策略。

三　研究方法

（一）文本分析法

政策文本是政策的档案化和物质载体。政策文本的行文方式、话语逻辑、用词等都能够表明政策的变迁历程和演化逻辑，政策文本的外在表现形式如数量、发布主体等也能从侧面表明政策的变迁。文章从文本分析的视角出发，对政策文件在数量、效力和发布主体上呈现的外在规律进行计量分析，有助于了解我国政府对农村互助养老服务的价值取向和行为选择。

本研究所采用的政策文本源自各级政府网站和"北大法宝"，通过关键词"互助养老""农村养老""养老服务"等进行初步筛选，得到的检索结果为 342 份。为了防止出现漏查或误查的情况，政策的选取也在各个省市等地方政府网站进行了政策查询，使政策文本的真实性、原始性、权威性得到有效的保障，也保障研究结果的价值性和指导性。

同时，为了使研究更具有导向性，根据以下原则对搜集到的政策文本进行二次筛选：（1）剔除不适用于当今社会发展需要和过于偏离农村互助养老内容的政策文本。（2）同一目标性区域范围内的政策文本，如有更新、修改、废除等一系列政策变动，以该政策在时间上最新发布的文本为选取依据。经过二次筛选后，最终保留的政策文本共有 336 份。

（二）多元统计分析方法

1. 变量测量

被解释变量为互助养老参与意愿。本调查中把农村老人的互助养老意愿操作化为"您是否愿意参与互助养老？"，即与其他老人互助开展生活照料、精神慰藉和健康照护等方面的活动。

解释变量为养老保障能力、社交偏好和社会规范。养老保障能力是指老人获取养老保障资源的能力，包括个人保障因素、家庭保障因素、社会保障因素，其中将个人保障因素操作化为文化程度、职业性质和健康状况，家庭保障因素操作化为婚姻状况、子女数量、代际关系、抚育孙辈、居住方式、家务农活、家庭年收入，社会保障因素操作化为养老保险。养老保障能力强意味着老年人可获得的养老保障资源更多。社交偏好是指老人与他人进行交往互动的主动性，操作化为非正式的邻里互动、半正式的赶集活动和正式的老年社团。社会规范是指老人受到的来自所处村落社会网络的规范性制约力量，操作化为村庄的宗族（家族）关联程度、生产生活互助传统和社会舆论。

控制变量为性别和年龄，用以消除人口学特征差异。通过 SPSS 分析软件来描述老年人个体情况、所处村庄经济社会情况、互助养老参与情况，以及对老人参与互助养老的认同度和意愿进行分类。更重要的是对老人的互助养老认同度和参与意愿构建相应的研究假设，并进行相关性检验和多重回归分析，以检验养老保障能力、社交偏好、社会规范、互助养老认同度对于老人参与意愿的影响。

2. 问卷结构

问卷的主体内容大致可分为三个部分。

第一部分关注受访老年人的个人基本情况和家庭情况，主要包括性别、年龄、文化程度、职业、健康状况、婚姻状况、子女数量、代际关系、是否抚育孙辈、居住方式等。

第二部分对老年人经济社会情况进行调研，主要包括家庭年收入、收支情况、投入农活和家务的时间、社会交往情况、可依赖群体、村庄的宗族关联、互助传统、社会舆论等。

第三部分是对互助养老现状、认同度和参与意愿的调研。对于互助养老现状的调研主要包括互助养老的覆盖情况、互助形式、互助内容、满意度等。对于互助养老的认同度主要采取李克特五点评分量表表示。对于互助养老的参与意愿采用"非常不愿意""比较不愿意""比较愿意""非常愿意"进行程度区分。

（3）样本来源

数据源自本课题组在 2019 年 6 月至 2019 年 10 月对江西、浙江、河南、河北、安徽、黑龙江、重庆、四川、云南、贵州、湖北、甘肃等 12 个省份（直辖市）的调研数据，涵盖了团结型/宗族型农村、分裂型农村、松散型农村三类理想型村庄结构，以及华东、华北、东北、华中、西南、西北六大地理区域。按照分层随机抽样的方法进行抽样调查，每个地理区域选择大约 2 个县（区），每个县（区）选择大约 5 个村，每个村选择大约 15 位老人进行问卷调查。在调查过程中，由受过专门培训的调查员辅助老人理解问卷内容以及填写问卷。本次调研共发放问卷 900 份，回收有效问卷 809 份，有效回收率 89.9%。

（三）案例研究法

1. 案例选取原因

本研究选取重庆、湖北、河北、浙江四个地区的六种互助养老模式作为重点案例，主要出于以下原因：

（1）案例的典型性

四个地区的六个案例是在政府、村庄能人、社会组织或老年协会的主导下所探索出的互助养老模式，这些模式在一定程度上是被实践证明有效的，曾获得诸多新闻媒体关注和报道，如下表所示。其中，河北省荷花公益基金会主导的"妇老乡亲"模式曾受到中央电视台、《人民日报》《中国社会报》《河北日报》等主流媒体的报道；何斯路村作为浙江的宜居示范村之一，其包括养老在内的村庄建设不仅为媒体深入跟踪报道，甚至长期吸引着学界和实务界前去调研学习；湖北恩施的老年协会所主导的互助养老模式不仅为新闻报道，还得到了省级表彰；重庆市铜梁区和大足区的互助养老模式也曾获得包括《重庆日报》在内的当地主流媒体的关注。

表 1 – 2　　　　　　　　　　六个案例的部分新闻关注报道

案例	来源与时间	新闻标题
生庆铜梁互助养老模式	重庆日报，2021 – 04 – 02 央视网，2021 – 01 – 16 中国网，2020 – 11 – 03 重庆发布，2021 – 08 – 31	铜梁今年新建 100 个农村互助养老点 铜梁新增 108 个农村互助养老点 重庆铜梁：农村互助养老点让村民养老不出村 铜梁：互助养老打通农村养老服务"最后一公里"
湖北恩施互助养老模式	恩施日报，2014 – 06 – 17 恩施晚报，2015 – 01 – 08 人民网，2020 – 10 – 26 湖北日报，2020 – 10 – 26	恩施市白果乡两河口村互助养老记 恩施州 9 个老年协会获省级表彰 湖北恩施市白果乡互助养老让"空巢"变"蜂巢" 恩施市白果乡的老人越活越快乐——互帮互助提升幸福指数

续表

案例	来源与时间	新闻标题
河北肥乡互助幸福院	新华社，2011-03-01 河北新闻网，2013-11-27 人民网，2019-12-06 人民日报，2021-05-06	河北省肥乡县探索出农村低成本互助养老模式 河北省农村探索互助养老新模式 河北探索农村养老互助模式 互助幸福院，托起稳稳的幸福（奋斗百年路 启航新征程·同心奔小康）
重庆大足互助养老模式	重庆市人民政府网站，2021-02-26 人民网，2021-02-25 光明网，2020-04-15 重庆日报，2021-03-02	大足智慧互助养老、"三力七单"基层治理助力乡村振兴 重庆大足探索互助养老新模式 创新基层治理助力乡村振兴 大足22个村社试点城乡互助养老 抱团过晚年 养老不出村——重庆农村互助养老调查
浙江义乌何斯路村养老模式	浙江日报，2018-04-27 金华日报，2019-06-26 中国义乌网，2016-10-08 义乌市卫生健康局网站，2021-07-01	"功德银行"改村风聚人心 义乌何斯路，为何不只是富？ 义乌何斯路"功德银行"见证温馨大家庭 何斯路村居家养老中心开业 村民为老人摆起重阳饺子宴 老年电大助力"银龄"跨越数字鸿沟
河北"妇老乡亲"模式	人民日报，2019-12-06 中国妇女网，2020-11-02 燕赵财税网，2013-09-22 河北新闻网，2020-10-25	河北探索农村养老互助模式 老帮老 一对儿好 河北省荷花公益基金会积极探索"妇老乡亲"农村养老模式五年来成效显著 荷花基金"妇老乡亲"模式破局农村养老难题 河北省荷花公益基金会"妇老乡亲"养老项目在河北平山启动

　　部分案例的学术研究也以研究论文的形式出现。如赵志强①运用制度嵌入性理论、张彩华②运用社会支持理论对河北肥乡农村互助幸福院模式的研究；邓燕华③的系列研究虽然主要以金华市画水镇为个案，但是也涉及何斯路村老年组织的制度和行动研究。因此，从实践的成效和案例所获

　　① 赵志强、杨青：《制度嵌入性视角下的农村互助养老模式》，《农村经济》2013 年第 1 期。
　　② 张彩华：《村庄互助养老幸福院模式研究：支持性社会结构的视角》，博士学位论文，中国农业大学，2017 年。
　　③ 邓燕华、阮横俯：《农村银色力量何以可能——以浙江老年协会为例》，《社会学研究》2008 年第 6 期。

关注度而言，本研究所选六个案例具有一定的典型性。

（2）调研的可行性

案例的选取不仅要考虑其典型性，还要保证其深入调研的可行性。因此，本文在选取案例时充分考虑其调研的可行性。其中，浙江义乌何思路村是笔者博士求学期间所调研的地点，其间积累了一定的经验。此外，笔者博士调研期间结识了当地负责养老的有关人员，也为团队的顺利调研提供了很大的帮助；重庆则是笔者工作所在地，相对而言，深入调研比较便利；在河北、恩施等地也在学界好友、同学和同事等的帮助下实地展开调研。总的来说，本研究所选取案例能够成功开展调研，主要得益于笔者的人际网络、工作单位和当地政府的帮助。

（3）案例之间的异质性

除了案例的典型性和调研的可行性以外，案例之间的异质性也是笔者选取案例所考虑的因素之一。一方面，在案例所在地区的选择上，本研究并未局限于某一个地区，而是充分考虑了东、中、西三个地区经济、社会和文化发展的不同，选取了东部的浙江、中部的河北和湖北以及西部的重庆地区。另一方面，就具体的案例而言，每个案例中互助养老模式的主导力量是不同的。其中或以政府为主导，或以社会组织为主导，或以村庄能人为主导，这在某种程度上也说明了互助养老并不只有一种固定的模式，也为本研究的主题——建立互助养老长效机制奠定了研究意义。

2. 案例调研和分析方法

（1）田野调查法

为了研究农村互助养老长效机制，需要采取田野调查的方法来对政府官员、村干部、农村互助养老组织负责人、社工组织工作人员、老年人等进行访谈或参与式观察，来获得他们对农村互助养老的理解和认识。沉浸在田野之中以获得农村互助养老运行过程中的多重机制的感性认识，进而在此经验现象基础上结合互助论、福利供给理论和社会运行理论进行归纳分析和理论建构。

通过提问、倾听、观察、回应和记录等一系列访谈环节来了解被访者的真实态度和价值判断。调查既有单独访谈也有群体访谈，访谈时间在20—120分钟。访谈既有面访，也有电话和微信访谈；既有结构化访谈，也有半结构化访谈。在访谈过程中遵循了解而不是表达，引导而不是诱导，不进行价值预设、先易后难等伦理原则。一般在访谈结束后就立即整理访谈资料，以尽快明确其前因后果和主要故事线。就本研究而言，针对农村互助养老，从当地经济社会状况、互助养老创办经过、关键决策者、资金、人员及场所筹集、组织运行、老人互助、社会连带、工作痛点等方面展开田野调查，如下表所示。

表 1-3　　　　　　　　　农村互助养老调查问题

调查维度	调查主要问题
村庄背景	经济、产业、人口数量结构、社会文化
资源筹集	钱—设施、人、场所等，为什么要筹集，怎样筹集，筹集了哪些资源
组织运行	日常运维由哪个机构或个体来负责，发挥什么作用，开展了哪些日常活动
老人互助	老人如何参与，参与哪些项目？老人如何相互帮助？
社会连带	互助养老组织连带了哪些主体来支持老年人或老年组织？

2. 分析方法

案例研究的目的是深度描述农村互助养老组织的产生经过及其四重机制运作，展示其运行逻辑，总结其模式特征、成效和不足。故此，在分析案例时基本上参照了制度—结构主义的分析范式和过程—事件的分析策略[1]。前者假设制度和结构的多重组合决定了人们的行为选择和结果绩效，为了构建理论框架，在对经验材料抽象提炼的基础上形成特定的关系模式——农村互助养老的长效机制，以突出结构特征，其丰富性深嵌在公式的支持系统中。后者假设不是组织结构特征，而是事件的发展过程，甚至是偶发事件决定了结果绩效。其通过各种方式收集材料，进而根据一定逻辑来组织材料从而呈现事件发生的过程，并力争让叙述的过程清晰，主题鲜明，情节合理，且富于一定的故事性和动态性。在案例分析和展示过程会呈现核心人物的作用及其互动关系，从侧面描摹四重机制如何运转。

---

[1]　谢立中：《结构—制度分析，还是过程—事件分析？——从多元话语分析的视角看》，《中国农业大学学报》（社会科学版）2007 年第 4 期。

第二章　农村互助养老的历史、
政策与模式

一　农村互助养老组织的历史发展

互助养老源于互助，而互助这一文化传统从小农经济开始就深深嵌入农村社会①。当前，虽然作为一种新型养老模式的互助养老可被视为制度创新，但其有着深厚的社会文化和历史根源②，因而对其发展历史进行梳理，有利于了解其不同时代之实践，洞悉其运行变化之规律。就互助养老的发展历史而言，学界多将其划分为三大阶段：一是宗族互助养老阶段；二是集体互助养老阶段；三是社区互助养老阶段。在不同的发展阶段，互助养老有着不同的互助形式、经济基础和思想基础③。

（一）新中国成立之前的宗族互助养老

传统乡土社会中，互助养老以宗族为载体，以族产来保障鳏寡老人的晚年生活④。宗族以其文化嵌入性、习俗嵌入性、场域嵌入性和项目嵌入性，构筑起功能完善的宗族养老体系，成为正式社会保障体系之外的非正

---

① 刘金海：《互助：中国农民合作的类型及历史传统》，《社会主义研究》2009 年第 4 期。

② 干咏昕：《中国民间互助养老的福利传统回溯及其现代意义》，《今日中国论坛》2013 年第 7 期。

③ 张云英、张紫薇：《农村互助养老模式的历史嬗变与现实审思》，《湘潭大学学报》（哲学社会科学版）2017 年第 4 期。

④ ［英］莫里斯·弗里德曼：《中国东南的宗族组织》，上海人民出版社 2009 年版；张佩国：《传统中国福利实践的社会逻辑——基于明清社会研究的解释》，《社会学研究》2017 年第 2 期。

式补充①。以宗族为依托的互助养老在历朝历代的实践形式不一，西周的通财分施式互助、汉代的振赡匮乏式互助、唐代基于补给侍丁制的互助等各具特色。宋代由范仲淹首创的义庄是这一阶段的典型代表，标志着互助养老从临时性救济走向普惠式家族福利的制度化进程②。

　　建立在血缘和地缘基础上的义庄具有广泛的功能，受到社会学、社会保障学和历史学等学科的关注。义庄历经宋代的倡导与勃兴、明代的停滞与恢复、清代的发展与成熟三个阶段③，在赈济救助、兴办义学、教化社会和赡族上发挥着重要作用④。养老则包含在赡族功能之中，义庄通过置义田等举措，为族内老人提供经济救济、生活照顾、精神慰藉以及死后安葬等养老服务⑤。这种养老保障最初分为普惠式福利和特殊救济，到后期则偏向于后者，更注重保障老残、贫困人员的生活⑥。义庄除发挥社会保障的功能之外，凭借其宗族的治理能力，在乡村社会秩序维护和社会治理上也发挥着重要作用。袁同成⑦从社会资本的视角对义庄进行分析，认为其是发展现代农村邻里互助养老的重要参照。义庄从家族这一血缘网络中挖掘社会资本，并将之作用于族内公共事业和慈善事业发展。在这一过程之中，受助者享受到互助福利，施助者则得到声望、认可等社会资本，宗族的联结程度和凝聚力也随之增强。朱林方⑧着眼于义庄的宗族治理功能，认为其修复了宗法一体化的国家治理体系，强化了宗法制之下家国同构的能力。

　　除此之外，明清时的太监庙和姑婆屋作为互助养老的雏形，也受到学

---

　　① 高和荣、张爱敏：《宗族养老的嵌入性建构》，《吉首大学学报》（社会科学版）2019 年第 3 期。

　　② 张云英、张紫薇：《农村互助养老模式的历史嬗变与现实审思》，《湘潭大学学报》（哲学社会科学版）2017 年第 4 期。

　　③ 王日根：《义田及其在封建社会中后期之社会功能浅析》，《社会学研究》1992 年第 6 期。

　　④ 豆霞、贾兵强：《论宋代义庄的特征与社会功能》，《华南农业大学学报》（社会科学版）2007 年第 3 期。

　　⑤ 张云英、张紫薇：《农村互助养老模式的历史嬗变与现实审思》，《湘潭大学学报》（哲学社会科学版）2017 年第 4 期。

　　⑥ 王卫平：《从普遍福利到周贫济困——范氏义庄社会保障功能的演变》，《江苏社会科学》2009 年第 2 期。

　　⑦ 袁同成：《"义庄"：创建现代农村家族邻里互助养老模式的重要参鉴——基于社会资本的视角》，《理论导刊》2009 年第 4 期。

　　⑧ 朱林方：《义庄：宗法一体化国家治理体系的一个样本》，《华中科技大学学报》（社会科学版）2014 年第 4 期。

界的关注。太监和自梳女因身份的特殊性难以实现家庭养老，在此情况之下，其借助地缘、业缘等关系，通过结师徒、拜姐妹等方式形成类亲属关系，进而通过类家族主义的方式实现养老照料①。其中，太监庙与宗教联系密切，到后期分化为子孙缘和兄弟庙两种管理形式②。

（二）新中国成立之后到改革开放之前的集体互助养老

新中国成立初期实施的土地改革运动中，因义庄具有浓厚的封建性质，对其采取了没收政策，这对宗族制度造成毁灭性打击③。在实现平等和共同富裕两大社会目标的指引之下，平均主义和集体主义在思想上占据主流位置④。以此为指导，广大农村掀起农业合作社和人民公社的集体经济建设浪潮，这不仅使农村经济结构产生深刻变革，也导致了农村养老制度的巨大转变，消解了家庭养老的组织基础⑤，致使原有的土地养老转向集体养老⑥。在初期，主要依托小型互助组织进行简单生活照料，其为群众自发，资金自筹。在中期，转变为生产合作社互助，《一九五六年到一九六七年全国农业发展纲要》《高级农业生产合作社示范章程》等政策文件规定利用集体力量对鳏寡孤独残疾进行照料，并要求从集体收益中提取公益金作为资金支持。随着人民公社的建立，在农村构筑起了"公社—生产大队—生产队"三级管理机制的集体互助模式⑦。一方面，创建了一批福利生产互助养老组织，如福利生产院等⑧。另一方面，"五保"供养制度也逐步完善。人民公社框架之下的"五保"养老制度通过社队统一分配粮

① 方静文：《超越家庭的可能：历史人类学视野下的互助养老——以太监、自梳女为例》，《思想战线》2015 年第 4 期。

② 张雪松：《清代以来的太监庙探析》，《清史研究》2009 年第 4 期。

③ 王瑞芳：《没收族田与封建宗族制度的解体——以建国初期的苏南土改为中心的考察》，《江海学刊》2006 年第 5 期。

④ 张乐天：《告别理想——人民公社制度研究》，东方出版中心 1998 年版。

⑤ 李捷枚《20 世纪 50 年代中国农村养老保障模式变革》，《华中师范大学学报》（人文社会科学版）2016 年第 2 期。

⑥ 雷咸胜：《新中国成立以来农村养老保障政策的演进——基于间断—均衡理论框架的分析》，《广东行政学院学报》2019 年第 5 期。

⑦ 张云英、张紫薇：《农村互助养老模式的历史嬗变与现实审思》，《湘潭大学学报》（哲学社会科学版）2017 年第 4 期。

⑧ 李俏、刘亚琪：《农村互助养老的历史演进、实践模式与发展走向》，《西北农林科技大学学报》（社会科学版）2018 年第 5 期。

食和提取公益金等形式运行，但其实质仍是依托传统村庄之下熟人社会的力量进行养老。

（三）改革开放后至今的社区互助养老阶段

一方面，家庭联产承包责任制的实施将养老的责任再次转移到家庭。然而，经济理性对农村社会的入侵不仅造成农村结构的碎片化、原子化[①]，还导致家庭中长辈权威的削弱和代际关系的变化[②]。面对老龄化的重压，家庭规模小型化和家庭养老功能削弱使得家庭养老难以为继[③]。另一方面，囿于二元社会结构之下实施的非平衡发展战略和原有的社会等级秩序，与城市相比，农村社会养老保障发展薄弱[④]。然而，改革政策的实施为民间经济社会传统提供了复归的空间[⑤]，作为基层自治组织的村委会为互助养老发展提供了组织依托[⑥]。在此背景下，互助养老成为填补农村养老保障不足的一种新型养老方式。

当前的互助养老呈现开放化和多元化的特征，在各地的实践探索中产生了多元模式，如时间银行、结对互助、互助幸福院等模式，形成了志愿型、储蓄型、市场型等互助服务养老形式[⑦]。其中，以"村级主办、互助服务、群众参与、政府支持"为特征的河北肥乡互助幸福院模式获得民政部肯定，在河北全省推广，堪称农村互助养老的典范。在国家和地方政府的支持下，互助养老的政策设计和工作机制不断完善，成为积极探索农村养老的大方向[⑧]。

就互助养老的历史发展规律而言，学界对其有一定的概括，但相关深入的研究不足。归结起来，其发展规律主要包括四大方面。首先，互助养

---

① 贺雪峰：《中国农村社会转型及其困境》，《东岳论丛》2006 年第 2 期。
② 陈皆明：《中国养老模式：传统文化、家庭边界和代际关系》，《西安交通大学学报》（社会科学版）2010 年第 6 期。
③ 穆光宗：《家庭养老面临的挑战以及社会对策问题》，《中州学刊》1999 年第 1 期。
④ 张仕平、刘丽华：《建国以来农村老年保障的历史沿革、特点及成因》，《人口学刊》2000 年第 5 期。
⑤ 王铭铭：《村落视野中的文化与权力——闽台三村五论》，生活·读书·新知三联书店 1997 年版。
⑥ 杜鹏、安瑞霞：《政府治理与村民自治下的中国农村互助养老》，《中国农业大学学报》（社会科学版）2019 年第 3 期。
⑦ 张志雄、孙建娥：《多元化养老格局下的互助养老》，《老龄科学研究》2015 年第 5 期。
⑧ 刘晓梅、乌晓琳：《农村互助养老的实践经验与政策指向》，《江汉论坛》2018 年第 1 期。

老不断从自发走向自觉，制度化程度不断加深。钟仁耀等①利用新制度主义对农村互助养老的发展历程进行分析，认为其在价值共识、规范制定和组织管理三大方面都呈现制度化演进的趋势，普适性和稳定性不断增强。其次，互助养老的发展与农村经济结构的变迁相适应。小农经济的封闭性、不稳定性与差序格局之下的乡土社会决定了古代建立在血缘、地缘基础之上的宗族互助养老模式。新中国成立后，家国一体的格局遭到破坏，但乡村社会的性质本质上仍未改变，因此互助养老的基础仍然存在。如今，熟人社会向"半熟人社会"转变②，互助养老逐渐从以家庭、村集体为依托向以社区等社会主体为依托转变。再次，互助养老的持续发展需要组织依托。从互助养老发展的三个阶段来看，从最初依托宗族，到依托合作社和人民公社，再到如今依托社区，其良性运行离不开组织承载，进而提供资源支持③。最后，互助养老始终离不开以互助文化和孝文化为核心的农村传统文化的支撑。虽然传统孝文化随着社会变迁不断转型，但互助文化和孝文化的基因依然根植于农村社会，这使得互助养老的发展具有极强的文化适应性④。

总体而言，学界对互助养老的发展历史进行了阶段化的梳理分析，并针对每一阶段的主要互助形式进行了探究。在此基础上，对其进行归纳总结，并抽象化为互助养老的历史发展规律。但现有的研究仍存在一些不足，主要体现在两方面。一是系统化和整体性的研究较少，局部性的研究较多，且呈现不均衡状态。目前学界多选择某个时间截面，针对该阶段具体的互助养老组织进行研究，对互助养老历史发展脉络全面的、体系化的、深入的研究尚显不足。而局部性的研究仅对某些形式关注较多，例如前两阶段的互助组织中，对宋、清时期义庄的研究较多，对其他互助养老组织的探究较少。二是研究的理论化程度不深。在梳理历史发展脉络之际，未选择一定的研究视角进行切入，未构建出相应理论框架进行探究。

---

① 钟仁耀、王建云、张继元：《我国农村互助养老的制度化演进及完善》，《四川大学学报》（哲学社会科学版）2020年第1期。

② 贺雪峰：《论半熟人社会——理解村委会选举的一个视角》，《政治学研究》2000年第3期。

③ 张云英、张紫薇：《农村互助养老模式的历史嬗变与现实审思》，《湘潭大学学报》（哲学社会科学版）2017年第4期。

④ 赵志强、王凤芝：《文化社会学视角下的农村互助养老模式》，《农业经济》2013年第10期。

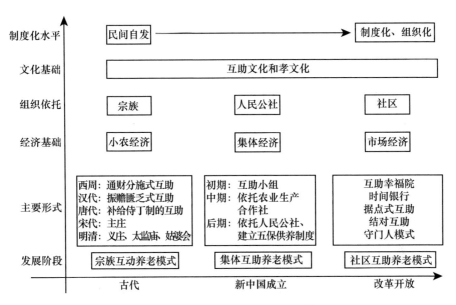

图 2-1　农村互助养老历史演进①

二　我国农村互助养老政策

（一）农村互助养老政策文本分析

1. 政策颁布时间分析

按照发文年度对 336 份政策样本进行统计，发现我国农村互助养老政策最早可以追溯到 2009 年由陕西省榆林市发布的《榆林市人民政府办公室转发市老龄办等部门关于加快发展养老服务业实施意见的通知》。此后，2011 年《国务院办公厅关于印发社会养老服务体系建设规划（2011—2015年）的通知》首次提出要"以建制村和较大自然村为基点，依托村民自治和集体经济，积极探索农村互助养老新模式"。

2011 年至今，我国出台的农村互助养老政策文本共计 27 份，占文本数的 8%，其中 2016 年间政策数量增长尤为突出，多达 6 份，与 2011—2015 年间的政策总体数量基本持平。此后，中央政府有关部门陆续颁布了

---

① 此图主要依据张云英，张紫薇《农村互助养老模式的历史嬗变与现实审思》和钟仁耀，王建云《我国农村互助养老的制度化演进及完善》等文献进行整理而成。

14 份文件，对农村互助养老工作进行了重要安排和部署，由此推动了地方各省对农村互助养老的多样化探索。从不同节点来看，2016 年至 2018 年地方各省有关农村互助养老政策文本发布量呈快速上涨趋势，尤其 2018 年达到最高，颁布了 82 份政策文件。

总之，我国对农村互助养老持续重视，并处于不断完善的态势，突显了农村互助养老在我国养老事业中的重要性。

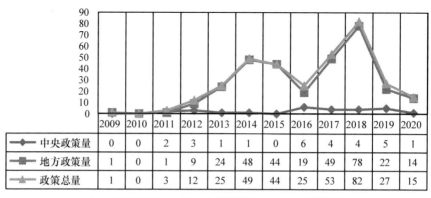

	2009	2010	2011	2012	2013	2014	2015	2016	2017	2018	2019	2020
中央政策量	0	0	2	3	1	1	0	6	4	4	5	1
地方政策量	1	0	1	9	24	48	44	19	49	78	22	14
政策总量	1	0	3	12	25	49	44	25	53	82	27	15

◆ 中央政策量　■ 地方政策量　▲ 政策总量

图 2 - 2　农村互助养老政策年度统计

2. 政策颁布主体分析

对政策颁布主体进行统计分析，既可确定该政策领域的核心机构，在一定程度上还可反映该政策的受重视程度。

从统计数据来看，国家层面的 27 份政策文本主要来源于国务院和民政部，地方层面的 309 份政策文本则主要来源于地方人民政府和民政厅（局）。其中人民政府出台的政策最多，这充分体现了政府在养老事业方面的领导和管理作用。在推动养老体制改革、完善农村互助养老服务体系中，政府发挥了重要作用，共参与制定了 283 项政策，占 84%。民政部（厅）作为养老服务的主管部门也充分发挥了主导作用，参与制定了 40 项政策，占 12%。从总体上看，政府和民政部（厅）是政策制定的主要部门，在推动农村互助养老服务体系建设的过程中发挥着至关重要的作用。

此外，近几年地方政府多部门发文数量相较之前持续增加。这意味着发展农村互助养老具有复杂性，依托单一部门无法应对，同时多主体参与

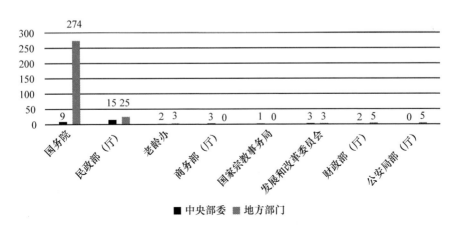

图2-3　农村互助养老政策颁布主体统计

也反映出我国对农村互助养老的重视。

总体来看，我国现阶段正积极构建部门协调统筹机制，各部门全方位协同推进互助养老政策的制定与落实，并逐渐形成齐抓共管、多措并举的工作局面。

3. 政策文种类型分析

政策文种指的是政策颁布采用的形式，主要包括通知、意见、办法等等。不同文种类型的政策所产生的政策效力也是各不相同。

在收集的政策样本中，农村互助养老政策共采用8种公文形式颁布。其中，"意见"类政策文本数量最多，高达219份，占比达到53.92%，超过所有政策文本数量半数。紧随其后的"通知"类政策文本也多达102份，占比30.36%。而"办法""公告"等类型的政策文本寥寥无几。纵观"通知"类政策文种可以发现，中央及部委发布的文件规划性和纲领性较强，但缺乏一定的可操作性。从"意见"类政策文种可以看出，我国政府在推进农村互助养老体系建设的同时，注重提出具体建议，细化处理意见，为互助养老制定了针对性、详细化的实施办法。此外，"办法""公告"等类型的政策文本数量寥寥无几，"法规"等类型的政策更是没有，也说明我国互助养老缺乏规章制度的制定，法制化水平亟待提高。

总的来说，我国农村互助养老政策目前多以"通知""意见"作为主要政策文种类型，这类政策文本属于行政性规范，既有权威性又不属于正

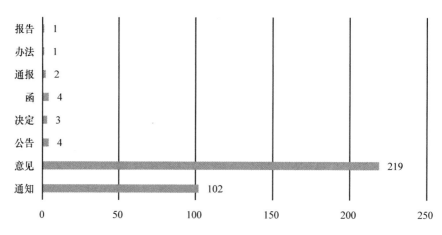

图2-4 农村互助养老政策文种统计

式法律，突出了行政指导性。可见，政府在政策发展中倾向于扮演"推动者""指导者"角色，体现为协助、支持农村开展互助养老，而非直接干预和强制命令。

（二）我国农村互助养老政策的内容分析

1. 加强顶层设计，健全互助养老制度性支撑

农村互助养老是养老新模式，发展时间不长，缺乏足够的管理经验。为保障农村互助养老的有序发展，国家和政府从顶层设计上对农村互助养老进行统筹安排，不断完善和健全农村互助养老的扶持政策，以促进农村互助养老良好且持续发展。具体包括三项基础工作。

一是明确方向，找准定位。2011年国务院明确提出现阶段要在农村探索推行农村互助养老新模式，由此奠定了农村互助养老在我国养老服务体系中的重要地位。此后，各省市根据省内发展状态，出台政策措施，探索建立养老服务体系。内蒙古自治区提出要探索建立农村牧区养老服务中心（站）为依托、互助养老幸福院为支撑、敬老院为补充的，覆盖全体农村牧区老年人的养老服务体系。武汉市则依据我国脱贫攻坚大背景，提出结合精准扶贫工作，建立完善以农村福利院为支撑、老年人互助照料中心和农村幸福院为依托、互助养老为基础的农村养老服务体系。

二是统一领导，分工负责。在深入认识农村互助养老的内涵与作用的

基础上，打造政府主导、社会广泛参与的工作体制。如北京市强调发挥政府主导作用，提出要加强政策引导，统筹推进集中照料、互助养老、志愿服务等养老服务；陕西省则重点关注社会力量的参与，指出要打造以社区为平台、养老服务类社会组织为载体、社会工作者和社区志愿者为支撑的"四社联动"养老服务机制。

三是完善制度，有规可依。为保证农村互助养老建设的合规性和有序性，政府部门制定了一系列发展文件，并出台相应的实施指导文件。各省市对互助式养老展开积极探索和实践，明确农村互助养老具体目标。河北省、江西省、山东省等17个省份发布的文件都明确涉及了农村互助幸福院的目标覆盖率或目标数量。各市/区（县）制定出具体详细的发展措施和工作机制，对幸福院的建设原则、管理办法、服务标准等做出规定，从而让实施者有规可依，加强农村互助养老的规范化、质量化发展。同时注重监督，推动互助养老的合法化、规范化运作。例如，湖北省宜昌市规定对宜昌城区评估合格的老年人，互助照料站和农村幸福院按2万元/年的标准给予运营补贴。

2. 完善基础设施，保障互助养老基础物资

开展互助养老服务的根本目的在于提高养老服务质量，改善老年人的生活品质。因此，政府尤为重视互助养老基础设施的完善和提升，以确保有优质的基础设施为农村互助养老提供保障。

2012年以来，民政部等部委相继印发了一系列文件和办法，加强互助养老基础性设施的规范化建设。2013年后陆续发布的《中华人民共和国老年人权益保障法》和《民政事业发展第十三个五年规划》强调要大力支持农村互助型养老服务设施建设，提出安排中央专项彩票公益金以支持全国农村互助养老服务设施建设，并在幸福院配备医疗护理、康复辅具、文娱活动等设备，促进互助养老服务向规范化、标准化发展。2017年《全国老龄办关于加强农村留守老年人关爱服务工作的意见》进一步提出鼓励各地将农村互助幸福院等养老服务设施委托老年协会等社会力量运营管理。2019年又发布了《民政部关于进一步扩大养老服务供给促进养老服务消费的实施意见》和《加大力度推动社会领域公共服务补短板强弱项提质量促进形成强大国内市场的行动方案》，指明要将农村养老服务设施建设作为乡村振兴战略重要内容，纳入预算内投资优先方向，加大农村养老机构和互助养老服务设施建设力度，统筹规划建设公益性养老服务设施。

与此同时，地方各级政府也开始着力关注互助养老的相应配套设施建设。无论是利用闲置资源、依托已有资源还是新建服务设施，各地区百花齐放，逐步明确场地、规模、服务、配套设备、收费、人员配置等标准。例如，云南省指明要在农村社区及部分城郊接合部社区以老年协会为基础发展互助养老服务站（点），为公办居家养老服务机构配备公益性岗位养老护理人员不少于1人。宁夏回族自治区则提出要在老年人日间照料中心、老年人活动中心、互助养老院等养老服务机构中配备康复辅助器具，满足保护、看护、照料等功能需求。

3. 加大政府财政投入，实现资金多元供给

资金是发展农村互助养老的基础性条件和保障。为保证农村互助养老的持续推进，政府部门积极探索资金供给的优化模式，从依附财政补贴转化为多举措筹措资金，力求发展资金充足有效。具体来说，政府所采取的资金投入方式呈现出以财政支持为主体、社会捐赠和个人资金为补充的多元供给特征。

各级政府立足于农村互助养老发展的资源需求，制定财政政策，通过财政补贴、设置专项资金等方式投入资金，并鼓励社会、企业、个人的公益捐赠。2013年民政部同财政部首次提出每年安排10亿元、三年安排30亿元中央专项彩票公益金，支持全国农村互助养老服务设施建设。此后，各省份纷纷出台政策加强对农村互助养老的资金支持，山东省和河北省探索实施以奖代补机制，青海省、湖北省、河南省及内蒙古自治区则建立了运营补贴机制。此外，内蒙古乌兰察布市在《乌兰察布市农村牧区互助养老幸福院管理办法（试行）》中表明提倡和鼓励企事业单位、社会团体、个人资助幸福院。山东省日照市也在《日照市人民政府办公室关于加快推进社区居家养老服务的实施意见》中提出支持单位、团体、家庭、个人利用自有房产和其他资源设立养老互助点。

4. 培育专业服务人才，提升互助服务质量

人才是农村互助养老服务供给的根本性动因，是支持农村互助养老服务发展之关键。但是农村地区人才匮乏，已经严重阻碍了农村地区互助养老事业的发展。因此，政府部门不断给予各层面的支持，加快互助养老服务方面的人才培养，努力通过强化专业人才培养力度，促进养老服务专业化、职业化发展。

就专业化队伍建设而言，各省就专业人员的培养、培训、福利待遇，

以及专业机构的建设等展开了丰富多样的探索。包括河北省在内的24个省份已逐步开展养老服务专业人才、管理人员培训，福建省福州市表示要探索"集中培训"和"送教上门"相结合的培训方式，提升从业人员专业化服务水平；湖南省长沙市提出要为老年人的家庭成员提供养老服务培训。此外，各省也探索建立了专业人才培训制度、城市落户政策、培训补贴机制、学费补偿制度、入职奖励制度等福利性制度，进一步吸引人才进入养老服务行业，加强互助养老的专业队伍建设。

就志愿服务队伍建设而言，各省的关注点主要聚焦在志愿服务机构的建立和志愿者队伍的培训及奖励等方面。一方面，各省份着力打造志愿者队伍，并鼓励老年协会、涉老组织、自治组织参与互助养老；另一方面，重点关注志愿服务的记录机制，探索实施了包括时间银行制度、学生社区志愿服务计学分、义工服务时间储备制度、积分换算制度、志愿者星级认定制度等多种多样的记录和奖励机制，以此激发志愿者的服务热情和服务动力。

5. 普及互助养老观念，转变居民养老意识

农村互助养老虽然近年来受到广泛关注，但是社会认同度不高，群众参与度比较低。加强宣传农村互助养老知识，改变社会大众的养老观念，是农村互助养老得以发展的重要基础。

一方面，政府部门着力加强互助养老政策的文化宣导。民政部等多个部委提出要鼓励和引导老年人参加社区邻里互助养老。各地区也通过政策指引，动员低龄、健康老年人参与互助养老。如北京市通过政策引导，鼓励和支持有意愿的村民参与农村幸福晚年驿站建设运营；浙江省杭州市强调要树立积极的老龄观，重视老年人力资源，通过开展"银龄互助"服务，引导低龄健康老年人积极为高龄、独居老年人提供帮助；福建省则通过鼓励留守老年人入会互助养老，以引导老人转变传统养老观念，树立乡村社会风尚。

另一方面，鼓励多方主体参与到农村互助养老的建设中。虽然在农村互助养老的建设中政府起到主导作用，但是面对日益严峻的养老问题，政府绝不可独自承担一切重担，积极调动社会资源，降低各方负担才是上策。2016年全国老龄办等25个部门联合发布《关于推进老年宜居环境建设的指导意见》，指出要发挥各类志愿服务组织的积极作用，引导社会各界开展多种形式的助老惠老志愿服务活动。各省市依据当地情况，

号召社会各方积极投身到农村互助养老建设中，并在政策上给予优惠和倾斜，以此来鼓励和吸收有公益意识的社会大众，共同筹建农村互助幸福院。

6. 发挥典型示范作用，鼓励探索互助养老新模式

我国城乡对互助养老的探索分别始于 1991 年天津市新街村的"老年人互助小分队"和 2008 年河北省肥乡县的"互助幸福院"。在地方探索和推广的基础上，国务院办公厅 2011 年印发了《社会养老服务体系建设规划（2011—2015 年)》，提出"积极探索农村互助养老新模式"。此后，各部门、各地区积极出台政策措施，加快探索与实践。在深入学习先进经验的基础上，结合当地实际，进行试点、总结、创新，形成本地区的典型模式，再发挥好其示范效应，逐步推广。

首先是经验学习和推广方面。江西省鼓励各地借鉴新余市"党建＋颐养之家"等经验，因地制宜、量力而行发展农村互助养老服务设施；内蒙古自治区积极推广乌兰察布市化德县农村互助幸福院的经验，在贫困老年人口较多的农村牧区社区（嘎查村）建设村级主办、互助服务、社会参与、政府支持的互助养老幸福院；福建省三明市则在农村推广"三自三助"农村互助养老模式，即采取自愿申请、自负费用、自担风险的原则规范运作，通过老人自助、邻里互助、社会帮助的形式满足农村空巢老人的生活照料和精神慰藉等需求。

其次是试点探索和创新方面。在学习经验的基础上，各地区探索适合本地区的互助养老模式，开展农村互助养老服务试点。内蒙古自治区率先于 2014 年将新农村新牧区建设示范单位和老年互助养老幸福院建设单位优先纳入农村牧区社区建设试点范围；吉林省在 2016 年试点探索"农村养老服务大院＋农村老年协会＋农村志愿者"的互助养老新机制。

三　互助养老模式现状

随着福利多元主义和第三条道路理念兴起，互助养老在美国、日本、西欧等地日渐兴盛。时间银行、村庄互助养老、同居式养老以及邻里互助网络等是西方国家的典型实践。时间银行在西欧等地运用广泛，其不仅通过服务的异时交换来实现照料等基本养老需求的满足——这被证明有利于

提升老人身心健康①，还通过异质性社会网络的互动促进社会资本的提升②。村庄互助养老以美国为典范，其以社区作为地缘平台和资源平台③，通过会员制和捐赠获取资金，在吸纳志愿者以提供非专业服务的同时提供价格优惠的专业化服务购买途径④。同居式养老在德国发展兴盛，以多代屋和公寓合租为典型，实现老少多个代际的社会互动和交流⑤。以户型灵活、参与式设计为特色的空间环境建设为实现代际互动和优势互补提供了硬件基础⑥，而集法律机制、经济机制和居民介入机制于一体的运作体系则提供了软件基础⑦。邻里互助网络则在日本较为普遍，居民在伙伴意识的引领之下通过开展聚会、保健等活动实现行动关怀，在实现互助养老之际也重构了社区人际关系⑧。由于老龄化、家庭结构变化以及养老趋势演变的相似性，西方发达国家经验对发展我国互助养老具有一定的借鉴意义⑨。在国外示范和国内需求的影响下，中国城市出现了时间银行、结队组圈、据点活动等形式。在农村出现了时间银行、以预防自杀为主的守门人模式以及农村互助幸福院模式等多种形式。当前，中国农村互助养老实践呈现遍地开花的多元格局，此为地方在实践之中结合当地实际进行创新发展的结果。其中，互助幸福院模式的制度化程度最高，稳定性和普适性最强，具有极强的可复制性和可推广性⑩。作为一种准组织，其于 2008 年

---

①　Judith Lasker, "Time Banking and Health: The Role of a Community Currency Organization in Enhancing Well-Being", *Health Promotion Practice*, Vol. 2, No. 1, 2011, pp. 102-115.

②　Ed Collom, "Engagement of the Elderly in Time Banking: The Potential for Social Capital Generation in an Aging Society", *Journal of Aging & Social Policy*, Vol. 20, No. 4, 2008, pp. 414-436.

③　万谊娜：《社区治理视角下互助养老模式中社会资本的培育——基于美国"村庄运动"的经验》，《西北大学学报》（哲学社会科学版）2019 年第 4 期。

④　张彩华、熊春文：《美国农村社区互助养老"村庄"模式的发展及启示》，《探索》2015 年第 6 期。

⑤　刘苹苹：《建立宜居社区与"多代屋"——中国应对人口老龄化问题的路径选择》，《人口学刊》2013 年第 6 期。

⑥　吴志成：《德国"多代居"空间环境建设及其借鉴启示》，《老龄科学研究》2015 年第 6 期。

⑦　乔琦、蔡永洁：《非血缘关系的多代居——德国新型社会互助养老模式案例及启示》，《建筑学报》2014 年第 2 期。

⑧　陈竟：《邻里互助网络与当代日本社会的养老关怀》，《中南民族大学学报》（人文社会科学版）2008 年第 3 期。

⑨　金华宝：《发达国家互助养老的典型模式与经验借鉴》，《山东社会科学》2019 年第 2 期。

⑩　古怀璞：《互助养老模式是解决农村未富先老实现小康的内生驱动力》，《中国民政》2013 年第 7 期。

源自河北肥乡县，在当地取得成效后由民政部向全国推广，如今已遍及湖北、陕西、河南、内蒙古等省区。

鉴于农村互助养老模式的多样性，学界在进行研究之时往往对其类型进行总结划分。目前其划分的依据较多，尚未形成统一的模式分类。既有研究主要依据领导主体、互助形式、互助计酬、典型实践等标准进行模式类型的总结与划分。

从管理主体来看，其主要考虑互助组织发展过程中谁为核心管理运营者，强调互助养老发展过程中的核心支持力量。李俏将其划分为政府主导型、民间支持型、精英带动型，其各具优势，但都存在可持续发展的问题①。杜鹏认为存在群众自发型、能人带动型、干部领导型三种互助养老模式。这三种模式的演化反映了政府介入互助养老过程后，村民自治力量与政府治理力量的互动和变化②。进一步综合实践情况来看，互助养老组织在实践中的管理主体主要有村干部、老年协会、留守妇女等。在福建泉州、湖北恩施依托村老年协会来主导互助服务，其具有休闲娱乐、探访慰问、护理照料、矛盾调解等功能③。四川阆中依托村干部间接管理，其在资源链接、组织制度建设上提供正式支持④。陕西米脂依托当地留守妇女组成邻里互助小组，定期上门提供助老服务⑤。部分地区还依托敬老院进行代管。它们在资金来源、组织管理、老人互助等方面既有相似性，又有差异性，这为开展农村互助养老运行模式和生长机制的类型比较研究奠定了基础。

从互助形式来看，诸多学者根据主要互助形式对农村互助养老的模式进行分类，并对每种模式的特点进行相应总结。现有的互助养老主要包含互助幸福院模式、时间银行模式、据点互助模式、结对帮扶模式、合租互

① 李俏、刘亚琪：《农村互助养老的历史演进、实践模式与发展走向》，《西北农林科技大学学报》（社会科学版）2018 年第 5 期。
② 杜鹏、安瑞霞：《政府治理与村民自治下的中国农村互助养老》，《中国农业大学学报》（社会科学版）2019 年第 3 期。
③ 甘满堂、娄晓晓等：《互助养老理念的实践模式与推进机制》，《重庆工商大学学报》（社会科学版）2014 年第 4 期。
④ 王辉：《农村养老中正式支持何以连带非正式支持？——基于川北 S 村农村互助养老的实证研究》，《南京社会科学》2017 年第 12 期。
⑤ 高斌、窦晨辉：《于米脂县开展农村"邻里互助"养老服务工作的调研报告》，《陕西老年学通讯》2012 年第 4 期。

助模式等。其中，互助幸福院模式和时间银行模式受到的关注较多。互助幸福院兼具类机构养老的刚性管理和家庭导向的柔性管理，在为老年人提供一种半脱离状态的同时，依托原有的社会关系网络保证老人对社会网络的一定嵌入。时间银行基于不同年龄层之间需求的耦合，以信任为基础实现社会价值的交换①。然而，这种总结和分类方式仅停留在对现有的主要互助养老形式进行特点描述和概括的基础之上，难以对所有的互助养老模式进行全面涵盖。

从互助养老的计酬问题来看，即是否向施助者提供报酬、怎样提供报酬，此为互助养老发展过程中重要的价值衡量问题。从最简单的层面来看，可直接分为有偿互助和无偿互助②。进一步细化，主要存在三种方式。一是志愿型，即互助行为完全基于志愿，无须任何物质报酬；二是储蓄型，即时间银行模式，施助者对老年人提供服务的志愿时长可以进行存储，留待将来其需要帮助时再进行支取；三是市场型或称即时付费型，对于提供的互助服务需要支付较低的物质报酬，具有一定的市场交易性质③。互助养老可持续发展需要多元化地综合利用这三种方式④。

从地方典型实践来看，学界主要对地方先进的互助养老实践进行提炼、总结和概括。卢艳认为互助养老的主要模式有肥乡模式、恩施模式、米脂模式、罗源模式四种模式⑤。张岭泉则总结出肥乡农村互助幸福院、青岛四方区的据点活动式、新疆克拉玛依"关爱圈"式、上海市推行的"老伙伴"计划、辽宁大连市西岗区施行的"生活共同体"式等模式⑥。这种"地域＋实践"的总结划分，好处在于直接鲜明地揭示出地方互助养老先进实践的做法和经验，但就模式分类而言，其普适性较差，难以上升到学理层次。

除此之外，学界还从其他诸多维度对互助养老模式进行总结划分。从

---

① 欧旭理、胡文根：《中国互助养老典型模式及创新探讨》，《求索》2017 第 11 期。

② 卢艳、张永理：《社会支持网络视角下的农村互助养老研究》，《宁夏党校报》2015 年第 3 期。

③ 张志雄、孙建娥：《多元化养老格局下的互助养老》，《老龄科学研究》2015 年第 5 期。

④ 贺雪峰：《互助养老：中国农村养老的出路》，《南京农业大学学报》（社会科学版）2020 年第 5 期。

⑤ 卢艳、张永理：《社会支持网络视角下的农村互助养老研究》，《宁夏党校报》2015 年第 3 期。

⑥ 张岭泉、郝雅奇：《农村互助养老模式问题研究》，《现代经济信息》2017 年第 13 期。

依托载体来看，互助养老包含宗族互助养老、集体互助养老以及社区互助养老三种模式，这与互助养老的发展历史阶段一一对应，是对其发展脉络的总结。就互助网络的性质而言，高和荣基于闽南地区的实践，将农村互助养老划分为宗族型、姻亲型、邻里型和社区型①。根据互助组织的主要资金来源，刘妮娜将其划分为纯福利型、纯公益型、福利＋公益型、纯市场型、福利＋市场型、公益＋市场型、福利＋公益＋市场型。其中纯福利型代表资金主要来源于政府；纯公益型代表资金主要来源于村集体、社会组织或社会捐赠等；纯市场型代表主要以市场的资金对其进行投资运作，其余四者为这三种方式的混合②。这种总结分类强调了资金作为互助养老发展中的关键因素所处的突出地位。

总体而言，对农村互助养老模式的总结和划分受到学界关注，呈现纷繁复杂的局面。虽尚未形成统一标准，但为推进互助养老模式的类型比较研究提供了一定的参照借鉴。然而，既有研究仍存在一些不足之处。首先，现有的模式分类多依据单一标准，如管理主体、资金来源等，缺乏运用多元维度来进行划分。单一维度的划分虽然更具简便性和可操作性，但难以呈现某一种互助养老模式所蕴含的多种特征。其次，学界多从静态化的视角对互助养老模式进行总结划分，但缺乏从动态化的视角对当前的互助养老组织生长发展过程进行阶段性的模式概括和总结。一方面，从单个互助养老组织来看，其从建立初期到不断发展完善，在不同的阶段其发展模式可能不同。另一方面，从整体互助养老组织的层面来看，受制于地区经济水平、村庄社会资本等因素，互助养老组织之间的发展也呈现较大差异，而对这种发展程度差异的体现正是目前的模式分类方法所缺乏的。最后，学界往往仅将模式总结和划分作为互助发展现状的一种情况描述，未能对其进行更深入的研究，未能揭示出不同类型的互助养老模式在运行过程中存在的差异。

---

① 高和荣、张爱敏：《中国传统民间互助养老形式及其时代价值——基于闽南地区的调查》，《山东社会科学》2014 年第 4 期。

② 刘妮娜：《中国农村互助型社会养老的类型与运行机制探析》，《人口研究》2019 年第 2 期。

第三章 农村互助养老长效机制理论建构

一 理论视角

（一）互助论

社会达尔文主义者套用进化论来观察人类社会生活，认为人作为一种生物，也受物竞天择、优胜劣汰的生存规律支配。克鲁泡特金在方法论上与社会达尔文主义者一致，依据生物进化的规律观察人类社会生活，但他不同意将生存竞争看做人类进化的主导因素。相反，他认为"互助"才是一切生物（包括人类在内）进化的真正因素。实际上，最初达尔文在论述生物进化法则时就指出，自然界最适于生存的往往不是最强大的或最狡猾的动物，而是为了群体利益而相互联合和相互援助的动物。也就是说，在达尔文学说中，"竞争"与"互助"并非对立关系。随后，克鲁泡特金继承并发扬了达尔文学说中关于"互助"的观点。

1902 年，克鲁泡特金著《互助：一个进化的因素》出版。书中，克鲁泡特金分别从动物之间、蒙昧人之间、野蛮人之间、中世纪城市之间、现代人之间互助与合作的关系，全面系统地论证了"互助是通例"这一观点。他认为，"凡是将个体间的竞争缩小到最大限度，使互助的实践得到最大发展的物种，必定是最昌盛和最进步的物种。"[①] 他的逻辑在于，按照达尔文"适者生存"法则，"最适者"便不是只会撕咬的猛兽，而是那些表面看来弱小但却因"互助"而获得更多生存机会的物种。而人类成为其观点最有力的论据，人类生来就有合群和互助的需要。自史前生活之初，他们借助共同血缘结成氏族部落，血缘纽带松散后，地缘纽带将其结合成

---

① ［俄］克鲁泡特金：《互助论：进化的一个要素》，李平沤译，商务印书馆 2009 年版。

村庄部落。正如两千多年之前古希腊哲人亚里士多德所言——人是天生的政治动物。人与人之间、部落与部落之间、城邦与城邦之间通过生产与生活资料的交换和互助，实现了人类社会的发展与延续。他进一步提出，"互助法则"是人类社会的基本法则，远到蒙昧人为了氏族的利益自我约束和自我牺牲，近到现代人成立各种组织与协会，为群体利益奔走呼号，是"互助"指导人类不断进步。撇开其背后的政治主张，他的"互助"思想对于解决社会发展中遇到的一些问题仍大有裨益。

克鲁泡特金特别提到，现代化过程中隐藏在家庭、贫民窟、乡村这些范围内的互助和互援的需要已经逐渐显现①。如今，老龄化背景下农村严峻的养老问题与该观点实现了跨时空的连接和对话。我国进入老龄化社会以来，呈现出老年人口基数大、增速快、高龄化明显态势，最新数据显示，我国60岁及以上人口有2.6亿，占总人口数的18.7%。其中，在空巢化态势更为严重的农村，其面临的养老压力相比城市更为突出。农村养老亟待找寻一条出路，而克鲁泡特金的互助思想无疑为其掌了一盏明灯，即发展更为广泛的互助，是解决农村养老难题的可行之策。

窄小和有限的互助行为的逐渐消亡，呼唤更广泛和更有效互助形式的产生。传统的家庭养老功能随着农村空心化和家庭少子化而逐渐减弱，基于血缘和亲缘的互助行为受到市场经济和城市化进程中市场逻辑的挑战，这在一定程度上推动养老从单一脆弱的家庭内互助走向社会层面的互助。随着互助养老的兴起，其互助范围从家庭内部扩展到机构、社区乃至整个社会，互助主体从子女延展到政府、非营利机构、企业乃至老年人本身。此时的互助上升为一种集体意识，动员整个社会的力量，在养老中体现了一种社会连带的思想。社会连带中，成员相互交往，彼此依赖，形成一种普遍的集体意识，并随着实践的加深上升为一种抽象价值。但社会连带思想指导下的社会同时也具有高度分工的特点，社会如同一个有机体，个体在其中为实现共同的价值追求而各司其职。互助养老中，人类的互助基因作为一种抽象的价值，动员社会各主体形成合力，助推互助养老在农村落地实践。故本研究将社会连带作为主要研究机制之一，探讨社会连带所产生的福利之于农村互助养老的重要功能。

---

① ［俄］克鲁泡特金：《互助论：进化的一个要素》，李平沤译，商务印书馆2009年版。

广泛意义上的互助养老是指社会各主体对老年人这一群体的互助行为，但实际发展中，老年人之间的互助行为是互助养老的主要内容。学界将其定义为一种狭义的互助养老，主要是指居住在同一社区或村庄的老年人之间的互相帮助，包括物质经济方面的帮助、日常的照护或者精神上的慰藉。在此过程中，老年人既是互助养老的服务对象，也扮演了生产者的角色。费孝通笔下的中国农村在互助方面有得天独厚的资源禀赋，熟人社会下基于血缘、地缘关系的社会网络催生亲友相助、邻里互助等互助行为[1]。这种强大的文化社会传统深嵌于农村社会的结构之中，成为如今农村互助养老发展的重要文化依托。而在得益于农村土壤的互助养老中，老年人之间是如何实现互助？其互助机制是怎样的？本研究带着老年人之间互助的发现和如何实现互助的疑问凝练了老年人互助机制，作为研究的重要部分进行阐释。

（二）福利供给理论

20 世纪 80 年代的"福利国家危机"催生了福利多元主义理论。以石油危机为标志，战后经济发展的黄金时代宣告终结。在经济滞胀、福利需求增加，加之人口老龄化和失业问题等多重压力交织的情况下，政府社会支出和预算赤字持续攀升，税收和财政系统亦难以负担原有的社会保障水平。这种经济与社会的双重失败带来严重的政治后果，进而导致针对福利国家制度的政治批判大量涌现。社会政策研究领域同样掀起了对福利国家危机成因及其对策的热烈讨论，福利多元主义应运而生。它重新对福利予以界定，主张引入非政府力量对政府福利供给进行补充和修正，反对过分强调政府的作用，强调混合、多元的福利供给。

福利多元主义有不同的思想流派，主要分为三分法和四分法两个阵营。归根结底，其核心观点在于福利供给主体的多元化，即认为福利责任不仅应由国家或市场来承担，还应由其他社会主体来提供，如个人、家庭、志愿组织以及民间机构。福利供给的多主体论契合了互助养老多元供给的理念。在互助养老中，政府、市场、社会组织和家庭之间的边界比较模糊，甚至存在越位和缺位的现象，进而造成责任失序、结构失衡和受益

---

① 赵立新：《社区内结伴互助的老年照顾模式探究》，《人口学刊》2018 年第 3 期。

主体权益失效等问题①。因此，促进养老服务参与主体多元化是发展互助养老的关键，需要构建政府、市场、家庭和社会等多元主体共同担负的多层次的互助养老保障体系。就家庭而言，由于中国场景下的互助养老以家庭养老为基础，故其是互助养老最主要的福利主体。就政府而言，其更多从宏观层面对互助养老福利供给予以支持和调控，如通过转移支付提供资金支持，通过完善养老保障体系提供政策支持。而对于志愿组织，其通过动员组织的力量，同时凝聚社会松散成员的力量，为老人年提供精神慰藉、日常照料服务，履行其志愿服务职责。总体而言，互助养老的多元福利供给主体涵盖了家庭、政府、市场、志愿组织，其中政府、市场与志愿组织的协助很大程度上减轻了家庭作为互助养老供给主体的负担，对缩小社会差距有显著的积极影响。

吉尔伯特认为社会福利政策的分析可以从四个 W 问题和三个层面入手，四个 W 问题是指谁领取（who）、领取什么（what）、如何发放（how to deliver）、如何筹资（how to fund）。吉尔伯特进而归纳出一个四维的福利分析框架，即社会分配的基础、社会福利的类型、输送策略和筹资方式②。社会分配的基础是指将社会福利分配给社会中特定的人口或群体时在不同原则之间的选择，有普遍性和选择性两个原则，前者指人人都可以享有的基本权利，而后者指福利根据个人需求来决定。社会福利的类型是社会福利的本质，即提供援助的种类。至于服务输送，吉尔伯特指出，只有通过输送机制，有关资格和福利特质的政策方针方才可实现操作化。输送策略是指在地方社区系统（邻里、城市和农村）中，社会福利的提供者和消费者之间可选择的组织安排。输送选择涉及将现金或其他形式的社会援助从提供者转移到使用者的组织安排。资金筹集涉及资金来源及其从起始点到服务点转移支付的方式问题。

从吉尔伯特的四维福利政策分析框架中，本研究提炼出互助养老的资源筹集机制。在具体实践中，资源筹集分为几个层面，主要包括谁领取，即互助养老的服务对象问题；筹集类型，包括互助养老的资金、场所、设

---

① 唐健、彭钢：《从模糊失衡到多元均衡：福利多元主义视域下农村社会化养老主体责任反思与重构》，《农村经济》2020 年第 8 期。

② ［美］尼尔·吉尔伯特、特雷尔：《社会福利政策导论》，黄晨熹、刘红、周烨译，华东理工大学出版社 2003 年版，第 79 页。

施、人才投入问题；福利发放，也就是互助养老资源的输送系统问题；如何筹资则更多是指资金的筹集方式和主要来源。

对于谁领取的问题，农村互助养老的福利分配对象是选择式下的普及式。基于农村熟人社会的特征，相比城市，农村更有助于发展互助养老。此外，互助养老一般针对农村地区能够实现基本自理的空巢老人和独居老人。生活难以自理的老年人则更多采用机构养老，由养老机构收纳。普及式则指只要老年人具有自理能力且拥有互助意愿，就能够参与到互助养老之中。随着互助理念的深入，互助养老覆盖的范围与日俱增。或由政府主导，或由村庄能人倡议，从积极响应乡村振兴和国家政策的特色试点乡村到养老形势严峻的农村偏远地区，互助养老在广大农村遍地开花。由于缺乏稳定的收入来源，农村老年人的养老往往更需要福利支持。在福利供给理论的视角下，公平、平等、适当性是制定政策的主要原则，获得养老补贴和社会支持是每个老年人应当享有的权利。

互助养老的资源筹集类型对应社会福利的供给类型，主要分为现金和实物。从互助养老福利供给的发展趋势来看，服务项目从单一化走向多样化和具体化，福利供给形式从提供现金向现金与实物相结合转变。同时，相关政策和部分无形服务，其服务内容由不确定、有限性转向具体化、多样化。本研究基于不同地区福利供给的差异对互助养老的模式进行了划分，主要分为初级、中级和高级三种模式，不同层次的互助模式有不同类型的福利供给。初级互助养老需要具备一些基本的娱乐休闲设施，一般主要由政府和社会爱心人士提供。中级互助养老除了要具备初级养老的福利供给，还要解决老年人的就餐问题，以及提供一些不同程度的精神慰藉服务。高级的互助养老不仅包括中级互助养老的福利供给，还要满足老年人深层次的精神慰藉，同时解决老年人的住宿问题。

互助养老的资源筹集方式对应社会福利的输送系统。传统养老的输送系统仅局限于家庭和政府直接的服务与支持。而伴随着市场经济的发展，市场逻辑介入养老，形成按需服务的局面。加之政府逐渐购买服务安排，越来越多的私人非营利机构进入以前属于公共机构的输送系统。养老福利的输送系统逐渐复杂化，从原有的单一的公共形式发展至公共的、私人的和独立的多元局面。资金筹集方面，尽管发展互助养老的初衷在于利用闲置资源实现低成本的集体养老，但要形成长效机制，养老所依靠的场所、设施和服务等都需要大量资金投入。而目前资金来源主要是政府财政拨款和家庭支出，其中财政拨款主要源于政府福彩公益金，每年的拨款数额不够稳定，家庭支撑也较为薄弱。有部分地区通过社会组织和站点负责人的动员，能够争取少部分爱心人士的资金支持。但总体而言，资金来源并不稳定，筹资渠道需逐步拓宽，进一步形成稳定可持续的资金支持。

（三）社会运行理论

立足于中国历史的实际经验，社会运行理论应运而生。20世纪80年代，社会学家郑杭生教授从新中国成立以来的现实社会运行中汲取经验与教训。其依据新中国成立以来不同时期的社会运行状况，并结合中国实际，创造性地提出"社会运行论"①。社会运行论关注的是社会的运行和发展问题，将社会运行分为三种基本类型：社会的良性运行、中性运行、恶性运行。从社会发展的角度分为协调发展、模糊发展和畸形发展。社会的良性运行和协调发展是指特定的社会经济、政治、社会生活和思想文化几大系统之间，以及各系统内不同部分、不同层次之间相互促进，社会障碍、失调等因素被控制在最小限度和最小范围之内。社会的中性运行和模糊发展，是指社会运行有障碍，存在较多明显的不协调因素，但并未危害、破坏社会的常态运行。社会恶性运行和畸形发展，是指社会运行发展受到严重的阻碍，导致其离轨乃至失控②。

互助养老与良性运行的社会相互促进，相互成就。完善有效的互助养老服务体系是良性社会运行的必要条件，良性的社会运行状态是互助养老的前提和保障。郑杭生指出，社会学研究对象是现代社会良性运行、协调发展的条件与机制，其目的在于消除社会的中性运行，避免恶性运行。一方面，养老作为一项重要的社会事业，关系着2.5亿老年人的生存与归宿问题，其中，由于多重现实因素的交织重叠，农村老年人的养老形势益发严峻。更为关键的是，农村老人体量庞大，其养老问题一旦解决不善，则极有可能成为社会运行的障碍。故发展农村互助养老，完善养老保障体系，以及保障老年人的生活质量是维护社会稳定，实现社会良性运转的前提。另一方面，发展互助养老一定程度上分担了进城务工子女的养老压力，而农民工是推动城市化进城的主力军，故此，发展互助养老以解决养

---

① 刘少杰、邵占鹏：《社会运行理论的时空观》，《社会学评论》2016年第2期。
② 郑杭生：《社会学对象问题新探》，《社会学研究》1986年第1期。

老难题有利于消解其奋斗的后顾之忧，完善的养老保障使之更有勇气与底气尝试新鲜事物，进而激发社会活力。郑杭生提出，对于社会的管理所呈现的社会的良性运行与协调发展状态是要走向"有序与活力兼具的社会"。社会的良性运行意味着稳定有序的社会状态，作为其核心要素——人得到全面发展，拥有富足的物质生活、全面的社会关系和丰富的个人个性，养老之于良性运行社会下的人与社会都将不再是难题。

　　社会运行机制是一个有机联系的系统，由许多具体的机制组成，包含社会运行动力机制、整合机制、激励机制、控制机制和保障机制，机制之间相互独立又相互联系①。学界鲜少有人将互助养老放至社会系统层面，研究其可持续运行的机制。互助养老既是农村社会养老服务的发展形式，也是乡村传统的传承转变，是乡村振兴和乡村共同体建设的有机组成部分。要使之在农村可持续发展，便不能将其片面地理解为老人之间的相互帮助或社会单方面提供的服务，而是应当将其作为一个涉及多领域、多层次、多方面的社会系统进行全面探索和落实②。故而，借鉴有机系统的观点，本研究提出从组织运行的角度探索互助养老。整体而言，组织运行涵盖了郑杭生社会运行论所提动力、整合、激励、控制和保障的功能。

　　动力机制的主要功能是为社会运行提供足够的动力，从而达到社会运行的平稳性和有序性。当代社会发展过程表明，只有当社会具备足够的动力时，才能保持稳定持续的发展态势。社会需要是社会运行的动力源，其之所以成为社会运行的动力之源，在于它的内在特性。其一是需要与满足之间的相互依存性，决定和满足需要本身推动着人们参与社会生活中的各种活动，成为个体、组织乃至整个社会发展的内在动力。其二是社会需要的无限性和广泛性，需要永远不会被满足保证了它作为社会动力不可遏制的向前发展的趋势。老年是人类的必经阶段，随着身体机能的下降，人类无法再通过劳动力的交换实现自我照料，并且随着老年群体的扩大，养老从个人问题变成社会性问题。养老需要的存在是互助养老不断完善和发展的动力和依据。

　　整合机制的主要功能是保障社会利益的协调性，促使社会个体、社会

---

① 郑杭生：《社会学概论新编》，中国人民大学出版社 1987 年版。

② 刘妮娜：《中国农村互助型社会养老的类型与运行机制探析》，《人口研究》2019 年第 2 期。

群体组成有机整体。大体而言，整合机制分为认同性整合与互补性整合。认同性整合以共同利益为基础，在共同利益的引导下，社会成员凝聚为一个联系紧密的群体。互补性整合则是建立在特殊利益之上的，由社会成员之间的异质性和相互需要而产生的相互依赖关系，这种依赖关系促使其凝聚为一个整体。互助养老囊括了认同性整合与互补性整合。农村社会的互助传统、敬老爱老的社会价值体现了认同性整合的价值导向。此外，政府、市场及各种营利与非营利社会组织有不同的利益诉求，但正是基于异质性和相互依赖的关系，其在队伍建设、资金支持和服务提供等方面为农村老年人提供帮助，进而形成系统化和体系化的互助养老模式。

激励机制的主要功能是促使社会成员的行为方式和价值观念与社会倡导的趋于一致，进而激发社会活力。目前，互助养老发展了各种形式，其中，"时间银行"作为一种别具一格的模式，通过提供服务时长的储存和兑换功能，实现互助养老中服务与服务之间的兑换，体现了尊重与奉献的精神，更重要的是它激励了人与人之间的互助意识。与此类似的还有"互助超市""功德银行"等实践形式。

控制机制的主要功能是维护社会秩序，控制社会运行的方向与速度。该机制通过运用各种方式，调动各种力量，促使社会群体和社会个体有效地遵从社会规范，实现社会运行目标。控制手段主要分为三种，即组织的、制度的和文化的控制手段。组织控制分为组织权威和组织规章，互助养老的组织设置形态各异，但基本遵从尊老敬老、平等互助的组织原则，组织权威源于层级控制，从中央政府到地方政府，从地方政府到村两委再到村民自治，互助养老中组织控制在某种程度上随着层级的下放逐渐削弱。制度控制较为正式，具有一定意义上的强制性，广泛的制度分为政治、经济、文化、家庭和法律制度。相比组织控制和制度控制手段，文化控制手段更加广泛，包含习俗、信仰、信念、道德、社会舆论等方面，具有非刚性特征。农村的乡土文化和老年人传统观念更为浓厚的特征，使得文化控制手段在互助养老中往往发挥着比前两者更加重要的作用。

保障机制的主要功能是保障社会成员的基本生活条件，维护社会运行安全。当前我国涉及农村养老问题的社会保障政策种类繁多，包括新型农村社会养老保险制度、社会救助制度中的"五保"供养制度、最低生活保障制度，以及社会福利制度中的高龄老人津贴制度、覆盖部分老年退伍军人的社会优抚制度等。现有保障政策看似丰富，但主要是针对农村老年人的生存型保障，照料型、服务型养老保障政策缺乏，仅集中供养的"五保"老人及孤老伤残军人能够享受包括生活照料及部分精神慰藉服务；自下而上的养老保障中未将农村独居老人这一群体作为正式保障的对象，通常是将独居老人置于"空巢老人"类别中，但无论是空巢老人、留守老人还是独居老人，目前都没有专项的保障政策。互助养老是当下国家层面对农村空巢老人、留守老人或独居老人等群体的正式社会保障制度支持和服务型保障政策缺位的弥补。

（四）小结

综上所述，基于克鲁泡特金的互助论，吉尔伯特的福利供给分析框架和郑杭生的社会运行论，本研究共提炼出互助养老的四重机制，即社会连带、老人互助、资源筹集和组织运行机制。互助是动物界的传统，人类依靠互助解决了大大小小的问题，互助的思想使人类在社会分工的基础上相互需要。政府、市场、志愿组织等各司其职，相互依靠，形成互相间的依赖、团结与社会联系，进而产生社会连带福利。此外，互助养老倡导老年人之间的互相帮扶，并将其体系化、常态化，形成农村养老的老年人互助机制。而互助养老可持续发展的重要前提是资源来源的稳定性，涉及资源筹集的类型、方式、渠道及主体等，未来互助养老要发展，资源筹集也必须形成稳定机制。此外，互助养老并非松散的互助行为，根据互助的程度划分不同的养老模式，形成不同层次的互助组织。互助养老组织运行则借鉴社会运行的观点，从动力、整合、激励、控制和保障功能等方面健全互助养老体系。

二　农村互助养老长效机制建构过程

（一）农村互助养老的六个维度与四重机制

1. 农村互助养老长效运行的六个维度

在农村互助养老多案例实地调研基础上，结合学理分析视角，按照资源筹集主体多少、养老服务内容丰富程度、服务管理者的专业化程度、老年人参与范围程度、互助养老的制度化程度以及社会连带范围程度可分为6个维度。

资源筹集主体。由于农村互助养老具有公益性，且从长期来看契合中国农村养老之路，因此政府是理所当然的投资主体。然而，农村互助养老设施如发源于河北的农村幸福院，植根于农村社区，故此有能力、有意愿的村组织、企业，乃至具有公益慈善精神的社会组织和个人也可能作为资源筹集主体。在政府投资既定的情况下，资源筹集主体越多元，互助养老资源来源也就越多样化，越能够支撑其长效发展。

互助养老服务。既有仅供老年人聊天、看电视以及棋牌娱乐等简单的活动空间，也有为老年人提供就餐和住宿的社区养老服务中心，当然这与农村互助养老服务设施的资源配置程度紧密相关。资金越充足，农村互助养老组织或设施的功能也就越完善，有些地方的农村互助养老设施，不仅能够为入住其中的老人提供就餐，还能根据需要为就近的老人配餐送餐。规模更大者，还能在养老服务组织之中通过设置医务室或者完善老人医保报销流程，实现医养结合。

而组织运行的关键机制之一是农村互助养老服务的直接提供者。无论政府投入，还是村庄社会投入，都需要服务提供者，即管理和维护互助养老设施，或者为其他老人提供服务的活动实施者。一般而言，村庄社会中自发的老年精英（往往是有能力、有意愿、有奉献精神的老年人）、老年协会的干部、村干部和留守妇女是组织管理者。当然，更加专业化的服务提供者是社工机构或养老服务机构的工作人员，也意味着接受服务的老人或政府需要为此专业化养老服务付费。

此外，互助养老组织养老服务的接受者或者互助养老活动的参与者是有意愿、有能力的老年人。在调研中也发现很多老年人不愿意参与互助活动，究其原因是觉得互助养老站离家太远，吸引力不强。因此，吸引大部分有意愿、有能力的老年人参与互助养老是互助养老服务的目标。更高级的是在给身心健全老人提供服务的基础上，覆盖部分（半）失智失能老年人，为其提供服务，分担失智失能老人家庭的养老压力。

就农村互助养老的形式而言。低级的是村庄内部熟人网络所自发形成的简单互助行为（志愿者帮助，如理发、维修、采购、取快递、视频通话、搭载/顺风车、读写信件和报纸、办理水电气费缴纳业务）。正如前文所言，简单的人类互助行为是社会发展的动力源泉，也是早已有之的互助互惠方式。在我国传统社会中，以宗族为载体，以族产来保障孤寡老人需求，到宋代形成义庄，互助养老始终离不开以互助文化和孝文化为核心的农村传统文化的支撑。然而，这种自发的互助形式所依靠的传统社会孝道规则始终是非制度化的,既具有生命力又不可持续。故此,制度化的互助形式是由外部力量推进积分制/时间银行,即老人将服务时间存储到相应系统,待到有需求时再从存储系统之中兑换相应的服务时长。相较而言,制度化的互助积分和时间银行从物质和精神上激励了参与者的互助行为,能够让互助行为更为持久。

社会连带范围而言。农村老年协会或互助养老组织除发挥既有福利功能之外,同时还与家庭、朋辈群体、社会慈善要素、村组织等主体互动并连带他们进行福利再生产,即连带福利。首先,连带福利生产的动力源于老年协会对规则和资源的支配和转化,其生产过程所转化的要素是乡土社会之中的孝道观念、情感和面子等道义,其效果体现为福利网络重构以及预期后果与意外后果的交叠①。连带性需要嵌入农村社会中,血缘关系和熟人社会所蕴含的孝道、礼治、情感、面子等非正式制度约束或道义资源是连带性传递和扩散的社会基础。其次,连带性机制的生发需要依靠行动主体的能动性,但影响范围又超出自身界限,连带亲朋好友、村干部和村民,乃至整个村庄社区。农村互助养老的连带福利范围和强度与其资源支配和转化能力,以及参与社区内部公共活动的制度空间和行动能力直接相关。

2. 农村互助养老长效运行的四重机制

在理论和实际基础上所建构的资源筹集、组织运行、老人互助和社会连带机制,都指涉了特定领域中的主体、对象、方式等维度,如资源筹集机制指涉谁来筹集、筹集哪些资源、如何筹集、为什么筹集等。组织运行机制指向哪个主体对互助养老组织的日常运行管理负责,并为老年人开展文娱活动和提供服务。老人互助机制指向老年人之间是通过何种方式互帮互助的,以及凭借何种机制让互助方式可持续。社会连带机制指向家庭、社区、社会慈善要素等是基于何种动力,通过何种方式来增加对互助养老组织和老年人的社会支持。四重机制分别刻画了多个行动者的参与方式和农村互助养老的各个面向,并预设了机制之间的互动关系,还从总体上呈现了农村互助养老的实践过程。

首先,资源筹集机制是其他机制得以运作的基础,为其他机制提供直接或间接的资源支持,包括资金、场所、物资、设备、人力等资源。其

---

① 王辉、金华宝:《连带福利:农村老年协会福利再生产——基于浙江义乌 H 村的个案分析》,《探索》2020 年第 6 期。

次，资源的主要供给者或者服务管理执行者会成为主导组织运行的核心角色，决定和型塑组织运行的形式，而有效的组织运行机制可以将所承接的资源与差异化的农村养老需求进行配对。再次，随着互助养老组织的出现和有效运行，老年人具备了互动交往的场域，有利于激发互助行为的产生，并使自发、无序的传统村庄社会的互助默契逐步组织化、制度化、规范化，而老人互助氛围的形成可以反过来降低组织成本。最后，老人互助使得老年人的朋辈支持增加，重构村庄的"公共性"，进而连带村庄内外力量进行老年福利再生产。社会连带机制的成熟也会对老人互助产生积极的正向反馈，促进互助养老规模的扩大和服务内容质量的提升。此外，社会连带机制的成熟会进一步吸引村庄内外的社会慈善资源向老年人群体倾斜，丰富资源筹集的渠道，减轻资源筹集阶段的压力，至此构成了一个良性的大循环。

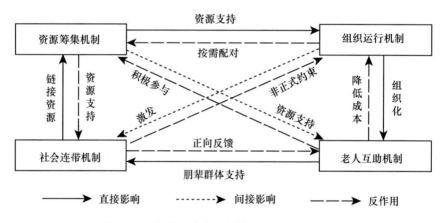

图 3-1　农村互助养老长效运行机制互动关系

四重机制在特定序向的基础上相互作用，构成农村互助养老的长效机制[①]。四重机制的运作存在一定的序向，每一机制作用的发挥以前一重机制的存在和完备为前提，缺一不可。但各重机制的影响可能会跨层次传导，产生间接影响。例如，组织运行机制给社会连带机制提供了组织载体，而且互助养老组织及其核心成员的权威越强，便能连带更多的主体和资源参与，产生更丰富的效益。而社会连带机制则可通过情谊、道义和责

---

① 王辉、刘芝钰：《我国农村互助养老的政策支持研究——基于政策文本的扎根分析》，《社会保障研究》2022 年第 6 期。

任约束进一步影响组织运行。资源筹集机制提供的资源支持会间接影响老人互助的形式和服务内容质量，而老人互助的有序开展，有助于提高老年人参与互助养老的积极性，从而自发地提供部分资源，成为资源筹集的参与者而非单纯的资源消耗者。

（二）农村互助养老模式及发展阶段划分

综上所述，可以从资源筹集主体、养老服务内容、服务管理执行者、老年人参与范围、互助养老形式、社会连带程度等维度，将互助养老分为初级互助养老、中级互助养老和高级互助养老，如下表所示。

表 3 – 1　　　　　　　　　农村互助养老发展阶段划分

长效机制	分层维度	初级	中级	高级
资源筹集机制	资源筹集主体	政府	政府＋村组织	政府＋村组织＋企业＋社会组织＋个人
	养老服务内容	聊天、棋牌等文化娱乐活动	吃饭、住宿	配餐、医养结合
组织运行机制	服务管理执行者	自发的老年精英	老年协会、留守妇女、村干部等	社工机构参与、养老机构嵌入农村社区
老人互助机制	老年人参与范围	部分有意愿、有能力的老年人	大部分有意愿、有能力的老年人	部分（半）失智失能老年人
	互助养老形式	村庄内部熟人网络所自发形成的简单互助行为（志愿者帮助、如理发、维修、采购、取快递、搭载/顺风车、帮忙读写、办理业务）	由外部力量推进积分制/时间银行的初步运用	由外部力量推进积分制/时间银行的成熟运用
社会连带机制	社会连带动力、要素和范围等	社会连带动力弱、连带要素较少、连带范围窄	社会连带动力较强、连带要素较多、连带范围较广	社会连带动力强、连带要素多、连带范围广

综上所述，根据资源筹集主体数量、养老服务内容丰富程度、服务管理者的专业化程度、老年人参与范围程度、互助养老的制度化程度以及社

会连带范围程度六个维度，共分成政府—村庄能人主导的农村互助养老、政府—老年协会主导的农村互助养老、政府—村委会主导的农村互助养老、政府—社工机构主导的农村互助养老、政府—村委会—老年协会主导的农村互助养老、基金会—社工机构—老年/妇女协会主导的农村互助养老。

在横向分类基础上，根据实际发展程度的不同，可以将其分成初级、中级和高级农村互助养老，以便为政府、村委会、社会组织等发展农村互助养老提供政策建议。将模式与阶段对应，初级农村互助养老对应的模式为：政府—村庄能人主导的农村互助养老，政府—老年协会主导的农村互助养老。中级农村互助养老对应的模式为：政府—村委会主导的农村互助养老，政府—社工机构主导的农村互助养老。高级农村互助养老模式对应的模式为：政府—村委会—老年协会主导的农村互助养老，基金会—社工机构—老年/妇女协会主导的农村互助养老。

然而，农村互助养老的发展阶段与经济发展水平、地方社会结构以及历史文化传统紧密相关。一般而言，农村互助养老发展从低级阶段向中级阶段乃至高级阶段逐渐演进。这种演进不是一蹴而就，而是螺旋式发展，且可能出现在某个维度非常突出的情形。如下图所示。

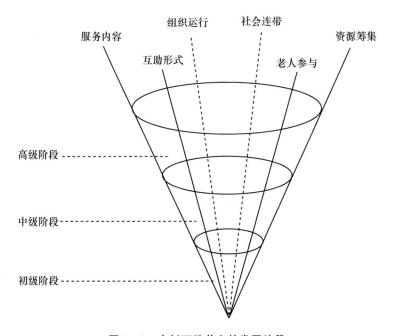

图 3－2　农村互助养老的发展阶段

　　将上述理论和实践调研建构而出的六个维度、四重机制、三个阶段和六种模式进行匹配，可以得出下图所示的逻辑关联。

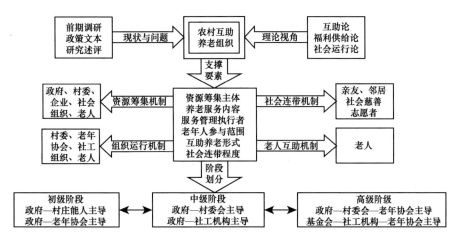

图3-3　农村互助养老长效机制理论建构与阶段划分

　　本书将重庆铜梁区农村养老互助站提炼为政府—村庄能人为主导的互助养老模式，湖北恩施以农村老年协会互助提炼为由政府—老年协会为主导的互助养老模式，它们属于初级互助养老；将河北肥乡区农村幸福院提炼为政府—村委会为主导的互助模式，重庆大足区的互助养老站提炼为政府—社工机构为主导互助模式，它们属于中级互助养老；将浙江省金华市政府、村委会和老年协会均发挥作用的互助养老提炼为政府—村委会—老年协会协同的互助养老模式，将河北荷花公益基金会互助养老提炼为基金会—社会机构主导的互助养老模式，而它们属于高级互助养老。

　　后面几章将对三个阶段农村互助养老的六个典型案例进行阐述，并从互助养老创办经历、资源筹集机制、组织运行机制、老年人互助机制、社会连带机制、模式特征、成效与不足等方面展开详细介绍。

第四章 农村互助养老实施现状评估及影响因素分析

一 样本基本情况

(一) 老人个体特征描述性统计分析

表 4 - 1 老人个体特征的描述性统计

	样本数	最小值	最大值	平均数	标准差
性别	809	0	1	0.53	0.499
年龄	809	55	94	68.98	6.942
文化程度	809	1	4	1.38	0.632
工作性质	809	1	5	3.56	1.002
健康状况	809	1	5	3.49	1.041

表 4 - 2 老人个体特征的描述性统计

特征类别	特征指标	频数/个	有效百分比 (%)
性别	男	429	53.0
	女	380	47.0
年龄	55—59 岁	51	6.3
	60—64 岁	172	21.3
	65—69 岁	222	27.4
	70—74 岁	193	23.9
	75—79 岁	98	12.1
	80—84 岁	61	7.5
	85 岁以上	12	1.5

续表

特征类别	特征指标	频数/个	有效百分比（%）
文化程度	小学及以下	562	69.5
	初中	191	23.6
	高中/中专/中技	51	6.3
	大专及以上	5	0.6
单位性质	政府机关与企事业单位	82	10.1
	民营私企	45	5.6
	个体	39	4.8
	务农	628	77.6
	其他	15	1.9
健康状况	1 分	25	3.1
	2 分	119	14.7
	3 分	239	29.5
	4 分	283	35.0
	5 分	143	17.7

1. 性别与年龄

在调查中，农村女性老年人的比例为 46.97%，男性老年人比例为 53.03%，男性老年人的比例略高于女性老年人。

从年龄构成上看，农村老年人的平均年龄为 68.98 岁（SD = 6.942）。根据我国《老年人权益保障法》第二条的规定，老年人的起点年龄标准是 60 周岁。但考虑到目前在农村互助养老中，处于"围老期"的中老年人也是重要的参与群体，故将本调查中老年人的起点年龄标准确定为 55 周岁。如图 4 - 1 所示，55 岁到 59 岁"围老期"老年人的比例为 6.3%，60 岁到 69 岁低龄老年人的比例为 48.7%，70 岁到 79 岁中龄老年人的比例为 36%，80 岁及以上高龄老年人的比例为 9%。可见，低龄老年人约占农村老人的半数，是互助养老的重要参与主体。"围老期"老年人比例较低的原因在于，这一年龄段的老人还具有一定劳动能力，更愿意选择在城务工或帮助城中子女带小孩。当年龄升高，务工开始受到年龄和体力限制，他们才愿意返乡养老。

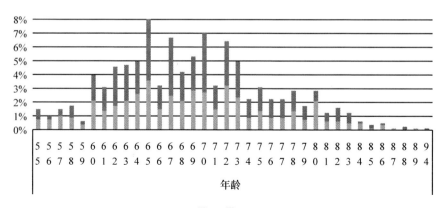

图 4-1　分性别农村老年人年龄结构

2. 文化程度

从文化程度上看，69.5%的农村老年人的文化程度为"小学及以下"，23.6%的农村老年人的文化程度为"初中"，6.3%的农村老年人的文化程度为"高中、中专或中技"，"大专及以上"仅为0.6%。

分性别来看，农村男性老年人的文化程度要高于女性，男性老年人中

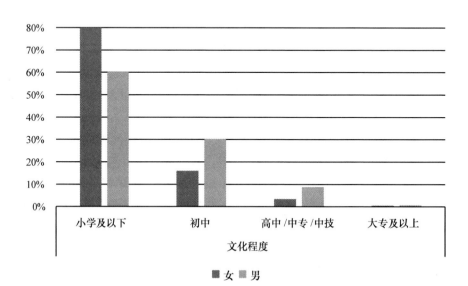

图 4-2　分性别农村老年人文化程度

文化程度为"小学及以下"比例为60.1%，而女性老年人中文化程度为"小学及以下"比例为80.0%。整体而言，农村老年人的受教育程度普遍不高，这或对互助养老理念的推广产生一定阻碍。

3. 工作性质

从工作性质上看，调查发现农村老年人目前或退休前从事的工作以务农为主，其比例高达77.6%，就职于政府机关与企事业单位和民营私企的比例为分别为10.1%和5.6%，从事个体经营的比例为4.8%，其他工作的比例为1.9%。

4. 健康状况

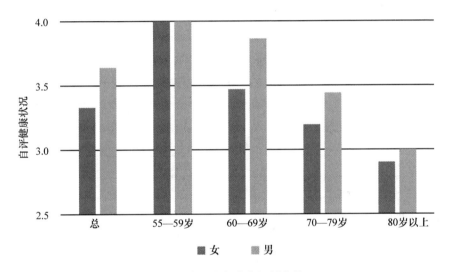

图4-3　农村老年人自评健康状况

图4-3展示了受调查老年人对其生理、心理、社会交往方面自评的健康状况。健康状况共分为1—5五档，分值越高意味着老年人自评健康状况越好。结果显示，农村老年人自评健康状况较好，其平均得分为3.49。其中自评为5分的比例为17.7%，自评为4分的比例为35.0%，自评为3分的比例为29.5%，其余健康状况较差的老年人，即自评分数为2分、1分的比例分别为14.7%和3.1%。总体来看，老年人年龄越大，其自评健康状况越糟糕，且女性老年人健康状况的平均自评分数（3.33）低于男性（3.64），农村女性老年人的健康照料需求需要得到进一步重视。这表明，

随着老年人生活水平和社会医疗水平的提高，农村老年人的健康水平不断提高，少部分老人，尤其是高龄老人健康情况较差，仍存在生活照料的客观需求。故此，发动和组织健康情况较好的老年人为其他少部分健康情况较差的老年人提供互助养老服务具有可行性。

（二）老人家庭情况描述性统计分析

表4-3　　　　　　　　　老年人家庭情况的描述性统计

	样本数	最小值	最大值	平均数	标准差
婚姻状况	809	1	4	1.78	1.304
子女数量	809	0	5	2.93	1.186
代际关系	796	1	4	3.31	0.559
是否为子女带小孩	796	0	1	0.29	0.453
居住方式	809	1	5	2.22	1.041

表4-4　　　　　　　　　老年人家庭情况的描述性统计

个体特征	特征指标	频数/个	有效百分比（%）
婚姻状况	有配偶	589	72.8
	未婚	9	1.1
	离异	7	0.9
	丧偶	204	25.2
子女数量	0	19	2.3
	1	58	7.2
	2	227	28.1
	3	244	30.2
	4	178	22.0
	5个及以上	83	10.3
与子女的关系 N=796	非常差	5	0.6
	较差	24	3.0
	比较好	486	61.1
	非常好	281	35.3

续表

个体特征	特征指标	频数/个	有效百分比（%）
是否带小孩 N = 796	是	229	28.8
	否	567	71.2
居住方式	与子女、老伴一起居住	200	24.7
	与老伴居住	379	46.8
	与子女居住	93	11.5
	独居	122	15.1
	其他	15	1.9

1．婚姻状况

从婚姻状况来看，老年人的婚姻状况以有配偶为主，老人已婚且配偶健在的比例为72.8%，丧偶的比例为25.2%，未婚的比例为1.1%，离异的比例为0.9%。值得关注的是，至少有四分之一的老人无法获得老伴的养老支持。

对婚姻状况和健康状况进行单因素方差分析，结果如表所示，健康状况的显著性水平小于0.05，说明不同婚姻状况老人的健康状况存在显著差异。

表4-5　　　　婚姻状况对健康状况的单因素方差分析结果

		平方和	df	均方	F	显著性
健康状况	组间	68.822	3	22.941	22.873	0.000
	组内	807.403	805	1.003		
	总数	876.225	808			

采用多重比较分析法进一步探讨不同婚姻状况下老人健康状况的差异。先进行方差齐次性检验，得到如下表所示结果：

表4-6　　　　　　不同婚姻状况的方差齐次性检验

	Levene 统计量	df1	df2	显著性
健康状况	0.621	3	805	0.602

Levene 检验统计值的显著性水平为0.602，大于0.05，说明数据具有方差齐次性，需要读取"方差齐次"情况下的 t 检验结果。

表4-7 不同婚姻状况对健康状况的多重比较结果

（I）婚姻状况	（J）婚姻状况	均值差（I-J）	标准误	显著性
有配偶	未婚	-0.008	0.336	0.981
	离异	-0.341	0.381	0.370
	丧偶	0.664*	0.081	0.000
未婚	有配偶	0.008	0.336	0.981
	离异	-0.333	0.505	0.509
	丧偶	0.672*	0.341	0.049
离异	有配偶	0.341	0.381	0.370
	未婚	0.333	0.505	0.509
	丧偶	1.005*	0.385	0.009
丧偶	有配偶	-0.664*	0.081	0.000
	未婚	-0.672*	0.341	0.049
	离异	-1.005*	0.385	0.009

注：*表示在0.05显著性水平下显著。

根据多重分析的结果可知，婚姻状况为"丧偶"的老人分别与"有配偶""未婚""离异"的老人在健康状况上存在显著差异，其他婚姻状况的老人则在健康状况上不存在显著差异。换言之，婚姻状况为"丧偶"的老人自评健康状况比婚姻状况为"有配偶""未婚""离异"的老人低。这说明相比于有配偶的老人，丧偶的农村老人缺乏身边人陪伴和照顾，身体健康状况会显著恶化。

3. 子女数量和代际关系

表4-3显示，农村老人的平均子女数量约为3个。其中，子女数量为0个、1个、2个、3个、4个和5个及以上的比例分别为2.3%、7.2%、28.1%、30.2%、22.0%和10.3%。从不同年龄段老人的子女数量上来看，大体上符合年龄越高子女数量越多的趋势。子女数量越多，意味着老人更有可能从子女处获取较多的生活照顾和精神关怀等养老支持。然而，随着社会经济发展引起的生育观念的转变，加之20世纪80年代计划生育

政策在我国全面施行，农村低龄老人的家庭规模呈现小型化特征，55 岁到 59 岁和 60 岁到 64 岁老人的子女数量在 2 个及以下的比例分别为 51.0% 和 51.1%。子女数量的减少，意味着单个子女赡养老人的负担会日趋加重，再加上老人子女随着城镇化进程逐渐脱离农村社会，传统的反哺式家庭养老模式难以匹配我国农村空心化和老人少子化的现实。

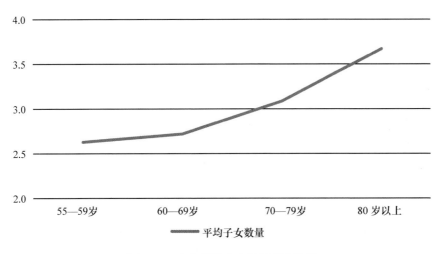

图 4-4　各年龄段老人平均子女数量

从代际关系上看，老人与子女的关系普遍较好，与子女关系比较好的比例为 61.1%，与子女关系非常好的比例为 35.3%，与子女关系较差和非常差的比例仅为 3.0% 和 0.6%。从不同年龄段看，55 岁到 59 岁老人与子女关系非常好的比例最高，随着年龄增长，老人与子女关系大体上呈恶化趋势。若将代际关系"非常差"赋值为 1 分，"较差"赋值为 2 分，"比较好"赋值为 3 分，"非常好"赋值为 4 分，则 55—59 岁老人与子女代际关系的平均得分为 3.58 分，60—69 岁老人与子女代际关系的平均得分为 3.33 分，70—79 岁老人与子女代际关系的平均得分为 3.26 分，80 岁及以上老人与子女代际关系的平均得分为 3.20 分。其原因可能是，随着年龄增长，老人健康状况下降，在子女照料其生活的过程中，更容易产生冲突和矛盾。此外，老人文化程度和其与子女关系亲密程度也呈现出正相关的趋势。

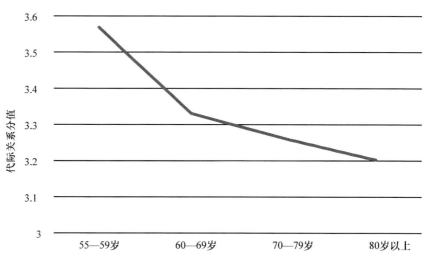

图4-5　各年龄段老人代际关系

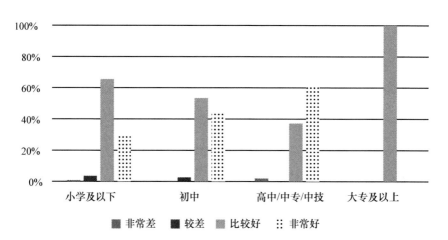

图4-6　不同文化程度老人代际关系

　　老人帮子女带小孩既会占用老人相当的时间和精力，也会让老人获得子女更多的经济和情感支持，从而可能会影响老人参与互助养老的意愿。因此，本调查统计了老人帮子女带小孩的情况。结果显示，有28.8%的农村老人需要帮子女带小孩，在60岁到64岁年龄段的老人，有近半数（46.2%）需要帮子女带小孩。抚育孙辈是农村老人，特别是低龄老人重要的生活内容。

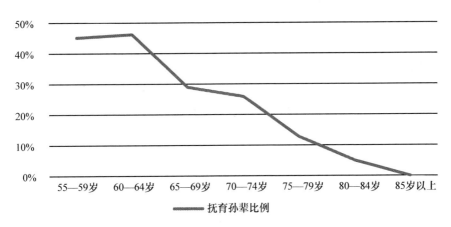

图4-7　各年龄段老人为子女抚育孙辈比例

3. 居住方式

老人的居住方式直接影响其从家庭获取养老支持的频率和质量。从调查结果看，农村老人与老伴居住的比例最高，为46.8%，与子女、老伴一起居住的比例为24.7%，独居的比例为15.1%，与子女居住的比例为11.5%，其他居住方式的比例为1.9%。其他居住方式包括在福利院居住、与兄弟居住、与孙子女居住、与母亲居住等。

同时，老人与子女、老伴一起居住或者和子女一起居住时，其为子女带小孩的比例较高，分别为56.5%和29.3%。

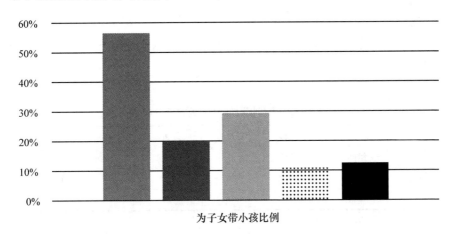

图4-8　各居住方式老人为子女抚育孙辈比例

图4-9显示，健康状况较差的老人（自评得分为1分和2分）独居的比例要明显高于健康状况较好的老人（自评得分为4分和5分）。这说明健康状况较差的老人，也往往是更需要从家庭获取养老支持的老人。但从现实情况来看，其却更难从老伴和子女处获得养老支持。其原因可能在于，健康状况较差的老人多为高龄老人，其伴侣或已去世，而子女则多分家居住，造成独居比例较高。

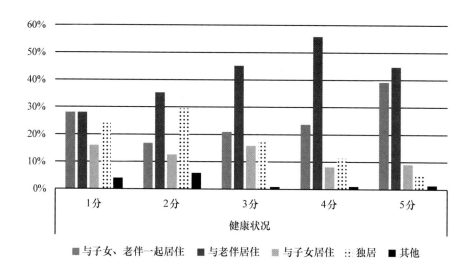

图4-9 不同健康状况老人的居住方式

对居住方式和健康状况进行单因素方差分析，结果如表所示，健康状况的显著性水平小于0.05，说明不同居住方式老人的健康状况存在显著差异。

表4-8 婚姻状况对健康状况的单因素方差分析结果

		平方和	df	均方	F	显著性
健康状况	组间	54.471	4	13.618	13.324	0.000
	组内	821.753	804	1.022		
	总数	876.225	808			

采用多重比较分析法进一步探讨不同居住方式老人健康状况的差异。

先进行方差齐次性检验，得到如下表所示结果：

表4－9 不同居住方式的方差齐次性检验

	Levene 统计量	df1	df2	显著性
健康状况	1.825	4	804	0.122

Levene 检验统计值的显著性水平为 0.122，大于 0.05，说明数据具有方差齐次性，需要读取"方差齐次"情况下的 t 检验结果。

表4－10 不同居住方式对健康状况的多重比较结果

（I）婚姻状况	（J）婚姻状况	均值差（I－J）	标准误	显著性
与子女、老伴一起居住	与老伴居住	0.118	0.088	0.182
	与子女居住	0.445 *	0.127	0.000
	独居	0.717 *	0.116	0.000
	其他	0.858 *	0.271	0.002
与老伴居住	与子女、老伴一起居住	－0.118	0.088	0.182
	与子女居住	0.327 *	0.117	0.005
	独居	0.599 *	0.105	0.000
	其他	0.740 *	0.266	0.006
与子女居住	与子女、老伴一起居住	－0.445 *	0.127	0.000
	与老伴居住	－0.327 *	0.117	0.005
	独居	0.271	0.139	0.052
	其他	0.413	0.281	0.143
独居	与子女、老伴一起居住	－0.717 *	0.116	0.000
	与老伴居住	－0.599 *	0.105	0.000
	与子女居住	－0.271	0.139	0.052
	其他	0.142	0.277	0.609
其他	与子女、老伴一起居住	－0.858 *	0.271	0.002
	与老伴居住	－0.740 *	0.266	0.006
	与子女居住	－0.413	0.281	0.143
	独居	－0.142	0.277	0.609

注：＊表示在 0.05 显著性水平下显著。

根据多重分析的结果可知，与子女、老伴一起居住的老人和与子女居住、独居、其他居住方式的老人在健康状况上存在显著差异，与老伴居住的老人和与子女居住、独居、其他居住方式的老人在健康状况上存在显著差异。换言之，与子女、老伴一起居住的老人和与老伴居住的老人的自评健康状况比与子女居住、独居、其他居住方式的老人要高。这说明农村老人在老伴的陪伴和照顾下，身体健康状况一般更好。

二 老人经济社会情况

（一）老人经济保障情况

1. 家庭年收入

表4-11显示，农村老人家庭年收入的平均值为27767.64元，标准差为31569.554。本调查中的家庭年收入指的是以家庭为单位，包括老人本人及其配偶的年收入情况，即农村老人可支配的家庭共同收入。

表4-11　　　　　　　农村老人经济社会情况描述性统计

	样本数	最小值	最大值	平均数	标准差
家庭年收入	809	0	270000	27767.64	31569.554
家务农活时间	809	1	4	2.39	1.040
邻里串门	809	1	4	2.63	0.851
集市茶馆	809	1	4	2.22	0.960
老年社团	809	0	1	0.14	0.346
社团吸引力	112	1	4	2.93	0.744
宗族关联	809	1	4	2.74	0.692
互助传统	809	1	4	2.68	0.674
村庄舆论	809	1	4	2.55	0.735

表4-12　　　　　　　农村老人经济社会情况描述统计分析

项目	类别	频数/个	百分比
家务农活投入时间	很少	195	24.1
	较少	250	30.9
	较多	218	26.9
	很多	146	18.0

续表

项目	类别	频数/个	百分比
到邻居家串门次数	很少	87	10.8
	较少	238	29.4
	较多	373	46.1
	很多	111	13.7
茶馆、集市、文化休闲室等场所	很少	228	28.2
	较少	251	31.0
	较多	255	31.5
	很多	75	9.3
是否参与老年协会等社团组织	是	112	13.8
	否	697	86.2
老年协会的吸引力 N=112	非常弱	4	3.6
	比较弱	23	20.5
	比较强	62	55.4
	非常强	23	20.5
子女不在身边时可以依靠的人（多选）	老伴	572	70.7
	邻居	460	56.9
	亲友	562	69.5
	村干部	89	11.0
	志愿者	9	1.1
	医生或社工	57	7.0
村宗族或家族关联程度	非常弱	50	6.2
	比较弱	175	21.6
	比较强	518	64.0
	非常强	66	8.2
村生产生活互助传统	非常弱	40	4.9
	比较弱	237	29.3
	比较强	477	59.0
	非常强	55	6.8

续表

项目	类别	频数/个	百分比
社会舆论作用强度	非常弱	70	8.7
	比较弱	270	33.4
	比较强	421	52.0
	非常强	48	5.9

2. 收入和支出

表4-15　　　　　　　　　　收入来源频率分析

收入来源	响应		普及率
	样本数	响应率	
劳动所得	288	31.7%	35.6%
养老保险（退休金/新农保）	373	41.1%	46.1%
子女赡养	166	18.3%	20.5%
政府资助	74	8.1%	9.1%
亲友资助	2	0.2%	0.2%
其他	5	0.6%	0.6%
总计	908	100.0%	112.2%

　　主要收入来源按比例从高到低排序分别是养老保险、劳动所得、子女赡养、政府资助、其他和亲友资助，比例分别为46.1%、35.6%、20.5%、9.1%、0.6%和0.2%。

表4-16　　　　　　　　　　支出内容频率分析

支出内容	响应		普及率
	样本数	响应率	
衣食住行	555	58.0%	68.6%
人情往来	82	8.6%	10.1%
医疗	222	23.2%	27.4%
为子女而支出	32	3.3%	4.0%
兴趣爱好	3	0.3%	0.4%

续表

支出内容	响应		普及率
	样本数	响应率	
种地	54	5.6%	6.7%
其他	9	0.9%	1.1%
总计	957	100.0%	118.3%

主要支出内容按比例从高到低排序分别是衣食住行、医疗、人情往来、种地、子女支出、其他和兴趣爱好，比例分别为 68.6%、27.4%、10.1%、6.7%、4.0%、1.1% 和 0.4%。

3. 家务农活时间

通过统计老人投入农活和家务的时间情况，可以推测其是否有较为充裕的时间和精力参与互助养老。表 2.2 显示，投入农活和家务的时间很多的老人比例为 18.0%，较多的为 26.9%，较少的为 30.9%，很少的为 24.1%。

（二）社会交往情况

调查采用到邻居家串门次数来衡量老人邻里走动情况，次数越多意味着邻里走动越频繁，邻里联系越密切，从而可能会产生更高的互助意愿和更多的互助行为。表 4-12 显示，老人到邻居家串门次数很多的比例为 13.7%，到邻居家串门次数较多的比例为 46.1%，到邻居家串门次数较少的比例为 29.4%，到邻居家串门次数很少的比例为 10.8%。

表 4-12 显示，过半老人逛茶馆、集市、文化休闲室等场所的次数并不多，次数为很多的比例仅为 9.3%，次数为较多的比例为 31.5%，次数为较少的比例为 31.0%，次数为很少的比例为 28.2%。

调查结果显示，老人参与老年协会、老年电大等社团组织的比例非常低，仅为 13.8%。在参与老年协会、老年电大等社团组织的老人群体中，20.5% 的老人认为老年协会对其吸引力非常强，55.4% 的老人认为老年协会对其吸引力比较强，20.5% 的老人认为老年协会对其吸引力比较弱，3.6% 的老人认为老年协会对其吸引力非常弱。

子女不在身边时，老年人心目中可以依靠的对象按比例从高到低排序分别是老伴、亲友、邻居、村干部、医生或社工、志愿者，比例分别为 70.7%、69.5%、56.9%、11.1%、7.0% 和 1.1%，大体上符合亲疏远近的差序格局，表明老人更倾向于向血缘关系亲近或者关系亲密的对象寻求帮助。

表4-13　　　　　　老人可以依靠的对象频率分析

可以依靠的对象	响应		普及率
	样本数	响应率	
老伴	572	32.7%	70.7%
邻居	460	26.3%	56.9%
亲友	562	32.1%	69.5%
村干部	89	5.1%	11.0%
志愿者	9	0.5%	1.1%
医生或社工	57	3.3%	7.0%
总计	1749	100.0%	216.2%

（三）社会规范情况

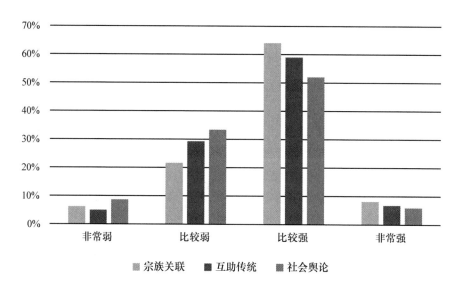

图4-10　老人所处村庄社会规范强度

表4-12显示，大多数老人认为自己所在村庄宗族关联程度较强，认为自己所在村庄宗族关联程度非常强和比较强的比例分别为8.2%和

64.0%，认为自己所在村庄宗族关联程度非常弱和比较弱的比例分别为6.2%和21.6%。虽然正式的宗族组织在1949年后逐渐消解，但基于血缘的宗族关联仍在农村有着广泛的影响力。近年来，祭祖、修缮族谱、修建宗祠等宗族文化的复兴，也体现出宗族关联的影响力有进一步强化的可能性。

大多数老人认为自己所在村庄生产生活互助传统较强，认为自己所在村庄生产生活互助传统非常强和比较强的比例分别为6.8%和59.0%，认为自己所在村庄生产生活互助传统非常弱和比较弱的比例分别为4.9%和29.3%。这显示出农村具有较强的生产生活互助传统。

大多数老人认为自己所在村庄村内社会舆论较强，认为自己所在村庄村内社会舆论非常强和比较强的比例分别为5.9%和52.0%，认为自己所在村庄村内社会舆论非常弱和比较弱的比例分别为8.7%和33.4%。村庄是一个相对封闭的生活单位，舆论通过闲谈的形式快速传播，且信息的接收者多与当事人有着一定联系，舆论的风向直接关乎当事人的颜面和在村内的名气，因此具有较强的影响力。

三　老人互助养老情况

表4-14　　　　　　　农村老人互助养老情况描述性统计

项目	类别	频数/个	百分比
互助养老需求	经济支持	322	39.8
	生活照料	114	14.1
	情感慰藉	176	21.8
	医疗	174	21.5
	其他	23	2.8
村庄是否开展老伙伴结对互助项目	是	139	17.2
	否	670	82.8
村镇是否有互助养老组织或活动	是	220	27.2
	否	589	72.8
是否参与过互助养老服务 N=220	是	183	83.2
	否	37	16.8

续表

项目	类别	频数/个	百分比
互助内容（多选） N = 193	家政服务	44	22.8
	文娱活动	103	53.4
	生活照料	50	25.9
	医疗卫生	54	28.0
	聊天谈心	102	52.8
	其他	0	0.0
互助的方式 N = 193	志愿服务	129	66.8
	物质报酬	15	7.8
	结对帮扶	46	23.8
	时间银行	3	1.6
满意度 N = 193	非常不满意	7	3.6
	比较不满意	17	8.8
	比较满意	118	61.1
	非常满意	51	26.4
参与互助养老意愿	非常不愿意	17	2.1
	比较不愿意	134	16.6
	比较愿意	405	50.1
	非常愿意	253	31.3

（一）互助养老需求

由表 4 – 14 显示，农村老人对于经济支持的需求比例最大，达到 39.8%，对于生活照料的需求比例为 14.2%，对于情感慰藉的需求比例为 21.8%，对于医疗的需求比例为 21.5%，对于其他的需求比例为 2.8%。其他需求包括修葺房屋、交通出行等。总体来看，农村老人的生活需求呈现以经济支持需求为主，医疗卫健、情感慰藉、生活照料需求多元化发展的态势。

从不同年龄上看，老人对于经济支持的需求随着年龄增长呈现逐步下降趋势，55 岁到 59 岁老人对于经济支持需求比例最高，为 62.7%。究其原因在于，低龄老人可能需要负担更多的开支用以支持子女发展及其孙辈抚养，并为自己及配偶的日后养老积累资金，而高龄老人生活简朴、开支

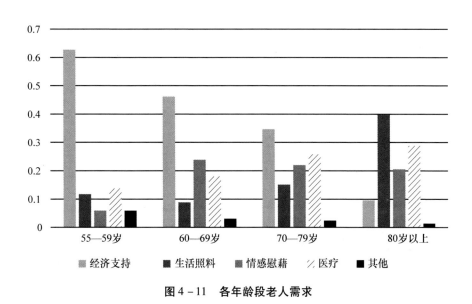

图 4 - 11　各年龄段老人需求

较少，生活成本较低，同时可以获得子女的赡养费用和较高的养老金补助。此外，老人对于生活照料和医疗的需求比例随着年龄增长则呈现上升趋势，尤其是高龄老人对于生活照料的需求提升明显。这与现实经验相符：随着年龄增长，老人的身体素质和生活自理能力下降，对于生活照料和医疗服务有了更迫切的需求。而对于情感慰藉，除了 55 岁到 59 岁的老人外，其他年龄段老人的需求均稳定于 20% 左右的水平。

（二）互助养老经历

1. 互助养老推广情况和老人参与率

在本次调查中，老人所在村庄有开展老伙伴结对互助项目的比例为 17.2%，老人所在的村镇有互助养老组织（如农村幸福院、农家大院）或活动的比例为 27.2%。可见，互助养老组织或活动的推广规模并不大，多数农村地区还未建立互助养老组织或开展相应活动。

所在村镇有互助养老组织（如农村幸福院、农家大院）或活动的老人中，参与过互助养老组织或活动的老人比例为 83.2%，这表明在互助养老已存在的地区，老人对于互助养老有较高的参与率，进一步说明互助养老符合农村老人的养老需求，对老人具有吸引力，也从侧面体现目前互助养老组织有限的覆盖规模难以匹配农村老人对互助养老较高的需求。在实际调研中，互助养老组织的活跃参与者往往难以达到如此高的比例，如何将参与过互助养老活动的普通老人发展为活跃参与者值得进一步探究。

2. 互助内容

表4-14显示，互助内容多以满足精神慰藉的文娱活动（53.4%）和聊天谈心（52.8%）为主，其次为医疗卫生（28.0%）、生活照料（25.9%）和家政服务（22.8%）。从不同年龄来看，不同年龄段老人参与互助活动的内容存在较大差异，55岁到59岁老人参与互助活动的内容主要为家政服务（54.5%），60岁到69岁和70岁到79岁的老人参与互助活动的内容主要为文娱活动（32.9%，29.6%）和聊天谈心（27.2%，28.9%），75岁到79岁老人参与互助活动的内容主要为聊天谈心（65.5%）、文娱活动（51.7%）、医疗卫生（41.4%）和生活照料（37.9%），80岁及以上的高龄老人参与互助活动的内容主要为生活照料（38.2%）和聊天谈心（38.2%）。

总体来看，随着年龄增长，参与家政服务活动的老人比例逐渐下降，参与生活照料和聊天谈心活动的老人比例逐步上升，而参与文娱活动和医疗卫生活动的老人比例先升后降。这可能是因为低龄老人往往投入农忙和家务的时间较多，缺乏充裕的时间参与文娱活动，而高龄老人由于健康状况下降，缺乏必要的体力参与文娱活动。此外，高龄老人的健康问题需要更专业化的医疗护理，而现有的农村互助养老的专业化程度尚难以满足。

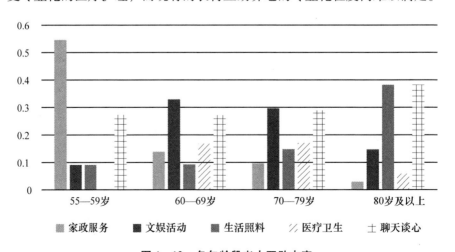

图4-12　各年龄段老人互助内容

3. 互助形式

由表 4 - 14 可见，农村互助养老的形式目前以志愿服务（66.8%）为主，还有一定数量的结对帮扶（23.8%），但物质报酬（7.8%）和时间银行（1.6%）形式较少。

从不同年龄看，志愿服务这一互助形式在各年龄段的老人中均具有较高的选择比例。物质报酬形式在围老期和低龄老人中具有一定的认可度。结对帮扶形式在中龄老人中具有较高比例，达到了 34.3%。高龄老人参与互助养老的形式较为单一，主要是志愿服务以及少部分的结对帮扶。

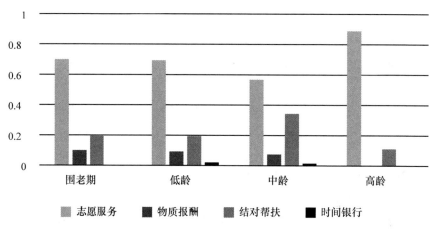

图 4 - 13　各年龄段老人互助形式

以志愿服务形式开展互助养老的优势在于其具有较好的灵活性，但是不易于形成持续稳定的互助关系，同时志愿服务的内容一般为聊天谈心和文娱活动等较为初级的互助养老服务。以结对帮扶形式开展互助养老有助于形成持续稳定的互助关系，但其内容也是以聊天谈心和文娱活动等较为初级的互助养老服务为主。以物质报酬形式开展互助养老服务的内容以家政服务和生活照料为主，可见对于一些劳动量较大的互助服务，提供一定的物质报酬对参与者会更有吸引力。至于医疗卫生服务方面，三种互助形式并未体现明显区别。

（三）互助养老满意度

表 4 - 14 显示，参与过互助养老的老人对服务的满意度普遍较高，非

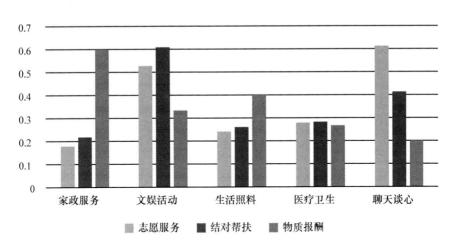

图 4 - 14　不同互助形式开展的互助养老服务内容分布情况

常满意的比例为 26.4%，比较满意的比例为 61.1%，比较不满意的比例为 8.8%，非常不满意的比例为 3.6%。

对"非常不满意""比较不满意""比较满意"和"非常满意"分别赋值为 1、2、3 和 4 以描述老人对互助养老的满意度。满意度比均值为 3.10，标准差为 0.699。

从不同互助形式看，互助形式为物质报酬的老人对于互助养老满意度

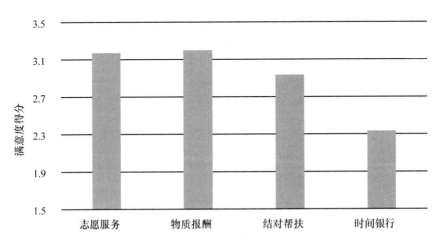

图 4 - 15　老人对于不同互助形式的满意度

的平均得分最高，为 3.20。互助形式为结对帮扶的老人对于互助养老满意度的平均得分最低，为 2.33。互助形式为志愿服务和结对帮扶的老人对于互助养老满意度的平均得分分别为 3.17 和 2.93。

对互助形式和满意度进行单因素方差分析，结果如表 3.2 显示，满意度的显著性水平小于 0.05，说明不同互助形式下老人对互助养老的满意度存在显著差异。

表 4 – 17   老年人对不同互助形式的满意度单因素方差分析

		平方和	df	均方	F	显著性
满意度	组间	3.808	3	1.269	2.662	0.049
	组内	90.119	189	0.477		
	总数	93.927	192			

采用多重比较分析法进一步探讨不同互助形式老人对互助养老满意度的差异。先进行方差齐次性检验，得到如下表所示结果：

表 4 – 18   不同互助形式的方差齐次性检验

	Levene 统计量	df1	df2	显著性
满意度	1.672	3	189	0.175

Levene 检验统计值的显著性水平为 0.175，大于 0.05，说明数据具有方差齐次性，需要读取"方差齐次"情况下的 t 检验结果。

表 4 – 19   不同互助形式对满意度的多重比较结果

（I）互助形式	（J）互助形式	均值差（I – J）	标准误	显著性
志愿服务	物质报酬	– 0.029	0.188	0.876
	结对帮扶	0.236 *	0.119	0.048
	时间银行	0.837 *	0.403	0.039
物质报酬	志愿服务	0.029	0.188	0.876
	结对帮扶	0.265	0.205	0.198
	时间银行	0.867 *	0.437	0.049

续表

（I）互助形式	（J）互助形式	均值差（I－J）	标准误	显著性
结对帮扶	志愿服务	－ 0.236 *	0.119	0.048
	物质报酬	－ 0.265	0.205	0.198
	时间银行	0.601	0.411	0.145
时间银行	志愿服务	－ 0.837 *	0.403	0.039
	物质报酬	－ 0.867 *	0.437	0.049
	结对帮扶	－ 0.601	0.411	0.145

注：* 表示在 0.05 显著性水平上显著。

根据多重分析的结果可知，互助形式为"志愿服务"的老人分别与"结对帮扶"和"时间银行"的老人对互助养老的满意度存在显著差异，老年人对"物质报酬"与"时间银行"的满意度存在显著差异，对于其他互助形式的满意度不存在显著差异。换言之，在 0.05 显著性水平下，相比于"结对帮扶"和"时间银行"，老人对"志愿服务"的满意度更高；相比于"时间银行"，老人对"物质报酬"的满意度更高。

四　老人对互助养老的认同度

（一）认同度因子分析

在因子分析之前，对农村老人互助养老观念进行 KMO 和 Bartlett 球体检验，得到表 4-20 所示的结果。农村老人对互助养老的观念 KMO 值为 0.875，Bartlett 球体检验得到的显著性水平为 0.000，小于 0.01，说明变量之间适合作因子分析。KMO 值越趋近于 1，表示越适合进行因子分析，当 KMO 值小于 0.5 时，一般不适合进行因子分析。

表 4-20　　农村老人互助养老观念的 KMO 和 Bartlett 球体检验

Kaiser-Meyer-Olkin 测量取样适当性		0.875
Bartlett 的球形检定	近似卡方	3375.514
	Df	45
	显著性	0.000

通过主成分法提取因子，因子分析结果显示有 2 个因子的特征根大于1，并解释了总体方差的 60.115%。其中，成分 1 可以解释方差的41.666%，成分 2 可以解释方差的 18.448%。

表 4 - 21　　　　　　　　　认同度解释的总方差

成分	起始特征值			旋转平方和载入		
	总计	变异的%	累加%	总计	变异的%	累加%
1	4.483	44.829	44.829	4.167	41.666	41.666
2	1.529	15.285	60.115	1.845	18.448	60.115
3	0.794	7.941	68.055			
4	0.752	7.522	75.578			
5	0.561	5.606	81.184			
6	0.519	5.188	86.372			
7	0.433	4.326	90.698			
8	0.359	3.586	94.283			
9	0.307	3.066	97.349			
10	0.265	2.651	100.000			

删去负载小于0.3 的因子后，得到农村老人互助养老观念的旋转后因子负载表。

表 4 - 22　　　　　　　　认同度要素旋转成分矩阵

	成分	
	1	2
具有意义	0.833	
满足自身养老需求	0.819	
降低孤独	0.813	
减轻子女负担	0.763	
存在时间银行	0.704	
结交新朋友	0.702	
提供报酬	0.673	
子女支持		0.834

续表

	成分	
	1	2
亲近的人		0.822
时间充裕		0.553

提取方法：主体成分分析。

旋转方法：具有 Kaiser 标准化的最大变异法。

旋转在 3 次迭代后收敛。

为验证每个因子的内部信度，对各因子进行内部信度检验，所得结果见表4.4。

表4-23 认同度要素内部信度检验结果

因子		因子得分	解释方差比例	项删除后的 Cronbach 的 Alpha 值	Cronbach 的 Alpha 值
成分1	具有意义	0.833	41.666	0.853	0.881
	满足自身养老需求	0.819		0.852	
	降低孤独	0.813		0.856	
	减轻子女负担	0.763		0.864	
	存在时间银行	0.704		0.871	
	结交新朋友	0.702		0.866	
	提供报酬	0.673		0.882	
成分2	子女支持	0.834	18.448	0.383	0.637
	亲近的人	0.822		0.528	
	时间充裕	0.553		0.659	

所有项目的内部总相关系数大于0.5，且各成分的 Cronbach 的 Alpha 值大于0.6，说明各成分的可靠性较好。

根据提取的各因子中所包含的项目，将提取的两个因子分别命名为"互助养老效益观"和"互助养老条件观"。

成分1——互助养老效益观。成分1所包含项目较多，共有7个，多为农村老人对互助养老多能产生的养老效益的期待，例如满足自身养老需求、降低孤独感、减轻子女负担、获得未来养老服务保障（时间银行）、结交新朋友、获取报酬等。即当互助养老能产生多种符合老人期待的养老效益时，农村老人更愿意考虑参与互助养老，并且这些互助养老产生的效益多直接面向老人自身。因此，本研究将主成分分析所提取的因子成分1命名为"互助养老效益观"。

成分2——互助养老条件观。成分2所包含项目较少，共有3个，分别为子女支持、帮助对象为亲近的人和时间充裕，也就是说老人若可以获得子女和亲友对互助养老的认同和支持，且家庭负担较轻（时间充裕）时，更愿意参与互助养老。即当满足一定的条件时，农村老人会考虑参与互助养老。因此，本研究将主成分分析所提取的因子成分2命名为"互助养老条件观"。

（二）现状描述

表4-24　　　　　　　　老年人对互助养老的观念结构

	样本数	最小值	最大值	平均数	标准差
成分1	809	7.00	35.00	26.7318	5.48973
成分2	809	3.00	15.00	8.1570	2.52538
成分总	809	10.00	50.00	34.89	8.02

成分1（以下称为互助养老效益观）平均分值为26.7318，标准差为5.48973。成分2（以下称为互助养老条件观）平均分值为8.1570，标准差为2.52538。互助养老效益观的单项指标得分为3.82，互助养老条件观的单项指标得分为2.72，说明农村老人对于互助养老效益观的认同度普遍较高，对于互助养老条件观的认同度较一般。

（三）群体差异分析

方差分析可以检验多个样本均数间的差异是否具有统计意义，本研究采用独立样本T检验和单因素方差分析来探究不同群体是否对互助养老的认同度存在显著性差异。

独立样本T检验可以验证两个样本代表的总体平均数是否相等。本研究中的性别方差分析采用独立样本检验分析。

单因素方差分析可以检验多个相关样本群组间的均值是否有显著差异。如果分析结果显示存在组间方差显著性差异，即方差齐次，则采用LSD 的统计量；如果不存在组间方差显著性差异，即方差非齐次，则采用Tamhane's T2 的 t 检验。

1. 性别对各因子的独立样本 T 检验

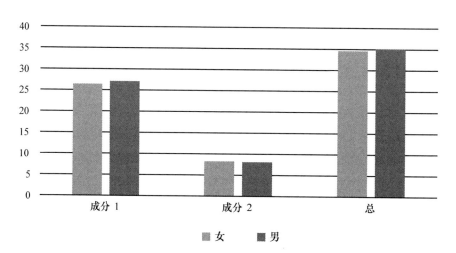

图 4 - 16　不同性别老人对互助养老的认同度

表 4 - 25　　　　　　　性别对各因子独立样本 t 检验结果

		方差方程的 levene 检验		均值方程的 t 检验		
		F	显著性	T	df	显著性
成分 1	方差齐性	2.658	0.103	-1.774	807	0.076
	方差非齐性			-1.784	806.073	0.075
成分 2	方差齐性	0.991	0.320	0.846	807	0.398
	方差非齐性			0.849	802.692	0.396
成分总	方差齐性	2.074	0.150	-1.438	807	0.151
	方差非齐性			-1.447	806.789	0.148

根据方差方程的 levene 检验结果可知，各因子的显著性均大于 0.05，因此需要读取方差齐次下的结果。而各因子的 t 检验结果显著性均大于

0.05，说明对于互助养老的认同度，不同性别的农村老人之间不存在显著差异。

2. 年龄对各因子的单因素方差分析

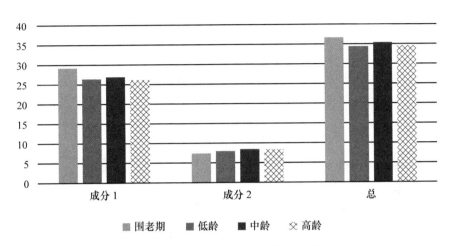

图4-17　各年龄老年人对互助养老的认同度

表4-26　　　　年龄对互助养老认同度的单因素方差分析结果

		平方和	df	均方	F	显著性
成分1	组间	381.168	3	127.056	4.267	0.005
	组内	23969.626	805	29.776		
	总数	24350.794	808			
成分2	组间	69.645	3	23.215	3.676	0.012
	组内	5083.418	805	6.315		
	总数	5153.063	808			
成分总	组间	328.831	3	109.610	3.975	0.008
	组内	22199.156	805	27.577		
	总数	22527.988	808			

不同维度认同度的显著性水平均小于0.05，说明不同年龄老人的互助养老认同度存在显著差异。采用多重比较分析法进一步探讨不同年龄段老人互助养老认同度的差异。先进行方差齐次性检验，得到如下表所示结果：

表4-27　　　　　　　　　不同年龄的方差齐次性检验

	Levene 统计量	df1	df2	显著性
成分 1	5.113	3	805	0.002
成分 2	3.309	3	805	0.020
总	1.098	3	805	0.349

互助养老认同度的 Levene 检验统计值的显著性水平为 0.349，大于 0.05，说明数据具有方差齐次性，需要读取"方差齐次"情况下的 t 检验结果。

表4-28　　　不同年龄老人对互助养老认同度（总）的多重比较结果

(I) 年龄	(J) 年龄	均值差 (I-J)	标准误	显著性
围老期	低龄	2.24928*	0.78148	0.004
	中龄	1.27371	0.79656	0.110
	高龄	2.08459*	0.96678	0.031
低龄	围老期	-2.24928*	0.78148	0.004
	中龄	-0.97557*	0.40471	0.016
	高龄	-0.16468	0.68113	0.809
中龄	围老期	-1.27371	0.79656	0.110
	低龄	0.97557*	0.40471	0.016
	高龄	0.81088	0.69839	0.246
高龄	围老期	-2.08459*	0.96678	0.031
	低龄	0.16468	0.68113	0.809
	中龄	-0.81088	0.69839	0.246

*均值差的显著性水平为 0.05。

根据多重分析的结果可知，处于围老期的农村老人和低龄、高龄老人，低龄老人和中龄老人，对于互助养老的认同度存在显著差异。围老期老人的认同度显著高于低龄老人和高龄老人，而其他不同年龄段的农村老人在这两个方面没有表现出显著差异。

互助养老效益观和条件观的 Levene 检验统计值的显著性水平分别为 0.002 和 0.020，均小于 0.05，说明数据不具有方差齐次性，需要读取

"方差非齐次"情况下的 t 检验结果。

表 4 - 29　　　各年龄对互助养老效益观和条件观的多重比较结果

	（I）年龄	（J）年龄	均值差（I-J）	标准误	显著性
成分 1	围老期	低龄	2.77546*	0.63265	0.000
		中龄	2.28191*	0.63872	0.004
		高龄	3.04790*	0.82730	0.002
	低龄	围老期	-2.77546*	0.63265	0.000
		中龄	-0.49354	0.42384	0.814
		高龄	0.27244	0.67536	0.999
	中龄	围老期	-2.28191*	0.63872	0.004
		低龄	0.49354	0.42384	0.814
		高龄	0.76599	0.68105	0.840
	高龄	围老期	-3.04790*	0.82730	0.002
		低龄	-0.27244	0.67536	0.999
		中龄	-0.76599	0.68105	0.840
成分 2	围老期	低龄	-0.52618	0.41732	0.761
		中龄	-1.00820	0.42645	0.120
		高龄	-0.96331	0.46656	0.227
	低龄	围老期	0.52618	0.41732	0.761
		中龄	-0.48203	0.19663	0.084
		高龄	-0.43713	0.27291	0.510
	中龄	围老期	1.00820	0.42645	0.120
		低龄	0.48203	0.19663	0.084
		高龄	0.04490	0.28668	1.000
	高龄	围老期	0.96331	0.46656	0.227
		低龄	0.43713	0.27291	0.510
		中龄	-0.04490	0.28668	1.000

*均值差的显著性水平为 0.05。

　　根据多重分析的结果可知，处于围老期的农村老年人和其他各年龄段的老年人对于互助养老效益观的认同度存在显著差异，处于围老期的农村老年人对于互助养老效益观的认同度更高，而其他不同年龄段的农村老年人在这两个方面没有表现出显著差异。

3. 文化程度对各因子的单因素方差分析

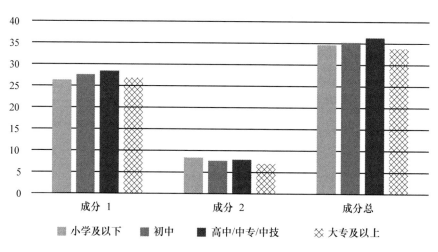

图 4 - 18　不同文化程度老人对互助养老的认同度

表 4 - 30　　　文化程度对互助养老认同度的单因素方差分析结果

		平方和	df	均方	F	显著性
成分 1	组间	377.000	3	125.667	4.220	0.006
	组内	23973.794	805	29.781		
	总数	24350.794	808			
成分 2	组间	77.996	3	25.999	4.124	0.006
	组内	5075.067	805	6.304		
	总数	5153.063	808			
成分总	组间	161.856	3	53.952	1.942	0.121
	组内	22366.132	805	27.784		
	总数	22527.988	808			

互助养老效益观和条件观的显著性水平均小于 0.05，说明不同文化程度老人对互助养老的效益观和条件观存在显著差异。而认同度的显著性水平大于 0.05，说明不同文化程度老人的互助养老认同度不存在显著差异。采用多重比较分析法进一步探讨不同文化程度老人对互助养老效益观和条

件观的差异。先进行方差齐次性检验，得到如下表所示结果：

表 4 - 31 不同文化程度的方差齐次性检验

	Levene 统计量	df1	df2	显著性
成分 1	1.526	3	805	0.206
成分 2	0.411	3	805	0.745

互助养老效益观和条件观的 Levene 检验统计值的显著性水平分别为 0.206 和 0.745，大于 0.05，说明数据具有方差齐次性，需要读取"方差齐次"情况下的 t 检验结果。

表 4 - 32 不同文化程度对老人互助养老认同度
成分 1 和成分 2 的多重比较结果

	（I）文化程度	（J）文化程度	均值差（I - J）	标准误	显著性
成分 1	小学及以下	初中	- 1.26128 *	0.45707	0.006
		高中/中专/中技	- 2.09322 *	0.79808	0.009
		大专及以上	- 0.50107	2.45137	0.838
	初中	小学及以下	1.26128 *	0.45707	0.006
		高中/中专/中技	- 0.83195	0.86015	0.334
		大专及以上	0.76021	2.47228	0.759
	高中/中专/中技	小学及以下	2.09322 *	0.79808	0.009
		初中	0.83195	0.86015	0.334
		大专及以上	1.59216	2.55737	0.534
	大专及以上	小学及以下	0.50107	2.45137	0.838
		初中	- 0.76021	2.47228	0.759
		高中/中专/中技	- 1.59216	2.55737	0.534
成分 2	小学及以下	初中	0.69095 *	0.21030	0.001
		高中/中专/中技	0.43430	0.36720	0.237
		大专及以上	1.35587	1.12788	0.230
	初中	小学及以下	- 0.69095 *	0.21030	0.001
		高中/中专/中技	- 0.25665	0.39576	0.517
		大专及以上	0.66492	1.13749	0.559

续表

	（I）文化程度	（J）文化程度	均值差（I－J）	标准误	显著性
成分2	高中/中专/中技	小学及以下	－ 0.43430	0.36720	0.237
		初中	0.25665	0.39576	0.517
		大专及以上	0.92157	1.17665	0.434
	大专及以上	小学及以下	－ 1.35587	1.12788	0.230
		初中	－ 0.66492	1.13749	0.559
		高中/中专/中技	－ 0.92157	1.17665	0.434

* 均值差的显著性水平为 0.05。

根据多重分析的结果可知，文化程度为小学的农村老人与文化程度为初中和高中、中专或中技的老人对互助养老效益观的认同度存在显著差异，文化程度为小学的农村老人对互助养老效益观的认同度更低。同时，文化程度为小学的农村老人与文化程度为初中的老人对于互助养老条件观的认同度存在显著差异，文化程度为小学的农村老人对互助养老条件观的认同度更高，而其他不同年龄段的农村老人在这个方面没有表现出显著差异。

4. 职业对各因子的单因素方差分析

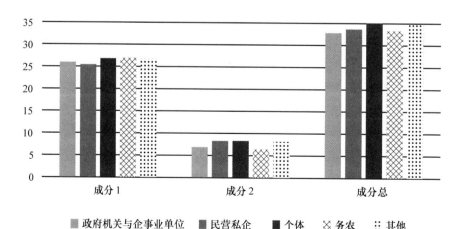

图 4 - 19　不同职业老人对互助养老的认同度

表 4-33　　　　　职业对互助养老认同度的单因素方差分析结果

		平方和	df	均方	F	显著性
成分 1	组间	113.819	4	28.455	0.944	0.438
	组内	24236.975	804	30.145		
	总数	24350.794	808			
成分 2	组间	136.750	4	34.188	5.479	0.000
	组内	5016.313	804	6.239		
	总数	5153.063	808			
成分总	组间	327.485	4	81.871	2.965	0.019
	组内	22200.502	804	27.613		
	总数	22527.988	808			

互助养老条件观和互助养老认同度的显著性水平均小于 0.05，说明不同职业老人对这些维度的认同度存在显著差异。采用多重比较分析法进一步探讨不同职业老人对互助养老认同度的差异。先进行方差齐次性检验，得到如下表所示结果：

表 4-34　　　　　　　　不同职业的方差齐次性检验

	Levene 统计量	df1	df2	显著性
成分 2	1.314	4	804	0.263
成分总	0.996	4	804	0.409

互助养老条件观和互助养老认同度的 Levene 检验统计值的显著性水平分别为 0.263 和 0.409，大于 0.05，说明数据具有方差齐次性，需要读取"方差齐次"情况下的 t 检验结果。

表 4-35　　　　　不同职业对老人互助养老认同度成分 2 和
成分总的多重比较结果

	(I) 职业	(J) 职业	均值差 (I-J)	标准误	显著性
成分 2	政府机关与企事业单位	民营私企	1.24092 *	0.46340	0.008
		个体	-0.19669	0.48587	0.686
		务农	-0.20922	0.29330	0.476
		其他	1.68537 *	0.70145	0.017

续表

	(I) 职业	(J) 职业	均值差（I−J）	标准误	显著性
成分2	民营私企	政府机关与企事业单位	−1.24092*	0.46340	0.008
		个体	−1.43761*	0.54647	0.009
		务农	−1.45014*	0.38547	0.000
		其他	0.44444	0.74471	0.551
	个体	政府机关与企事业单位	0.19669	0.48587	0.686
		民营私企	1.43761*	0.54647	0.009
		务农	−0.01253	0.41221	0.976
		其他	1.88205*	0.75890	0.013
	务农	政府机关与企事业单位	0.20922	0.29330	0.476
		民营私企	1.45014*	0.38547	0.000
		个体	0.01253	0.41221	0.976
		其他	1.89459*	0.65260	0.004
	其他	政府机关与企事业单位	−1.68537*	0.70145	0.017
		民营私企	−0.44444	0.74471	0.551
		个体	−1.88205*	0.75890	0.013
		务农	−1.89459*	0.65260	0.004
成分总	政府机关与企事业单位	民营私企	2.43171*	0.97486	0.013
		个体	1.53940	1.02213	0.132
		务农	0.12661	0.61702	0.837
		其他	1.89837	1.47566	0.199
	民营私企	政府机关与企事业单位	−2.43171*	0.97486	0.013
		个体	−0.89231	1.14962	0.438
		务农	−2.30510*	0.81091	0.005
		其他	−0.53333	1.56667	0.734

续表

	（I）职业	（J）职业	均值差（I-J）	标准误	显著性
成分总	个体	政府机关与企事业单位	-1.53940	1.02213	0.132
		民营私企	0.89231	1.14962	0.438
		务农	-1.41279	0.86717	0.104
		其他	0.35897	1.59651	0.822
	务农	政府机关与企事业单位	-0.12661	0.61702	0.837
		民营私企	2.30510*	0.81091	0.005
		个体	1.41279	0.86717	0.104
		其他	1.77176	1.37288	0.197
	其他	政府机关与企事业单位	-1.89837	1.47566	0.199
		民营私企	0.53333	1.56667	0.734
		个体	-0.35897	1.59651	0.822
		务农	-1.77176	1.37288	0.197

注：*均值差的显著性水平为0.05。

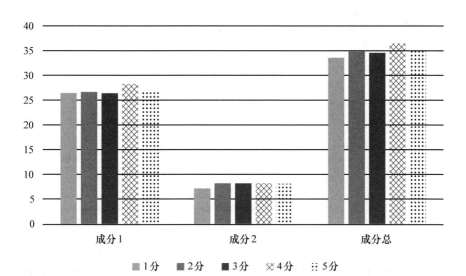

图4-20 不同健康状况老人对互助养老的认同度

　　根据多重分析的结果可知，曾就职于民营企业的农村老人与就职于政府机关与企事业单位、个体经营和务农的老人对互助养老条件观的认同度和总认同度存在显著差异，曾就职于民营企业的农村老人对于"互助养老条件观"的认同度和互助养老认同度更低。

　　5. 健康状况对于各因子的单因素方差分析

表 4 - 36　　　　　　健康状况对互助养老认同度的单因素方差分析结果

		平方和	df	均方	F	显著性
成分1	组间	496.339	4	124.085	4.182	0.002
	组内	23854.455	804	29.670		
	总数	24350.794	808			
成分2	组间	26.378	4	6.594	1.034	0.389
	组内	5126.685	804	6.376		
	总数	5153.063	808			
成分总	组间	606.293	4	151.573	5.559	0.000
	组内	21921.694	804	27.266		
	总数	22527.988	808			

　　互助养老效益观和互助养老认同度的显著性水平均小于 0.05，说明不同健康状况老年人对互助养老效益观的认同度和互助养老的认同度存在显著差异。采用多重比较分析法进一步探讨不同健康状况老人对互助养老认同度的差异。先进行方差齐次性检验，得到如下表所示结果：

表 4 - 37　　　　　　不同健康状况的方差齐次性检验

	Levene 统计量	df1	df2	显著性
成分1	4.085	4	804	0.003
成分总	4.618	4	804	0.001

　　互助养老效益观和互助养老认同度的 Levene 检验统计值的显著性水平分别为 0.003 和 0.001，小于 0.05，说明数据具有方差非齐次性，需要读取"方差非齐次"情况下的 t 检验结果。

表4-38 健康状况对老人互助养老认同度成分2和
成分总的多重比较结果

	（I）健康状况	（J）健康状况	均值差（I－J）	标准误	显著性
成分1	1分	2分	−1.94017	1.04109	0.520
		3分	−2.16017	1.00426	0.332
		4分	−1.90163	1.01394	0.516
		5分	−3.75077*	1.04355	0.010
	2分	1分	1.94017	1.04109	0.520
		3分	−0.22000	0.54614	1.000
		4分	0.03854	0.56374	1.000
		5分	−1.81060*	0.61541	0.035
	3分	1分	2.16017	1.00426	0.332
		2分	0.22000	0.54614	1.000
		4分	0.25854	0.49242	1.000
		5分	−1.59060*	0.55083	0.041
	4分	1分	1.90163	1.01394	0.516
		2分	−0.03854	0.56374	1.000
		3分	−0.25854	0.49242	1.000
		5分	−1.84914*	0.56827	0.013
	5分	1分	3.75077*	1.04355	0.010
		2分	1.81060*	0.61541	0.035
		3分	1.59060*	0.55083	0.041
		4分	1.84914*	0.56827	0.013
成分总	1分	2分	−2.97345	1.02317	0.063
		3分	−3.19682*	0.99732	0.031
		4分	−2.95364	1.00219	0.059
		5分	−4.71664*	1.01626	0.001
	2分	1分	2.97345	1.02317	0.063
		3分	−0.22337	0.52504	1.000
		4分	0.01981	0.53423	1.000
		5分	−1.74320*	0.56018	0.021

续表

（I）健康状况	（J）健康状况	均值差（I－J）	标准误	显著性
成分总				
3 分	1 分	3.19682*	0.99732	0.031
	2 分	0.22337	0.52504	1.000
	4 分	0.24318	0.48287	1.000
	5 分	－1.51982*	0.51143	0.031
4 分	1 分	2.95364	1.00219	0.059
	2 分	－0.01981	0.53423	1.000
	3 分	－0.24318	0.48287	1.000
	5 分	－1.76300*	0.52086	0.008
5 分	1 分	4.71664*	1.01626	0.001
	2 分	1.74320*	0.56018	0.021
	3 分	1.51982*	0.51143	0.031
	4 分	1.76300*	0.52086	0.008

＊均值差的显著性水平为 0.05。

根据多重分析的结果可知，健康状况为 5 分的农村老年人与其他老年人对互助养老效益观的认同度和互助养老的认同度存在显著差异，健康状况为 5 分的农村老人对互助养老效益观的认同度和互助养老认同度更高。

五　参与互助养老的意愿

（一）现状描述

表 4－39　　　　　　　　　互助养老参与意愿描述统计

	样本数	最小值	最大值	平均数	标准差
参与意愿	809	1	4	3.11	0.743

对互助意愿从低到高分别赋值为 1、2、3、4，发现农村老年人的互助意愿平均得分为 3.11，方差为 0.743。可见，农村老年人参与互助养老意愿较高。其中，非常愿意参与互助养老的比例为 31.2%，比较愿意的比例为 50.1%，比较不愿意的比例为 16.6%，非常不愿意的比例仅为 2.1%。

愿意参与互助养老的比例为 81.4%。该结果与聂建亮、唐乐[1]的调研结果接近，但明显高于于长永在 2016 年[2]和杨静慧[3]在 2018 年的调查结果。结合表 4-40 的既有研究数据，大体可以发现，随着近年来国家对于互助养老的推广，农村老人愿意参与互助养老的比例呈现上升趋势。既有研究的调研区域大多集中于某一省域，缺少大范围、跨区域的研究。

表 4-40　　　　　既有研究农村老人互助养老参与意愿情况

文献来源	愿意参与比例	调研区域	调研时间	样本量
聂建亮、唐乐（2021）	81.5%	陕西宝鸡、延安	2019	559
王琦等（2021）	61.1%	江苏徐州	2019	902
辛宝英、杨真（2021）	58.63%	山东 10 地市	2020	30902
杨静慧（2020）	31.1%	江苏 6 县	2018	720
于长永（2019）	27.7%	12 省 36 县	2016	1204
郝亚亚、毕红霞（2018）	47.9%	山东 17 地市	2017	595

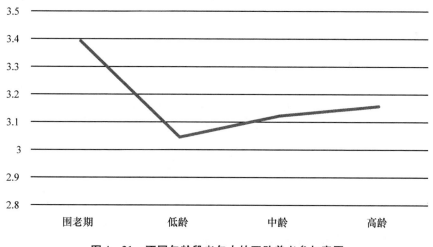

图 4-21　不同年龄段老年人的互助养老参与意愿

①　聂建亮、唐乐：《人际信任、制度信任与农村老人互助养老参与意愿》，《北京社会科学》2021 年第 5 期。

②　于长永：《农村老年人的互助养老意愿及其实现方式研究》，《华中科技大学学报》（社会科学版）2019 年第 2 期。

③　杨静慧：《农村老人互助养老意愿及政策启示——基于江苏的实证研究》，《兰州学刊》2020 年第 4 期。

55岁到59岁的围老期老年人的互助养老参与意愿分值为3.39，60岁到69岁低龄老年人的互助养老参与意愿分值最低，仅为3.05，70岁到79岁中龄老年人的互助养老参与意愿分值为3.12，80岁及以上高龄老年人的互助养老参与意愿分值为3.16。由此可见，老年人的互助养老参与意愿大体上呈现随着年龄增长而提高的趋势。

（二）群体差异的分析

1. 性别对互助养老参与意愿的独立样本 T 检验

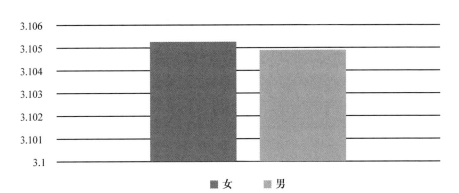

图 4-22　不同性别老人的互助养老参与意愿

表 4-41　　　　　　　　　　性别对各因子独立样本 t 检验结果

		方差方程的 levene 检验		均值方程的 t 检验		
		F	显著性	T	df	显著性
参与意愿	方差齐性	0.050	0.824	0.007	807	0.994
	方差非齐性			0.007	796.673	0.994

根据方差方程的 levene 检验结果可知，参与意愿的显著性大于0.05，因此需要读取"方差齐次"情况下的结果。而 t 检验结果显著性为0.994，大于0.05，说明对于互助养老的意愿，不同性别的农村老人之间不存在显著差异。

2. 年龄对互助养老参与意愿的单因素方差分析

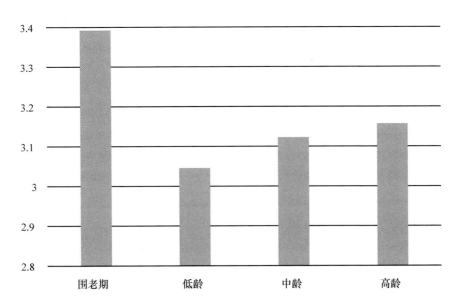

图 4 - 23　各年龄段老人对互助养老的参与意愿

表 4 - 42　　　　年龄对互助养老参与意愿的单因素方差分析结果

		平方和	df	均方	F	显著性
参与意愿	组间	5.871	3	1.957	3.579	0.014
	组内	440.198	805	0.547		
	总数	446.069	808			

　　参与意愿的显著性水平小于 0.05，说明不同年龄老人对互助养老的参与意愿存在显著差异。采用多重比较分析法进一步探讨不同年龄段老人互助养老参与意愿的差异。先进行方差齐次性检验，得到如下表所示结果：

表 4 - 43　　　　　　　不同年龄的方差齐次性检验

	Levene 统计量	df1	df2	显著性
参与意愿	0.736	3	805	0.530

　　参与意愿的 Levene 检验统计值的显著性水平为 0.530，大于 0.05，说明数据具有方差齐次性，需要读取"方差齐次"情况下的 t 检验结果。

表4-44 不同年龄的方差分析

（I）年龄	（J）年龄	均值差（I-J）	标准误	显著性
围老期	低龄	0.346*	0.110	0.002
	中龄	0.270*	0.112	0.016
	高龄	0.235	0.136	0.085
低龄	围老期	-0.346*	0.110	0.002
	中龄	-0.077	0.057	0.178
	高龄	-0.111	0.096	0.246
中龄	围老期	-0.270*	0.112	0.016
	低龄	0.077	0.057	0.178
	高龄	-0.035	0.098	0.724
高龄	围老期	-0.235	0.136	0.085
	低龄	0.111	0.096	0.246
	中龄	0.035	0.098	0.724

*均值差的显著性水平为0.05。

根据多重分析的结果可知，处于围老期的农村老年人和低龄、中龄老年人对于互助养老的参与意愿存在显著差异。相比于低龄和中龄老年人，处于围老期的农村老年人对于互助养老的参与意愿更高。而其他不同年龄

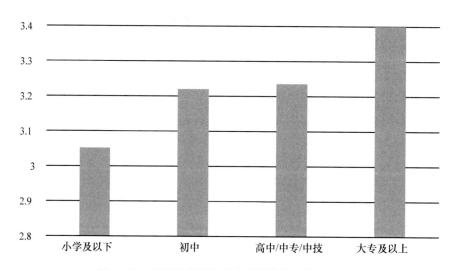

图4-24 不同文化程度老人对互助养老的参与意愿

段的农村老年人在这两个方面没有表现出显著差异。

3. 文化程度对于互助养老参与意愿的单因素方差分析

表4-45　　　　文化程度对互助养老参与意愿的单因素方差分析结果

		平方和	df	均方	F	显著性
参与意愿	组间	5.425	3	1.808	3.303	0.020
	组内	440.644	805	0.547		
	总数	446.069	808			

参与意愿的显著性水平小于0.05，说明不同文化程度的老年人对互助养老的参与意愿存在显著差异。采用多重比较分析法进一步探讨不同年龄段老人互助养老参与意愿的差异。先进行方差齐次性检验，得到如下表所示结果：

表4-46　　　　　不同年龄的方差齐次性检验

	Levene 统计量	df1	df2	显著性
参与意愿	2.160	3	805	0.091

参与意愿的 Levene 检验统计值的显著性水平为0.091，大于0.05，说明数据具有方差齐次性，需要读取"方差齐次"情况下的 t 检验结果。

表4-47　　　不同文化程度老年人互助养老参与意愿的多重比较结果

（I）文化程度	（J）文化程度	均值差（I-J）	标准误	显著性
小学及以下	初中	-0.168*	0.062	0.007
	高中/中专/中技	-0.184	0.108	0.090
	大专及以上	-0.348	0.332	0.295
初中	小学及以下	0.168*	0.062	0.007
	高中/中专/中技	-0.015	0.117	0.895
	大专及以上	-0.180	0.335	0.591

续表

（I）文化程度	（J）文化程度	均值差（I－J）	标准误	显著性
高中/中专/中技	小学及以下	0.184	0.108	0.090
	初中	0.015	0.117	0.895
	大专及以上	－0.165	0.347	0.635
大专及以上	小学及以下	0.348	0.332	0.295
	初中	0.180	0.335	0.591
	高中/中专/中技	0.165	0.347	0.635

＊均值差的显著性水平为 0.05。

　　根据多重分析的结果可知，文化程度为小学及以下的农村老年人和受过初中教育的老年人对于互助养老的参与意愿存在显著差异。相比于受过初中教育的老年人，文化程度为小学及以下的农村老年人对于互助养老的参与意愿更低。而其他不同年龄段的农村老年人在这两个方面没有表现出显著差异。

　　4. 职业对于互助养老参与意愿的单因素方差分析

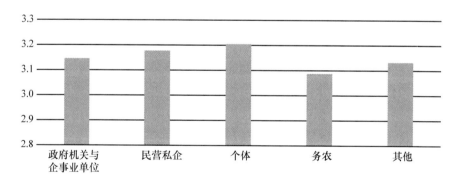

图 4-25　不同职业老年人对互助养老的参与意愿

表 4-48　　　　职业对互助养老参与意愿的单因素方差分析结果

		平方和	df	均方	F	显著性
参与意愿	组间	0.972	4	0.243	0.439	0.780
	组内	445.097	804	0.554		
	总数	446.069	808			

参与意愿的显著性水平大于0.05，说明不同职业的老年人对互助养老的参与意愿不存在显著差异。

5. 健康状况对于互助养老参与意愿的单因素方差分析

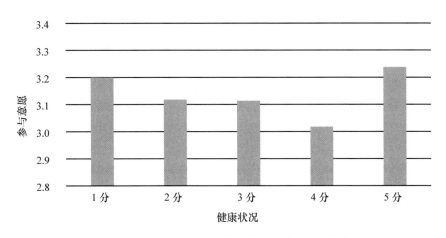

图4-26　不同健康状况老年人对互助养老的参与意愿

表4-49　　　　健康状况对互助养老参与意愿的单因素方差分析结果

		平方和	df	均方	F	显著性
参与意愿	组间	4.939	4	1.235	2.250	0.062
	组内	441.130	804	0.549		
	总数	446.069	808			

参与意愿的显著性水平为0.062，大于0.05，说明不同健康状况的老年人对互助养老的参与意愿不存在显著差异。

6. 婚姻状况对于互助养老参与意愿的单因素方差分析

表4-50　　　　婚姻状况对互助养老参与意愿的单因素方差分析结果

		平方和	df	均方	F	显著性
参与意愿	组间	0.659	3	0.220	0.397	0.755
	组内	445.410	805	0.553		
	总数	446.069	808			

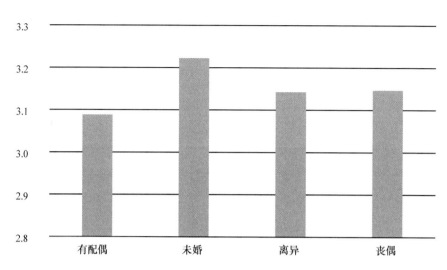

图 4 - 27　不同婚姻状况老年人对互助养老的参与意愿

参与意愿的显著性水平为 0.755，大于 0.05，说明不同婚姻状况的老年人对互助养老的参与意愿不存在显著差异。

7. 子女数量对于互助养老参与意愿的单因素方差分析

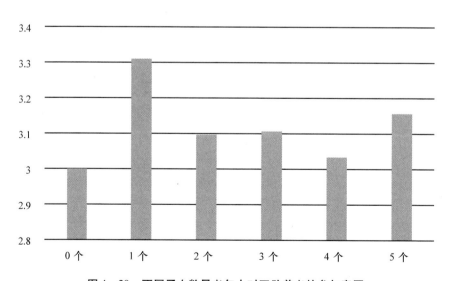

图 4 - 28　不同子女数量老年人对互助养老的参与意愿

表 4 – 51　　　子女数量对互助养老参与意愿的单因素方差分析结果

		平方和	df	均方	F	显著性
参与意愿	组间	3.796	5	0.759	1.379	0.230
	组内	442.273	803	0.551		
	总数	446.069	808			

参与意愿的显著性水平为 0.230，大于 0.05，说明不同子女数量的老年人对互助养老的参与意愿不存在显著差异。

8. 代际关系对于互助养老参与意愿的单因素方差分析

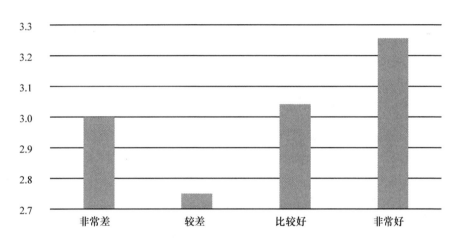

图 4 – 29　不同代际关系的老人互助养老参与意愿

表 4 – 52　　　代际关系对互助养老参与意愿的单因素方差分析结果

		平方和	df	均方	F	显著性
参与意愿	组间	11.480	3	3.827	7.061	0.000
	组内	429.229	792	0.542		
	总数	440.709	795			

表 4 – 52 显示，参与意愿的显著性水平小于 0.05，说明不同代际关系下的老年人对互助养老的参与意愿存在显著差异。采用多重比较分析法进一步探讨不同代际关系下老年人互助养老参与意愿的差异。先进行方差齐次性检验，得到如下表所示结果：

表 4－53   不同代际关系的方差齐次性检验

	Levene 统计量	df1	df2	显著性
参与意愿	2.777	3	792	0.040

参与意愿的 Levene 检验统计值的显著性水平为 0.040，小于 0.05，说明数据具有方差非齐次性，需要读取"方差非齐次"情况下的 t 检验结果。

表 4－54   不同代际关系老人互助养老参与意愿的多重比较结果

（I）代际关系	（J）代际关系	均值差（I－J）	标准误	显著性
	较差	0.250	0.162	0.586
非常差	比较好	－0.041	0.034	0.793
	非常好	－0.256*	0.042	0.000
	非常差	－0.250	0.162	0.586
较差	比较好	－0.291	0.166	0.436
	非常好	－0.506*	0.167	0.033
	非常差	0.041	0.034	0.793
比较好	较差	0.291	0.166	0.436
	非常好	－0.215*	0.054	0.000
	非常差	0.256*	0.042	0.000
非常好	较差	0.506*	0.167	0.033
	比较好	0.215*	0.054	0.000

＊均值差的显著性水平为 0.05。

根据多重分析的结果可知，代际关系非常好的农村老年人和其他老年人对于互助养老的参与意愿存在显著差异。相比于代际关系更差的老年人，代际关系非常好的农村老年人对于互助养老的参与意愿更高。而其他不同年龄段的农村老年人在这两个方面未表现出显著差异。

9. 居住方式对于互助养老参与意愿的单因素方差分析

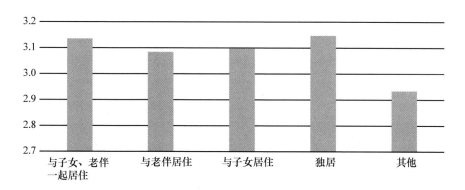

图 4-30　不同居住方式老年人对互助养老的参与意愿

表 4-55　　　居住方式对互助养老参与意愿的单因素方差分析结果

		平方和	df	均方	F	显著性
参与意愿	组间	1.009	4	0.252	0.456	0.768
	组内	445.060	804	0.554		
	总数	446.069	808			

参与意愿的显著性水平为 0.768，大于 0.05，说明不同居住方式的老年人对互助养老的参与意愿不存在显著差异。

六　互助养老参与意愿的影响因素

维度一：养老保障能力。互助养老作为一种低成本的新型养老模式，是对我国现行养老保障体系的超越性补充（欧旭理、胡文根，2017）[1]，可以对其他传统的独立养老、家庭养老、社会养老等养老方式构成替代。依据理性人假设，当老人从既有养老保障体系中难以获得足够养老保障资源时，其可能会更愿意选择互助养老以获取更多的养老服务。若老人具备能力获得足够的养老资源时，则会不愿意参与互助养老。于长永（2019）发现，家庭规模越大、所在地区经济越好、银行存款越多、健康状况越好时，即农村老人的家庭保障能力、社会保障能力、独立保障能力越强时，

---

① 欧旭理、胡文根：《中国互助养老典型模式及创新探讨》，《求索》2017 年第 11 期。

老人参与互助养老的意愿越低。基于此，提出假设 1 如下：

H1a：老人养老保障能力越强，对于互助养老的认同度越弱。

H1b：老人养老保障能力越强，参与互助养老的意愿越弱。

维度二：社会交往意愿。除了提供养老服务，互助养老的另一核心特征是"互助"。互助养老提倡积极老龄化，不再将老人群体仅视为服务的需求者，而将老人群体分类看待，部分有能力和责任感强的老人也可以成为养老服务的提供者。互助养老是相同代际或不同代际之间养老资源、服务的交换（景军、赵芮，2015；钟仁耀等，2020)①，是深刻嵌入社会情境中的个体之间的交互活动。当老人自身参与社交活动的主动性较强时，更可能与其他老人建立联系，分享彼此的需求，也就更有条件激发互助行为的产生。基于此，提出假设 2 如下：

H2a：老人参与社交活动的主动性越高，对于互助养老的认同度越强。

H2b：老人参与社交活动的主动性越高，参与互助养老的意愿越强。

维度三：社会规范约束。作为一种互助行为，老人所处村落的社会规范的外在约束力也有可能影响老人对于互助养老的认同和参与意愿。这是因为，社会规范不仅会增强服务提供者帮助其他老人的责任感，还会增强村庄的互助氛围，拉近服务提供者和受助者间的距离，并让互助养老的服务提供者产生在未来获得相应养老服务回报的预期。王辉研究发现，宗族内部的团结会促进农村互助养老形成和连带福利的生产②。基于此，提出假设 3 如下：

H3a：老人受到的来自所处村落社会网络的规范性制约力量越强，对于互助养老的认同度越强。

H3b：老人受到的来自所处村落社会网络的规范性制约力量越强，参与互助养老的意愿越强。

维度四：互助养老认同度。老人对于互助养老的认同度也会直接影响老人参与互助养老的意愿，但老人的互助养老效益观和条件观是否对互助养老参与意愿具有相同影响需要进一步探究。由于效益观是指老人认同互

---

① 景军、赵芮：《互助养老：来自"爱心时间银行"的启示》，《思想战线》2015 年第 4 期；钟仁耀、王建云、张继元：《我国农村互助养老的制度化演进及完善》，《四川大学学报》（哲学社会科学版）2020 第 1 期。

② 王辉：《村庄结构、赋权模式与老年组织连带福利比较研究》，《中国农村观察》2020 第 4 期。

表4-56

变量内涵和测量

变量名	定义	次级指标	理论借鉴
控制变量	无关变量	性别	—
		年龄	(于长永, 2019; 杨静慧, 2020) [1]
		文化程度	(郝亚亚、毕红霞, 2018) [2]
		职业性质	—
		健康自评	(张丽、毕红霞, 2018; 郝亚亚、毕红霞, 2018; 于长永, 2019; 杨静慧, 2020) [3]
		婚姻状况	(于长永, 2019; 杨静慧, 2020)
		子女数量	(于长永, 2019)
养老保障能力	老人获取养老保障资源的能力	代际关系	(于长永, 2019; 杨静慧, 2020)
		抚育孙辈	—
		居住方式	(张丽、毕红霞, 2018)
		家务农活	—
		家庭年收入	(张丽、毕红霞, 2018; 杨静慧, 2020)
		养老保险	(于长永, 2019)

① 于长永:《农村老年人的互助养老意愿及其实现方式研究》,《华中科技大学学报》(社会科学版) 2019 第 2 期第 33 卷; 杨静慧:《农村老人互助养老意愿及政策启示——基于江苏的实证研究》,《兰州学刊》2020 年第 4 期。
② 郝亚亚、毕红霞:《山东省农村老人社区互助养老意愿及影响因素分析》,《西北人口》2018 年第 2 期。
③ 张丽、毕红霞:《基于 SEM 的农村互助养老选择意愿及影响因素分析》,《调研世界》2018 年第 12 期。

续表

变量名	定义	次级指标	理论借鉴
社会交往意愿	老人与他人进行交往互动的主动性	邻里关系	（杨静慧，2020）
		赶集活动	—
社会规范约束	老人受到的来自于所处村落社会网络的规范性制约力量	老年社团	（邓燕华、阮横俯）①
		宗族关联	许烺光②；Lily L. Tsai③
		互助传统	（景军、赵芮）④
		社会舆论	陈柏峰⑤；贺雪峰⑥
互助养老认同度	对互助养老产生正效益与条件的认知与参与制约程度	减少孤独	（杨静慧，2016；郝亚亚、毕红霞，2018）⑦
		减轻子女负担	（杨静慧，2016）
		具有意义	（杨静慧，2016）
		满足养老需求	杨静慧；贺雪峰
		获得物质报酬	（张志雄、孙建娥）⑧
		结交朋友	—

① 邓燕华、阮横俯：《农村银色力量何以可能？——以浙江老年协会为例》，《社会学研究》2008年第6期。
② 许烺光：《宗族·种姓·俱乐部》，薛刚译，北京华夏出版社1990年版。
③ TSAI L. L. Solidary groups, informal accountability, and local public goods provision in rural China. American Political Science Review, No. 2, 2007, pp. 355–372.
④ 景军、赵芮：《互助养老：来自"爱心时间银行"的启示》，《思想战线》2015年第4期。
⑤ 陈柏峰：《熟人社会：村庄秩序机制的理想型探究》，《社会》2011年第1期。
⑥ 贺雪峰：《如何应对农村老龄化——关于建立农村互助养老的设想》，《中国农业大学学报》（社会科学版）2019年第3期。
⑦ 杨静慧：《互助养老模式：特质、价值与建构路径》，《中州学刊》2016年第3期。
⑧ 张志雄、孙建娥：《多元化养老格局下的互助养老》，《老龄》2015年第5期。

续表

变量名	定义	次级指标		理论借鉴
互助养老认同度	对互助养老产生效益与参与条件的认同程度	存在时间银行	（景军、赵芮），欧旭理，胡文根	
		对象亲近	—	
		子女支持	—	
		时间充裕	—	
互助养老参与意愿	参与互助养老的意愿程度	参与意愿	—	

表 4 – 57 变量名称及描述性统计

	变量	变量定义	均值	标准差	预计方向
被解释变量	参与意愿	非常不愿意 =1；比较不愿意 =2；比较愿意 =3；非常愿意 =4	3.11	0.743	
	认同度	单位：分	26.73	5.490	+
	效益观	单位：分	8.16	2.525	+
	条件观	单位：分	34.89	8.020	–
控制变量	性别	男 =1；女 =0	0.53	0.499	
	年龄	单位：岁	2.43	1.387	+
养老保障能力	个人保障因素	文化程度	小学及以下 =1；初中 =2；高中/中专/中技 =3；大专及以上 =4	1.38	0.632	–
		职业性质	务农 =1；非务农 =0	0.78	0.417	+
		健康自评	1 分 =1；2 分 =2；3 分 =3；4 分 =4；5 分 =5	3.49	1.041	–
	家庭保障因素	婚姻状况	有配偶 =1；无配偶（含丧偶）=0	1.78	1.304	–
		子女数量	单位：个	2.93	1.186	
		代际关系	非常差 =1；较差 =2；比较好 =3；非常好 =4	3.31	0.559	–
		抚育孙辈	带孙子 =1；不带孙子 =0	0.29	0.453	
		居住方式	独居 =1；非独居 =0	0.15	0.358	
		家务农活	非常少 =1；较少 =2；比较多 =3；非常多 =4	2.39	1.040	
		家庭年收入	单位：万元	2.78	3.157	–
	社会保障因素	养老保险	可以获得 =1；不可获得 =0	0.46	0.499	–
社交偏好	邻里互动	很少 =1；较少 =2；较多 =3；很多 =4	2.63	0.851	+
	赶集活动	很少 =1；较少 =2；较多 =3；很多 =4	2.22	0.960	+
	老年社团	加入老年社团 =1；未加入老年社团 =0	0.14	0.346	+
社会规范	宗族关联	非常弱 =1；比较弱 =2；比较强 =3；非常强 =4	2.74	0.692	+
	互助传统	非常弱 =1；比较弱 =2；比较强 =3；非常强 =4	2.68	0.674	+
	社会舆论	非常弱 =1；比较弱 =2；比较强 =3；非常强 =4	2.55	0.735	+

助养老能产生多种符合老人期待的养老效益，所以猜测其对于参与意愿的影响是正向的。而条件观是指当互助养老满足一定条件时，老人更愿意参与互助养老，反映出老人对于互助养老的要求，所以猜测其对于参与意愿的影响是负向的。基于此，提出假设4如下：

H4a：老人对于互助养老的认同度越高，参与互助养老的意愿越强。

H4b：老人对于互助养老效益观越强，参与互助养老的意愿越强。

H4c：老人对于互助养老条件观越弱，参与互助养老的意愿越强。

（一）认同度的相关与回归

表4-58　　　　　　　农村老人对于互助养老认同度的回归结果

		变量名称	模型1		模型2		模型3	
			系数	显著性	系数	显著性	系数	显著性
		截距	26.093***	0.000	24.584***	0.000	17.227***	0.000
控制变量		性别	0.309	0.440	0.304	0.449	0.089	0.819
		年龄	0.015	0.668	0.014	0.689	0.038	0.272
养老保障能力	个人保障因素	文化程度	0.772**	0.020	0.723**	0.030	0.596*	0.064
		职业	2.157***	0.000	2.167***	0.000	1.693***	0.001
		健康状况	0.566***	0.005	0.549***	0.007	0.619***	0.002
	家庭保障因素	婚姻状况	-0.406	0.493	-0.430	0.467	-0.378	0.508
		子女数量	-0.234	0.200	-0.198	0.283	-0.205	0.262
		代际关系	1.148***	0.002	1.206***	0.001	0.747**	0.037
		抚育孙辈	0.343	0.443	0.388	0.385	0.388	0.368
		居住方式	-0.253	0.711	-0.273	0.689	-0.110	0.868
		家务农活	-0.242	0.235	-0.226	0.278	-0.078	0.700
		家庭年收入	0.001	0.994	-0.031	0.645	-0.052	0.420
	社会保障因素	养老金	1.189***	0.004	0.911**	0.033	0.919**	0.026
社交偏好		邻里互动			0.148	0.546	0.138	0.563
		赶集活动			0.526**	0.016	0.470**	0.028
		老年社团			0.152	0.797	0.180	0.753

续表

	变量名称	模型 1		模型 2		模型 3	
		系数	显著性	系数	显著性	系数	显著性
社会关联	宗族关联					0.606 **	0.043
	互助传统					0.900 ***	0.002
	社会舆论					1.331 ***	0.000
模型显著性	R 方	0.070	0.079	0.148			
	调整后 R 方	0.054	0.059	0.128			
	显著性水平	0.000	0.000	0.000			

注：***、**、*分别表示1%、5%、10%的统计显著性水平。

1. 养老保障能力对于农村老人互助养老的认同度具有显著正向影响

个人保障因素方面，文化程度、职业和健康状况对于农村老人互助养老的认同度具有显著影响。文化程度在模型一、模型二和模型三中分别通过了5%、5%和10%统计水平的显著性检验，且系数均为正。这说明文化程度对于农村老人互助养老的认同度具有显著的正向影响，文化程度越高，农村老人对于互助养老的认同度越高。文化程度越高，一方面意味着老人具有更高的认知水平和视野宽广度，更易接受互助养老，另一方面意味着老人的健康管理观念和技能越强，相对的经济社会地位也更高，获取养老保障资源的能力更强。依据假设1a，其对于农村老人互助养老的认同度应具有显著的负向影响，结果与假设1a不符。职业在模型一、模型二和模型三中均通过了1%统计水平的显著性检验，且系数均为正。这说明职业对于农村老人参与互助养老意愿具有显著的正向影响，当职业为务农时，老人对互助养老意愿认同度会更高。依据假设1a，当老人职业为务农时，意味着老人的养老保障能力相对较弱，老人对于互助养老的认同应该相对较高，回归结果与假设1a相符。健康状况在模型一、模型二和模型三中均通过了1%统计水平的显著性检验，且系数均为正。这说明健康状况对于农村老人互助养老的认同度具有显著的正向影响，健康状况越好，农村老人对互助养老的认同度越高。健康状况越好，说明老人更有能力通过自身满足养老需要。依据假设1a，其对于农村老人互助养老的认同度应具有显著的负向影响，结果与假设1a不符。

家庭保障因素方面，代际关系对于农村老人的互助养老认同度具有显著影响。代际关系在模型一、模型二和模型三中分别通过了 5%、5% 和 10% 统计水平的显著性检验，且系数均为正。这说明代际关系对于农村老人的互助养老认同度具有显著的正向影响，老人与子女的关系越好，老人对于互助养老的认同度越高。老人与子女的关系越好意味着老人可以从子女处获得更多的养老资源和服务，老人的养老保障能力相对较强。依据假设 1a，代际关系应对老人互助养老的认同度产生负向影响，但回归结果与假设 1a 不符。

社会保障因素方面，养老金对于农村老人的互助养老认同度具有显著影响。代际关系在模型一、模型二和模型三中分别通过了 1%、5% 和 5% 统计水平的显著性检验，且系数均为正。这说明养老金对于农村老人互助养老认同度具有显著的正向影响，如果老人可以获得养老金，老人对于互助养老的认同度会更高。老人可以获得养老金意味着老人可以从社会保障体系中获得更多的养老资源，老人的养老保障能力相对较强。依据假设 1a，养老金应对老人互助养老的认同度产生负向影响，但回归结果与假设 1a 不符。

由上述可见，农村老人的养老保障能力越强，即老人可以获得的养老保障资源越多，其对于互助养老的认同度越高，假设 1a 不成立。

2. 社交偏好对于农村老人互助养老的认同度具有显著正向影响

赶集活动对于农村老人参与互助养老意愿具有显著影响。赶集活动在模型二和模型三中均通过了 5% 统计水平的显著性检验，且系数均为正。这说明赶集活动对于农村老人互助养老认同度具有显著的正向影响，老人去茶馆、集市、文化悠闲室等场所的频率越高，老人对于互助养老的认同度越高。老人赶集活动频率高意味着老人更愿意外出进行社会交往活动，老人参与社会交往的主动性相对较强。且不同于邻里活动和参加老年社团，在赶集活动中，老人接触到的是其他村子的老人等陌生人。也就是说，赶集活动频率高的老人对于不熟悉的老人可能具有更高的交际意愿。依据假设 2a，赶集活动应对老人互助养老的认同度产生正向影响，回归结果与假设 2a 相符。

3. 社会规范对于农村老人互助养老的认同度具有显著正向影响

社会规范方面，宗族关联、互助传统和社会舆论对于农村老人互助养老的认同度具有显著影响。宗族关联在模型三中通过了 5% 统计水平的显著性检验，系数为正。这说明宗族关联对于农村老人的互助养老认同度具有显著的正向影响，老人所处村庄的宗族（家族）关联程度越高，其对于互助养老的认同度相对更强。

互助传统在模型三中通过了1%统计水平的显著性检验，系数为正。这说明互助传统对于农村老人参与互助养老意愿具有显著的正向影响，老人所处村庄生产生活中的互助传统越强，其参与互助养老的意愿相对更强。

社会舆论在模型三中通过了1%统计水平的显著性检验，系数为正。这说明社会舆论对于农村老人互助养老的认同度具有显著的正向影响，老人所处村庄的社会舆论作用越强，其参与互助养老的意愿相对更强。

由上述可见，老人受到的来自所处村落社会网络的规范性制约力量越强，老人对于互助养老的认同度越强，假设3a成立。

（二）参与意愿的相关与回归

表4-59　　　　　　　　农村老人对于互助养老参与意愿的回归结果

	变量名称	模型4		模型5		模型6	
		系数	显著性	系数	显著性	系数	显著性
	截距	2.293 ***	0.000	2.200 ***	0.000	1.332 ***	0.004
控制变量	性别	-0.048	0.387	-0.048	0.390	-0.079	0.149
	年龄	0.001	0.791	0.001	0.782	0.004	0.400
个人保障因素	文化程度	0.117 **	0.011	0.116 **	0.012	0.104 **	0.022
	职业	0.102	0.166	0.102	0.167	0.031	0.669
	健康状况	-0.008	0.784	-0.009	0.747	-0.004	0.891
家庭保障因素	婚姻状况	-0.066	0.420	-0.066	0.423	-0.057	0.472
	子女数量	-0.011	0.660	-0.011	0.665	-0.017	0.512
	代际关系	0.192 ***	0.000	0.195 ***	0.000	0.140 ***	0.005
	带孙子	-0.034	0.578	-0.033	0.596	-0.033	0.581
	是否独居	0.008	0.929	0.006	0.945	0.023	0.805
	家务农活时间	-0.028	0.322	-0.027	0.347	-0.017	0.547
	家庭年收入	0.011	0.223	0.010	0.294	0.007	0.459
社会保障因素	养老金	0.068	0.228	0.056	0.341	0.061	0.290

养老保障能力

续表

变量名称		模型4		模型5		模型6	
		系数	显著性	系数	显著性	系数	显著性
社交偏好	邻里互动			0.008	0.825	0.004	0.907
	赶集活动			0.034	0.259	0.031	0.309
	老年社团			−0.038	0.646	−0.024	0.767
社会关联	宗族关联					0.096 **	0.022
	互助传统					0.167 ***	0.000
	社会舆论					0.090 **	0.020
模型显著性	R 方	0.043		0.045		0.148	
	调整后 R 方	0.026		0.024		0.128	
	显著性水平	0.002		0.005		0.000	

注：***、**、*分别表示1%、5%、10%的统计显著性水平。

1. 养老保障能力对于农村老人参与互助养老意愿具有显著正向影响

个人保障因素方面，文化程度对于农村老人参与互助养老意愿具有显著影响。文化程度在模型四、模型五和模型六中均通过了5%统计水平的显著性检验，且系数均为正。这说明文化程度对于农村老人参与互助养老的意愿具有显著的正向影响，文化程度越高，农村老人参与互助养老的意愿越高。

家庭保障因素方面，代际关系对于农村老人参与互助养老意愿具有显著影响。代际关系在模型四、模型五和模型六中均通过了1%统计水平的显著性检验，且系数均为正。这说明代际关系对于农村老人参与互助养老意愿具有显著的正向影响，老人与子女的关系越好，老人参与互助养老的意愿越高。

综上，养老保障能力对于农村老人参与互助养老意愿具有显著正向影响，假设1b不成立。

2. 社交偏好对于农村老人参与互助养老意愿不具有显著影响

社交偏好方面，邻里互动、赶集活动和老年社团对于农村老人参与互助养老意愿的影响缺乏统计学意义，不具有显著影响，假设2b不成立。

3. 社会规范对于农村老人参与互助养老意愿具有显著影响

社会规范方面，宗族关联、互助传统和社会舆论对于农村老人互助养

表4-60

农村老人对于互助养老参与意愿的回归结果

变量名称		模型7 系数	显著性	模型8 系数	显著性	模型9 系数	显著性	模型10 系数	显著性
控制变量	截距	0.149	0.713	0.570	0.103	2.237***	0.000	1.111***	0.002
个人保障因素	性别	-0.085	0.075	-0.101**	0.015	-0.096*	0.060	-0.108***	0.008
	年龄	0.001	0.729	0.004	0.279	0.008*	0.079	0.006*	0.093
	文化程度	0.063	0.113	0.020	0.567	0.067	0.114	0.008	0.822
	职业	-0.085	0.183	-0.079	0.154	0.078	0.253	-0.045	0.404
	健康状况	-0.046*	0.053	-0.037*	0.072	0.021	0.404	-0.021	0.292
养老保障能力 家庭保障因素	婚姻状况	-0.031	0.651	-0.047	0.436	-0.085	0.253	-0.063	0.288
	子女数量	-0.003	0.903	-0.007	0.707	-0.027	0.257	-0.014	0.475
	代际关系	0.089**	0.043	0.029	0.449	0.087**	0.066	0.010	0.781
	带孙子	-0.060	0.255	-0.023	0.622	0.020	0.722	0.005	0.920
	是否独居	0.030	0.707	-0.040	0.569	-0.063	0.463	-0.080	0.244
	家务农活时间	-0.012	0.635	-0.007	0.748	-0.013	0.617	-0.006	0.783
	家庭年收入	0.010	0.193	0.005	0.429	0.000	0.975	0.002	0.777
社会保障因素	养老金	-0.002	0.964	0.001	0.991	0.086	0.111	0.019	0.661
社交偏好	邻里互动	-0.006	0.848	-0.027	0.288	-0.018	0.555	-0.036	0.145
	赶集活动	-0.002	0.947	0.004	0.866	0.048	0.085	0.015	0.489
	老年社团	-0.036	0.605	0.012	0.846	0.037	0.616	0.041	0.490

续表

	变量名称	模型7		模型8		模型9		模型10	
		系数	显著性	系数	显著性	系数	显著性	系数	显著性
社会关联	宗族关联	0.054	0.138	0.008	0.809	0.055	0.162	-0.006	0.839
	互助传统	0.106***	0.003	0.088***	0.005	0.168***	0.000	0.095***	0.002
	社会舆论	-0.001	0.973	-0.039	0.199	0.077**	0.033	-0.035	0.237
认同度	认同度（总）	0.069***	0.000						
	效益观			0.088***	0.000			0.081***	0.000
	条件观					-0.105***	0.000	-0.055***	0.000
模型显著性	R方	0.316	0.079	0.218	0.508				
	调整后R方	0.297	0.059	0.197	0.494				
	显著性水平	0.000	0.000	0.000	0.000				

老的认同度具有显著影响。宗族关联在模型六中通过了 5% 统计水平的显著性检验，系数为正。这说明宗族关联对于农村老人参与互助养老意愿具有显著的正向影响，老人所处村庄的宗族（家族）关联程度越高，其参与互助养老的意愿相对更强。

互助传统在模型六中通过了 1% 统计水平的显著性检验，系数为正。这说明村庄的生产生活互助传统对于农村老人参与互助养老意愿具有显著的正向影响，老人所处村庄的生产生活互助传统越强，其参与互助养老的意愿相对更强。

社会舆论在模型六中通过了 5% 统计水平的显著性检验，系数为正。这说明村庄的社会舆论对于农村老人参与互助养老意愿具有显著的正向影响，老人所处村庄的社会舆论越强，其参与互助养老的意愿相对更强。

由上述可见，老人受到的来自所处村落社会网络的规范性制约力量越强，老人参与互助养老的意愿越强，假设 3b 成立。

4. 老人互助养老的认同度对于农村老人参与互助养老意愿具有显著影响

认同度在模型七中通过了 1% 统计水平的显著性检验，系数为正。这说明老人互助养老的认同度对于其参与互助养老意愿具有显著的正向影响，老人互助养老的认同度越高，其参与互助养老的意愿相对更强，假设 4a 成立。

效益观在模型八和模型十中通过了 1% 统计水平的显著性检验，系数均为正。这说明老人互助养老的效益观对于其参与互助养老意愿具有显著的正向影响，老人对互助养老的效益观认同度越高，其参与互助养老的意愿相对更强，假设 4b 成立。

条件观在模型九和模型十中通过了 1% 统计水平的显著性检验，系数均为负。这说明老人互助养老的条件观对于其参与互助养老意愿具有显著的负向影响，老人对互助养老的条件观认同度越高，其参与互助养老的意愿相对更弱，假设 4c 成立。

七　结论与启示

（一）基本结论

1. 农村老人的生活现状

在本次调查获取的 809 个样本中，就个体情况来看，男性老人居多，有 429 人（53.0%）；老人的平均年龄为 68.98 岁，60 岁到 69 岁的低龄老人数量最多，共有 394 人（48.7%），80 岁及以上高龄老人的数量为 73 人（9.0%），低龄老人与高龄老人开展代际互助存在现实基础；老人受教育程度普遍较低，小学及以下受教育程度的老人有 562 人（69.5%），对互助养老这一新型养老理念的推广产生一定阻碍；务农的老人有 628 人（77.6%）；多数老人健康状况较好，老人自评健康状况（五分制）的平均得分为 3.49，女性老人和高龄老人的健康状况较差。

在家庭情况方面，有配偶且配偶健在的老人有 589 人（72.8%），值得关注的是，至少有四分之一的老人无法从老伴处获得养老支持，而这部分老人的健康状况与其他老人相比明显更差；农村老人的平均子女数量约为 3 个，低龄老人的子女数量相对更少，呈现少子化特征，60 岁到 64 岁老人子女数量在 2 个及以下的比例为 51.1%，传统的反哺式家庭养老模式面临压力；老人与子女的代际关系普遍较好，与子女关系比较好和非常好的分别有 486 人（61.1%）和 281 人（35.3%），低龄老人和高文化程度老人的代际关系良好；抚育孙辈是农村老人，特别是低龄老人重要的生活内容，需要抚育孙辈的老人为 229 人（28.8%），低龄老人抚育孙辈的比例相对更高，60 岁到 64 岁年龄段的老人比例为 46.2%；独居的老人有 112 人（15.1%），且独居老人的健康状况较差。

农村老人家庭平均年收入为 27768 元，收入的主要来源为养老保险、劳动所得和子女赡养，支出内容主要为衣食住行和医疗；农村老人从事农活和家务的压力并不是太大，投入农活和家务的时间较少和很少的老人分别有 250 人（30.9%）和 195 人（24.1%）；邻里互动较为频繁，到邻居家串门次数较多和很多的老人分别有 373 人（46.1%）和 111 人（13.7%）；到茶馆、集市、文化休闲室等场所次数较少和很少的老人分别有 251 人（31.0%）和 228 人（28.2%）；参与老年协会、老年电大等社团组织的老人有 112 人（13.8%），老年社团的多数参与者认为老年社团具有吸引力；当子女不在身边时，老人可以依靠的对象主要是老伴、亲友和邻居，大体上符合亲疏远近的差序格局；基于血缘的宗族关联仍在农村有着较为广泛的影响力，认为村内宗族或家族关联程度比较强和非常强的老人分别为 518 人（64.0%）和 66 人（8.2%）；农村具有较强的生产生活互助传统，认为村内生产生活互助传统比较强和非常强的老人分别为 477 人（59.0%）和 55 人（6.8%）；社会舆论在村庄社会具有较强影响力，认为村内社会舆论作用强度比较强和非常强的老人分别为 421 人（52.0%）和 48 人（5.9%）。

2. 农村老人互助养老认同度和意愿的影响因素

通过因子分析，可将互助养老认同度划分为效益观和条件观两个维度。效益观表示当互助养老能产生多种符合老人期待的养老效益时，农村老人会更愿意考虑参与互助养老，并且这些互助养老产生的效益多直接面向老人自身。条件观表示当老人自身和家庭满足一定的条件时，农村老人会更愿意考虑参与互助养老。就群体差异来看，不同性别老人的认同度不存在显著差异；围老期老人的认同度（总）和效益观均显著高于其他年龄段老人；相对于文化程度为初中的老人，文化程度为小学及以下的老人效益观更强，其条件观更弱；相比于其他老人，曾在民营私企工作的农村老人的互助养老认同度（总）和条件观更弱；相对于其他老人，健康状况为5 分的农村老人的互助养老效益观和认同度（总）更强。

就互助养老的参与意愿来看，农村老人愿意参与互助养老的比例（81.4%）较高，非常愿意和比较愿意参与互助养老的比例分别为 31.3%和 50.1%。不同性别、职业、健康状况、婚姻状况、子女数量、居住方式的农村老人之间的参与意愿不存在显著差异；相比于低龄老人和中龄老人，围老期老人对于互助养老的参与意愿更高；相比于受过初中教育的老人，文化程度为小学及以下的农村老人对于互助养老的参与意愿更低；相比于代际关系较差的老人，代际关系非常好的农村老人对于互助养老的参与意愿更高。

养老保障能力对于农村老人互助养老的认同度和参与意愿具有显著正向影响，个人保障方面文化程度越高、身体健康状况越好的老人，家庭保障方面代际关系越好的老人，社会保障方面可以获得养老保险的老人，对于互助养老的认同度更高。文化程度越高、代际关系越好的老人，对于互助养老的参与愿意更高。这说明，虽然互助养老可以对其他传统的独立养老、家庭养老、社会养老等养老方式构成替代，但就本次调研结果来看，养老保障能力对于农村老人互助养老认同度和参与意愿的挤入效应更为明显，即养老保障能力更强的老人，在自身有养老保障的基础上，会更为认同互助养老并具有更高的参与意愿。

对此的解释是，一方面，根据马斯洛需求层次理论，当人的较低层次的需求得到满足后，会产生实现更高层次需求的动机，如自我实现的需要。当农村一部分老人具备较好的养老保障能力时，如身体健康、生活宽裕的老人，有时间和精力与其他老人打交道以及为其他老人提供一定服务。这也贴合互助养老所提倡的积极老龄化的观念，即积极地将部分身体健康、生活宽裕、具有一定服务技能、责任感强的老年人视为一种资源，组织和发动他们为其他有困难、有需求的老人提供必要的帮助，进而实现其个人价值与社会价值、老有所养与老有所为的协调统一。若仅组织困难老人（养老保障能力相对较弱的老人）"抱团"养老，这种方式不仅可行性较低，且缺乏可持续性。另一方面，由于当前互助养老实践尚未成熟，农村互助养老实践其实具有一定的参与门槛，这或成为限制养老保障能力相对较弱老人参与积极性的关键因素。虽然我国各地地方政府均较为重视养老事业的发展，推行了多种多样的互助养老创新实践模式，但就整体来看，互助养老的实践模式大多处于初级发展阶段。服务内容主要是以精神慰藉为主的娱乐活动，相对缺乏生活照料、医疗照护等专业化服务。对于出行不便、健康状况较差的老人而言，其更需要生活照料、医疗照护等专业化服务，而到指定场所参与谈心、棋牌等娱乐活动较为困难，且存在一定安全风险。同时，互助形式的制度化程度较为有限，缺乏成熟的代际互惠机制。我国人情社会的特点在农村更为显著，许多村庄都存在自发的互助传统。互助便是有来有往，受到帮助就是欠人家一个人情，最后都要以某种形式返还给提供帮助的一方。但农村养老保障能力相对较弱的老人多数情况下是养老服务的享受者而非提供者，其可能更希望通过自己或自家人解决生活上的问题。因此，互助养老应建立完善的代际互惠机制，即低龄老人在帮助高龄老人后，可以在将来享受下一代低龄老人的帮助。如此，有条件和热心肠的老人在提供服务、输出自己的余热后，不仅可以获得道义上的精神激励，还可以获得将来的养老服务保障，促进互助养老从自发行为转向制度化发展。

社交偏好对于农村老人互助养老的认同度具有显著正向影响，但对互助养老参与意愿不具有影响。老人去茶馆、集市、文化休闲室等场所的频率越高，老人对于互助养老的认同度越高。老人参与赶集等活动频率高意味着老人更愿意外出进行社会交往活动，老人参与社会交往的主动性相对较强。不同于邻里活动和参加老年社团，在赶集活动中，老人接触到的是其他村子的老人等陌生人。也就是说，对于陌生老人具有更高的交际意愿的老人对互助养老的认同度更高。需要采取措施降低互助老人之间的距离感，如让交际意愿低的老人与其邻里、亲友结对互助，让交际意愿高的高人负责与社会关系少的老人开展志愿服务类互助，根据老人的社交偏好选择合适的互助形式。无论是结对帮扶还是志愿服务，都需要建立长期稳定的互助关系。

社会规范对于农村老人互助养老的认同度和参与意愿具有显著正向影响，宗族关联、互助传统和社会舆论程度越强，老人对于互助养老的认同度和参与意愿越高。

对此的解释在于，宗族是我国传统社会中互助养老实践的重要组织载体，例如西周的通财分施式互助养老、东汉的"振赡匮乏"式互助养老、宋代的义庄式互助养老等。高和荣等[①]指出宗族养老是建立在血缘关系基础上的互助和交换行为，而互助养老则是宗族养老的扩大化。虽然新中国成立后，宗族社会逐步瓦解，传统繁杂的宗族文化、习俗逐渐淡化，封闭的宗族居住方式也在城镇化的时代背景下被迫开放，但建立在血缘基础上的宗族观念仍旧深刻地影响着农村居民的行为方式。传统正式的宗族赡养行为演化为半正式的族人互助行为。具体表现为，一是同族老人间出于血缘亲近而自发产生双向互助行为；二是族人出于宗族成员责任感，自发或在族长等长者号召下向族内困难老人提供帮助的行为。宗族关联对于参与互助养老意愿影响的特点在于具有明显的成员边界性。虽然分裂型和分散型村庄不具有团结型村庄那么强的宗族关联，但建立于血缘基础上的家族关联仍具有广泛影响，分裂型和分散型村庄老人互助范围可能更多局限在近亲之间。

互助传统方面，农村围绕生产生活开展的互助行为具有久远的历史传统，如农业时期共同抵御自然灾害、灌溉、集体抢收粮食等互助行为。1949 年后，农村地区开展了广泛的农业生产集体化运动，集体生产活动不仅显著提高了农业生产力，还培养了村民间的集体意识，促进了互助行为的产生。改革开放后，农村劳动力为了获得更高收入的就业机会，逐渐向城镇转移，留守农村从事农业生产的劳动力大幅减少，多为老年人在自留地种点蔬菜，大规模的生产互助活动逐渐消失。但调研结果显示，目前农村老人对互助养老的认同度仍受到互助传统的正向影响，可见农村老人在

---

① 高和荣、张爱敏：《中国传统民间互助养老形式及其时代价值——基于闽南地区的调查》，《山东社会科学》2014 年第 4 期。

农业集体化生产时期塑造的集体意识和互助习惯仍在发挥积极影响。不过在将来，对于未经历过农业生产集体化运动的老人，互助传统的正向影响是否存在还需进一步探究。

社会舆论方面，村庄社会是一个人情社会，村庄内的成员彼此熟悉，易于交流和传播信息。因此，当老人给其他老人提供帮助，村民会在闲谈间肯定他做好事的行为，让提供帮助的老人获得一定的声誉，从而对其形成激励。因此，有必要对互助养老的服务供给者的优秀品格进行表彰和宣传。

3. 互助养老推广状况及实现形式

在本次调查获取的 809 个样本中，认为经济支持是最迫切的养老需求的有 322 人（39.8%），因此以低成本为特点的互助养老在农村推广具有优势，其次为情感慰藉和医疗，分别有 176 人（21.8%）和 174 人（21.5%），农村老人的养老需求呈现以经济支持需求为主，医疗卫健、情感慰藉、生活照料需求多元化发展的特征；互助养老组织或活动的推广规模并不大，多数农村地区还未建立互助养老组织或开展相应活动，仅 139 人（17.2%）所在的村庄开展了互助养老，220 人（27.2%）所在的村镇有互助养老组织或相关活动；在建立互助养老组织或已开展相应活动的村镇，互助养老的参与率较高，183 人（83.2%）参与过互助养老活动；就互助内容来看，目前开展的互助养老服务多为精神慰藉方面的内容，如103 人（53.4%）参与过文娱活动、102 人（52.8%）参与过聊天谈心，医疗卫生、生活照料、家政服务等专业化服务内容较少；就互助形式来看，农村互助养老的形式目前主要以志愿服务（66.8%）为主，以及一定数量的结对帮扶（23.8%），以志愿服务和聊天谈心形式开展的多为文娱活动和聊天谈心等初级互助养老服务，而对于耗时费力的互助服务，物质报酬和时间银行等具有激励措施的互助形式便更具有优势；参与过互助养老的老人对互助养老服务的满意度普遍较高，非常满意和比较满意的比例分别为 26.4% 和 61.1%，而满意度与互助形式存在相关性，在 0.05 显著性水平下，相比于"结对帮扶"和"时间银行"，互助形式为"志愿服务"的老人对互助养老的满意度更高，相比于"时间银行"，互助形式为"物质报酬"的老人对互助养老的满意度更高，可见目前的"时间银行"仍不完善，难以得到广大老人的认可。

（二）研究启示

通过农村互助养老实施状况评估，以及农村互助养老意愿的多层次回归分析，可以建立起相应的逻辑关联，为后续案例研究奠定数据支持。

资源筹集机制方面。据问卷调查结果显示，农村老年人平均家庭年收入为27768元，主要收入来源为养老保险和劳动所得，比例分别为46.1%和35.6%。可见部分农村老年人经济条件状况较好，依靠自身劳动所得、家中子女赡养和社会养老保险，对于养老服务具有一定的支付能力。故此，在资源筹集方面，可以针对一些成本较高的养老服务向老年人收取一定比例的费用，例如老年用餐、医疗保健、集体旅游等。扩大老年人群体在资源筹集阶段的参与，不仅有助于缓解政府和村庄为老组织资源筹集方面的压力，还有利于转变老年人思想观念，使老年人从养老服务的单纯消费者转变为供给者和监督者。

组织运行机制方面。互助养老组织有序运行的一大关键在于选配工作能力强、服务热情高和受老年人群体爱戴的管理者。村庄本土的老年精英群体正好符合上述要求。退休老干部、退休教师等从政府机关与企事业单位退休的老年精英，责任意识强，对于互助养老的认同度更高，具有相应的组织管理经验和能力以保障互助组织的有效运行，且老年精英长期在村庄生活，熟悉村庄老人情况，并与其他老人社会关系密切，在村内老年人群体中具有威望，便于开展管理工作。应充分考虑老年人的威望、能力、健康状况、文化程度等各方面条件，选优配强，发动老年精英参与互助养老组织的运行和管理，并带动其他老年人遵守组织规章制度，推动互助养老组织运行的规范化和制度化。另一方面，可依托村庄其他为老组织，开展丰富的互助养老活动。就调查数据来看，老人所在村庄有开展老伙伴结对互助项目的比例为17.2%，老人所在的村镇有互助养老组织（如农村幸福院、农家大院）或活动的比例为27.2%。可见，互助养老组织或活动的推广规模并不大，多数农村地区还未建立互助养老组织或开展相应活动。目前，仅有13.8%的老人参与了老年协会或老年电大等社团，应鼓励村庄发动老年精英和村庄能人的力量成立类型多样的村庄本土社会组织，如提供用餐服务的老年食堂、开展老年教育的老年大学、组织娱乐活动的合唱班和舞蹈队等，在供给优质养老服务的基础上推动互助养老组织发展。

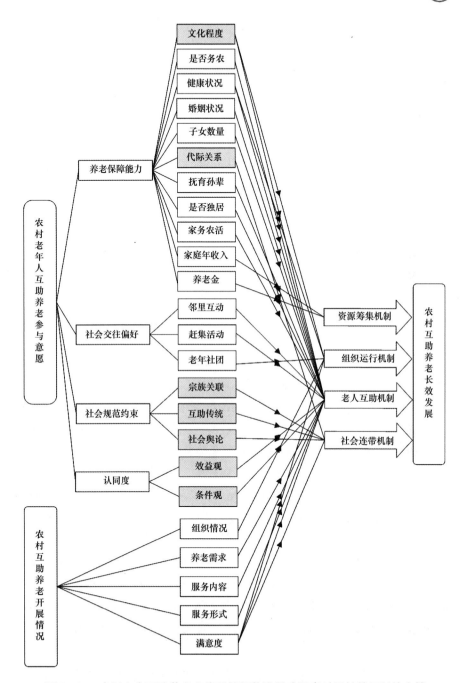

图 4-31 农村老人互助养老实施现状评估及影响因素对于长效机制的支撑

老人互助机制方面。就参与主体上看，应鼓励养老保障能力强的老年人为其他困难老人（养老保障能力弱的老年人）提供养老服务。围老期老人、低龄老人身体健康状况较好，对互助养老这种新型养老方式认同度更高，更具能力和意愿参与互助养老。据前期问卷调查数据显示，围老期老人对于互助养老的效益有更高的认同度，分别比低龄、中龄、高龄老人高2.78、2.28和3.05个单位（$P = 0.000$，$P = 0.004$，$P = 0.002$），健康状况自评得分为5分的老人对互助养老的认同度，比自评得分为4、3、2、1分的老人分别高1.76、1.52、1.74和4.72个单位（$P = 0.008$，$P = 0.031$，$P = 0.021$，$P = 0.001$）。在回归模型中，健康状况对于互助养老认同度具有显著正向影响（模型三，$R = 0.619$，$P = 0.002$），健康状况越好，农村老人更具有能力帮助其他困难老人，对互助养老的认同度越高。就服务内容上看，据调查问卷数据显示，目前老人互助的内容主要以满足精神慰藉的文娱活动（53.4%）和聊天谈心（52.8%）为主，互助内容类型单一，难以满足农村老年人丰富的养老需求。迫切需要经济支持的农村老年人比例最高，为39.8%，对于情感慰藉、医疗和生活照料的需求比例为21.8%、21.5%和14.2%，可见还需进一步拓展互助养老服务的内容并提升服务的品质。就服务形式上看，农村互助养老的形式以志愿服务（66.8%）为主，以及一定比例的结对帮扶（23.8%），但物质报酬（7.8%）和时间银行（1.6%）形式较少。为推广结对帮扶，可优先匹配住所邻近、关系亲近（空间距离和关系亲疏会影响农村老人的互助养老条件观，并对互助养老参与意愿产生负向影响，模型十，$R = -0.055$，$P = 0.000$）的低龄老人与高龄老人开展互助，以有针对性地为受助老人提供生活照料、精神慰藉等方面的养老服务，通过稳定帮扶互助关系逐渐培养和提升老人的互助意识和能力。且在各种互助形式中，物质报酬满意度的平均得分最高（3.20分），可对参与老人进行一定的物质奖励，以增强老人对于互助养老的认同度和满意度。而时间银行的存在，意味着互助养老参与者可获得未来养老服务，是影响老年人互助养老效益观的重要因素。应注意加大时间银行积分制的宣传力度，向老年人普及互助积分的价值和实惠。

社会连带机制方面。社会规范约束对于农村老人互助养老的认同度和参与意愿具有显著正向影响，具体来看，宗族关联对老人互助养老认同度（模型三，$R = 0.606$，$P = 0.043$）和参与意愿（模型六，$R = 0.096$，$P = $

0.022）均具有正向影响，一是同族老人间出于血缘亲近而自发产生双向互助行为，二是族人出于宗族成员责任感，自发或在族长等长者号召下向族内困难老人提供帮助的行为；互助传统对老人互助养老认同度（模型三，R=0.900，P=0.002）和参与意愿（模型六，R=0.167，P=0.000）均具有正向影响，农村老人在农业集体化生产时期塑造的集体意识和传统村庄社会孕育的互助默契仍在产生积极影响；社会舆论程度对老人互助养老认同度（模型三，R=1.331，P=0.000）和参与意愿（模型六，R=0.090，P=0.020）均具有正向影响，村庄社会是一个人情社会，村民的正面评价和认可能够对互助养老参与者形成精神激励。故此，需要向广大农民宣传普及互助文化，消解村民传统家庭养老观念、情面等因素对互助养老推广的阻力，并对互助养老服务供给者的优秀品格进行表彰和宣传，形成互帮互助、互惠共赢的互助文化氛围，提高农村老年人及其他进步力量参与互助养老事业的积极性。

第五章 政府—村庄能人模式的 互助养老长效机制

——以重庆铜梁农村互助养老点为例

一 铜梁区茯苓村简介及互助养老点创办经历

（一）茯苓村简介

茯苓村地处典型的以丘陵、山地为主要地形的渝西地区——重庆市铜梁区华兴镇。华兴镇地处铜梁区南段，距离铜梁区政府35公里。茯苓村在2007年8月由原来的茯苓村、团咀村和金子村三村合并而成，总人口2300人，其中60岁及以上老年人有700多人，人口老龄化严重。大部分村民外出务工，村上的经济支柱以农业为主，主要为传统的种植业，以种植水稻和玉米为主，村上开设了一个农业合作社。有养殖业，但规模不大，受制于自然环境因素难以发展规模化养殖，以散养居多。

开展生活垃圾清理、"厕所革命"等人居环境整治是目前该村的重点工作，在区委政府的要求之下，利用积分制激励每户家庭参与。该村主任表示其主要目的是把环境搞好，兑换礼品只是一种激励方式。原来是由监委会和村干部负责计分，鉴于工作量较大，现在由各队队长负责计分。而老年人作为留守在家中的代表便充当了环境整治的主力军，积分制的实施为其提供了精神物质激励，也产生了一种与其他家庭相比不能落后的意识。积分制在环境整治中的运用，强化了老人对于该项制度的理解，便于后续将积分制融入农村互助养老的实践落实。

受制于地形因素，茯苓村的房屋住宅分布较为分散，主要散布在乡村公路的两侧，一家住户单独位于一处，或两三家住户相邻较近。近年来，为了改善村民通行条件，茯苓村大力推进了人行便道的修建。而由于长期的相处，邻里之间形成了深厚的关系，对彼此的家庭情况非常了解，日常也会串门儿和开展一些简单的互帮互助行为，如收稻谷、养蚕等农忙时节的换工，家里没人时让邻居帮忙看一下等，无不体现着农村熟人社会的特征。一方面，熟人社会为传统的互助文化提供了社会环境土壤。另一方面，与熟人社会紧密关联的则是人情社会，这也为乡村治理的有效推行带来一些问题。如该村主任反映在实施积分制进行人居环境整治过程中存在打"人情分"的现象，影响评分的客观性。

（二）农村互助养老点创建经历

茯苓村农村互助养老点的创建得益于上级领导的支持和村庄能人的强烈创办动机。在老龄化严峻的压力推动之下和重庆推进居家养老服务全覆盖的政策导向之下，铜梁区的居家养老服务建设走在全市前列，区民政局高度重视农村养老工作，民政局田局长对农村养老这一问题颇有见地，整个民政局一半的工作重心都在养老服务工作上，对于创办农村互助养可谓高度重视，他们致力于打造中心—站—点的养老服务体系，打通养老服务的"最后一公里"。

茯苓村互助养老点创办的契机是该村二十队队长 CCQ（根据学术研究匿名原则，将姓名简化首写字母简写）于 2019 年 10 月去镇里开人大代表会，听闻犀牛村两个队有 30 个老年人，正打算创办一个老年协会活动室，便萌生了在自己队里创办的想法。会后他便去整理自己队上的老人情况，了解到队里有 40 多个老年人。整理完后，陈书记便打电话给蒋书记（蒋书记为华兴镇镇长兼书记，何书记为镇长兼副书记）询问老年协会活动室是否仅限于街里（社区）开办，他们村上是否可以开办。蒋书记表示肯定，并对村上老年人情况进行询问。陈昌琼请蒋书记前往茯苓村二十队调研，当天中午蒋书记便前往茯苓村了解情况，经过实地调研，蒋书记表示支持。

CCQ 原本开了二三十年的麻将馆，当时也创办了老年协会，每逢重阳节便会摆几桌饭菜来招待附近的老年人。当看到其他村创办互助养老点之后，他立刻萌生了在自己村上创办的想法。一方面，自己家里也有闲置的房屋院坝，老年人来这里活动还比较适合；另一方面，陈昌琼有过二三十年的村干部工作经历，具备服务和奉献精神。她表示很多老人都像她一样，子女在外务工，她想为大家提供一个精神慰藉的场所。

　　我也不是为了自己，我是为了大家。我们就是子女们没有在身边，就觉得像这样要得。（CCQ 20201006）

　　概而言之，CCQ 的积极争取是茯苓村互助养老点得以创办的关键。陈昌琼生于 1952 年，当过二三十年的村干部，还当过三年的村书记、主任，工作能力受到群众和领导认可。陈昌琼作为村庄能人拥有独特的人格特质，这既使其拥有参与农村互助养老的意愿，又使其具备运营和维护互助养老点的能力。一是其优秀的动员能力备受认可。陈昌琼老人积极动员村里的老板和自己的孩子捐钱，为村民谋福利，凭借优秀的资源能力受到村民们的认可。因此，当陈昌琼表示不担任队长时，村民们不愿意，认为只有她才能动员大家。二是开展工作有胆识和魄力。陈书记在工作上敢干敢拼、胆子大、有魄力。在村上修建人行便道时，陈书记考虑队上人多，有 300 多户人，便大胆积极地向其他队买指标，只要有队上肯卖她都买。甚至积极动员老板为修路捐钱，并为他们打造功德碑，最终超出村上规定的 2600 米的指标修建了 3400 米的人行便道。三是具备为人民服务的精神。作为共产党员，陈书记表示自己是人民的勤务员。她说共产党员是一块砖，哪里需要往哪里搬。四是秉持清正廉洁的工作作风。陈昌琼说要做一个腰杆挺得起来的干部，在群众面前不要婆婆妈妈，工作要公开透明。无论是每一次捐钱的收支情况，还是人居环境整治积分兑换，她都会进行详细的信息记录和公开。

　　这些老百姓还是好，我觉得当干部的，我不算是干部，我一直说我是人民的勤务员。我没退休的时候，我在村里面都讲过，我一直说，你们那些共产党员，要像这样想，共产党是一块砖，哪里需要就往哪里搬。（CCQ 20201006）

二　互助养老点的资源筹集机制

（一）互助养老点的资金筹集

　　在重庆市政府和铜梁区政府的高位推动之下，用以建设农村互助养老的资金主要来源于政府财政支持。铜梁区用以建设互助养老点的资金总共为 100 万元，其中 60 万元来自福彩公益金，40 万元来自财政预算。每个点投入约 2 万元进行房屋装修，购置桌椅板凳、麻将桌、按摩椅等设备，日常水电费由政府财政进行补贴，每个点补贴约 3000 元/年。由于财政资金的有限性，市民政局对城市养老服务的投入大于对农村养老服务，发展互助养老实际上也是为了实现一种低成本的农村养老。因此，较之于社区养老服务中心和社区养老服务站，对农村互助养老点的资金投入更少，其补贴费用勉强能够维持互助点日常运营。

（二）互助养老点的场所和设施

铜梁区秉持"整合闲置资源"的建设理念，充分整合利用村级活动中心、校舍等集体闲置资源，广泛动员热心村民无偿提供民房、农家大院等。采用这种方式创建互助养老点有利于实现其低成本性，但考验村干部动员民众提供闲置房屋的能力。茯苓村的互助养老点场所是由 CCQ 自愿提供家里闲置房屋创建的。一方面，作为原来的村干部，其在村民之间知名度高，家里位置醒目，且就在马路旁边，交通便利。另一方面，其房屋情况良好，宽敞整洁，且院门口有宽敞的院坝，保证老人有充足的活动空间。茯苓村另外一处后建的互助养老点则是由村书记动员自家嫂子把家里闲置房屋拿出来创建的。同时，互助养老点还是该村的党小组活动室、社员活动室和人大代表民情联络站，说明互助养老点也为民情联络、政民互动提供了载体。

互助养老点配备棋牌、按摩椅、麻将机、休闲桌椅等养老服务设备，统一制作标识标牌和安全警示，配备消防设施。棋牌和机麻为老人提供了日常娱乐活动，而按摩椅则发挥了养生保健功能。一个互助养老点一般配备三四张按摩椅，其使用方法和使用注意事项由负责人对老人进行讲解。除此之外，还注重孝老爱亲和乡风文明氛围的营造，在墙面上张贴关爱老人的宣传标语。如"兴助老之风，办利老之事""对老人尽一分帮助，给社会添一分温暖"等。这说明对互助养老点的建设除了硬件层次设施的配备之外，还需要进行软件层次文化氛围的营造。

（三）互助养老点的人员构成

每个互助养老点由村上确定一名负责人，推选的条件和标准是群众基础好、邻里关系和睦、热心为老人服务、有威望、身体好的老党员、退休干部和新乡贤好乡亲，即村庄能人①。建立在民房、农家大院的互助养老点，一般由业主本人担任负责人。CCQ 自身完全具备管理互助养老点的能力，更重要的是其拥有志愿的奉献精神。凭借自身的能力和威望，陈昌琼动员队上的三个社员代表一起帮衬管理互助养老点。这些社员代表也都是老人，由村上选举产生，对 CCQ 也非常认可和支持。由此，互助养老点的人员力量得以壮大。

铜梁区土桥镇河水村的互助养老点是原来的村办公室改建的，请了村上一名退休女教师进行管理。其具备一定的知识素养，同时也能很好地动员群众。土桥镇六赢村利用闲置农房创建的 YH 大哥家互助养老点的负责人自家经营小卖部多年，平时也经常为村上的人提供力所能及的帮助，拥有较好的人际关系。

资金是制约互助养老可持续运行的最关键因素②。从筹集渠道来看，目前互助养老点的资金筹集渠道单一，主要依靠政府财政支持。由于村集体经济的羸弱，无法对互助养老点进行资金支持。资金筹集主要包括前期建设资金和后期运营补贴。资金总体投入较少，只能勉强维持互助养老点的运营，难以支撑互助养老点服务功能的扩展。互助养老点利用闲置房屋进行改建的方法，降低了互助养老点建设的投入成本，提高了资源利用率。但选取闲置民房、农家大院则需要村两委进行挖掘和动员工作，尤其当这种提供是完全无偿时，有意愿提供的人更少。因此，村庄能人和与村干部有密切关系的人成为村两委动员的重点对象。互助养老点的设施设备是用政府投资的前期建设资金购买的，主要以按摩椅、乒乓球台为主，种类较为单一且数量较少。人员筹集则是动员既有意愿参与互助养老又具备运营互助养老点能力的村庄能人，资源禀赋较强的村庄能人则可以凭借自身关系再动员其他人员帮忙管理。

三 互助养老点的组织运行机制

（一）政府建立互助养老制度规范

为确保互助养老组织运行的规范化和制度化，铜梁区制定了一系列农

---

① 崔盼盼：《乡村振兴背景下中西部地区的能人治村》，《华南农业大学学报》（社会科学版）2021 年第 1 期。

② 刘妮娜：《中国农村互助型社会养老的类型与运行机制探析》，《人口研究》2019 年第 2 期。

村互助养老的规范化制度，包括日常运营制度、互助养老点负责人职责、互助养老服务积分管理办法等规章制度。其主要内容总结于表5-1。这些规章制度为互助养老点的日常运作提供了制度规范基础，一方面便于互助养老点的组织运行，另一方面促使互助养老模式化、标准化，增强其可复制性和可推广性[①]。

表5-1　　　　　　　　　　互助养老点规章制度及主要内容

规章制度	主要内容
《互助养老点日常运营制度》	互助养老点性质、开放时间、环境卫生要求、器械管理使用要求、活动开展、安全要求
《互助养老点负责人职责》	服务态度、安全运营、资料填写、组织活动、协助社工、指导老人建立互助搭档模式、协调纠纷、积分管理
《互助养老服务积分管理方法》	积分管理对象、管理组织机构、工作原则、积分内容与分值、积分管理

（二）由村庄能人代管

铜梁区民政局建设农村互助养老体系的方案要求村两委为每个互助养老点选择负责人，负责互助点日常的管理运行。而负责人多为村庄能人，其不仅具有参与互助养老事业的意愿，也具备管理互助养老点正常运作的能力。其主要职责是进行互助养老点的安全运营和管理，各类养老服务资料的记录、统计、报送等。

结合实际调研情况来看，互助养老点负责人发挥的作用主要包括四大方面。首先，安全问题是其工作的重中之重。消防安全、用电安全、防范意外事故等贯穿负责人工作的始终，大到掌握一定的消防设施使用技能，小至提醒患有高血压等疾病的老人不要做按摩椅，选择恰当的拖地时间避免老人不慎滑倒等细微之处。其次，清洁问题是其工作痛点。负责人需要耗费大量的时间完成清洁卫生工作，如地面清洁、棋牌清洁和防疫消毒等。而部分农村老人卫生意识的缺乏加大了清洁卫生的难度。六赢村互助养老点的负责人对清洁卫生难做这件事更是颇有怨言。

[①]　张继元：《农村互助养老的福利生产与制度升级》，《学习与实践》2021年第6期。

有些个别的老人跟他说爱干净，但有的他不注意，把地板砖弄脏，蒋书记说地板砖黑让我换，我又找人来处理。（陈昌琼 20201016）

这个地，我今天还没来得及拖，两天了，我们两天拖一次地。下雨天，好累哦。这个地拖一次还不行，最少都要拖两次才能干净。还有老年人的烟灰缸不用水根本都弄不干净。尤其现在疫情，每一个细节都要做到位。不然的话都有点麻烦，茶杯天天都要用开水烫一下。还有那些老年人，痰吐到地上，你就是给他一个垃圾桶放到地上，他都不会守规矩。因为农村那些老人，和城镇老人不一样，他没有那么高的素质。（六赢村 YH 互助点负责人 20210112）

再次，负责人需要组织日常活动的开展。互助养老点的日常活动主要是棋牌、球类等娱乐活动，负责人积极组织老人参与活动。如果这些过程中老人发生纠纷，负责人还要进行矛盾纠纷的调解。此外，互助养老点还会不定期组织老人聚餐，频率为两三个月一次。茯苓村的互助点是由老人提供食材，大家一起在互助点的厨房做饭。而土桥镇六赢村的互助养老点则是每位老人缴纳 4 元钱给负责人，由负责人统一购买食材进行烹饪。

最后，负责人对于一些需要帮助的老人会提供一些力所能及的帮助。如有的老人照看他的人有事不在家时，互助点负责人会帮忙送饭；有的老人需要打电话找人时，互助点负责人会提供帮助。

总体而言，村庄能人代管之下的农村养老互助点运转效果良好，常态化的运营之下其拥有一定量的受众。根据实地调研走访情况，互助点每日有二三十位老人前来。村庄能人在互助点的组织运行中发挥着重要作用，其服务多是无偿的，需要奉献精神和志愿精神来支撑。这种服务的无偿性有助于实现互助养老的低偿性，但其局限性也显而易见。村庄能人固然拥有无私奉献的精神，然而其工作难度大，所享有的物质激励匮乏。长此以往，易影响其管理互助养老点的积极性，制约互助养老的长效运行。

（三）打造四支队伍

铜梁区注重互助养老体系的顶层设计，在"整合人才队伍"的理念指引之下，其创造性地提出互助养老点"四支队伍"建立方案。通过党员带头、技术帮扶、社工助力、互助互爱的形式，充分发挥各类力量的作用，根据老人的需要为其提供精准服务。

　　一是党员干部敬老服务队伍。其发挥党员干部的先锋模范作用，将村专职干部、村民小组长、网格员及互助点附近党员整合起来，开展养老、医保等政策宣传；了解老人情况，建立农村留守老人数据库；积极争取养老服务资源；定期入户探访、进行节日慰问等。

　　二是少云志愿者孝老服务队。依托铜梁区13万少云志愿者队伍，挖掘医生、心理咨询师、法律工作者、乡村工匠等专业技术人才每月至少轮流到互助养老点或入户各开展一次养老服务。

　　三是夕阳结伴助老服务队。动员村上的低龄健康老人充当志愿者，对高龄、失能、半失能老人提供一对一结对帮扶，提供耕种收割、洗衣做饭、代购物品、卫生打扫、聊天解闷、外出散步、亲情陪伴、应急处理等生活照料和精神慰藉等养老服务。

　　四是社会工作为老服务队。目前区民政局出资20万元购买本土社工机构——铜梁区龙互助社会工作服务中心的服务，按照采购的次数指标开展服务。其主要职责是到互助点开展文化娱乐活动、养生保健知识宣传、心理疏导等；积极链接其他资源，提供法律咨询等服务；帮助互助养老点培育打造四支队伍。

　　前文所说的四支队伍是铜梁区发展农村互助养老的特色机制，其旨在充分整合各类力量助力农村互助养老。然而，通过实地调研发现，就荻苓村的实践情况来看，其发挥了一定作用，但其作用较为有限。一是党员实行"亮诺"承诺，对处于弱势群体的老人进行一对一结对帮扶。由于村干部事务的繁杂性，他们一般会抽时间进行入户探访等。二是村干部和互助点负责人从老人口中了解到该村具有一技之长的人，然后动员他们成为志愿者，帮助处理老人生活上的琐事。四是老人的互助队伍尚未体系化、规模化地建立起来，没有形成对高龄、失能、半失能老人的结对帮扶。三是社工队伍规模较小，该机构仅有八名社工，两三个月在互助养老点开展一次活动，能够覆盖到的互助养老点较少。

　　然而，四支队伍的理念机制在实践中尚未真正成型和有效地打造起来，其目前仅能发挥有限的辅助作用，互助养老点日常的运行仍然主要依靠作为村庄能人的负责人。

　　政府不仅为互助养老点运营注入资金这一关键且必备的资源，也为其管理运营制定了体系化的制度规则，彰显出政府在互助养老发展中扮演的主导角色①。制度的建立在促进互助养老规范化发展的同时也增强了该互助养老模式的可持续性和可复制性。村庄能人熟悉村庄情况，对村庄文化社会环境具有较强的认同感，拥有出色的能力，具备深厚的社会资本，是村庄发展的重要内生资源和乡村治理的重要参与主体。挖掘动员村庄能人代管互助养老点，是运用村庄内生动力激活互助养老点发展的有益探索。然而，这种无偿性的管理服务以志愿精神和奉献精神为支持，从长远看，缺乏物质性的激励，容易降低其积极性。此外，村庄能人虽具有种种优势，但缺乏一定的养老服务专业知识，专业化水平还有待提升。就四支队伍而言，这种广泛汇聚各类力量的机制体现了多方参与的理念，但其打造具有一定难度，需要社工进行更多引导，更需要资金作为要素支撑，也需要制度激励与约束加强推进动力。

四　互助养老点的老人互助机制

（一）以积分制作为互助激励制度

铜梁区在农村互助养老体系的构建中，引入积分制作为激励制度，并制定了明确的《互助养老积分管理办法》。其主要面向服务失能老人、高龄老人的农村养老组织成员，服务人员凭借提供服务的累计积分，可以到村委爱心超市兑换日常生活用品。就积分内容来看，主要包括探访陪伴类、居家护理类、生活帮助类、物质资助类和其他积分类五个方面。根据分值情况来看，物质资助类和其他积分类的积分分值具有较大的活动空间，需视实际情况由村委自主决定。在积分形式上，采用一周一记分、一月一公开、一季度一兑换的方式。

（二）互助内容

1. 文化娱乐互助

根据实地调研情况，茯苓村的互助养老点周围有三四十个老人，每日约有二十位老人前来。因为大部分具有劳动能力的老人在上午会干一些农活、家务活，在赶集天会上街赶集，所以一般在下午才会来互助点。老人

---

① 何晖：《政府主导型农村互助养老：衍生逻辑·实践框架·路径取向》，《吉首大学学报》（社会科学版）2021 年第 4 期。

在互助活动点进行的休闲娱乐活动，缓解了彼此的孤寂，充盈了精神娱乐生活。老人在互助点进行的活动主要包括三大类。一是打麻将、打扑克牌等棋牌活动。这类活动是川渝地区的传统文化娱乐活动，受众广泛，备受欢迎，也是老人打发时间进行娱乐消遣的一大方式。二是聊天倾诉等精神慰藉活动。部分老人表示在家里连个说话的人都没有，在这里大家一起聊天很有意思。这种活动虽然简单，但对于缓解老年人的孤独感却大有裨益。三是坐按摩椅、打球、跳舞等休闲保健活动。做按摩椅的受众有一定的限制性，患有心脏病、高血压、颈椎病等疾病的老人不适宜坐按摩椅。六赢村的互助养老点有乒乓球、羽毛球等，老人在打牌之余还能进行一些体育锻炼活动。老人对互助养老点比较满意，对他们来说，能够有这一载体丰富他们的日常生活就已经足够。

2. 生活照料互助

互助养老点负责人有时会为老人提供一些简单的帮助，如老人家里其他人有事外出时帮忙送饭等。邻里之间的简单互助主要表现为对方家里有事没人在的时候，彼此帮忙照应。党员干部通过从老人口中了解技术能人情况，动员其成为志愿者，并让其为需要帮助的老人提供服务。如村医到互助养老点为老人进行健康体检，讲解卫生保健知识；家里有交通工具者为老人代购生活物资；有水电维修技能的志愿者上门为老人解决水管堵塞、灯泡损坏等问题。但这种互助行为的提供对象主要是少数个体，其作用的服务对象较少，提供的服务内容有限。

3. 生产活动互助

这类互助行为是小农经济之下的传统互助行为的延续。由于农业生产的特性，"换工"行为在农村地区颇为盛行。参与互助养老的老人在种植稻谷、养蚕种桑等农业生产活动中也存在互助行为，即当对方劳动力不足之时提供帮助，反之亦然，这是一种互惠互利的交换行为。此外，农村家庭在逢年过节、结婚、生日之时有摆宴席的风俗，当人手不够之时，则会请邻居、熟人前去帮忙。当自己家里需要办宴席时，对方也会过来帮忙。

此外，通过与多位老人交谈，发现老人自身存在互助意愿，这主要是根源于熟人乡土社会之下彼此的相互熟知，以及老人自身乐于助人、热心肠的品质。如果是认识的人有需要帮助的地方，愿意提供力所能及的帮助。然而，老人之间更深层次的互助行为则较少，如健康照料，老伴和子女是老人首选的支撑依靠力量。除此之外，还有亲戚等能够提供帮助，如老人的兄弟姐妹及侄子侄女等。对于那些患有严重疾病，失能、半失能的老人，村书记大多表示，他们有子女照顾，而没有子女照顾的可以去敬老院或者请护工。

总体而言，积分制是对互助行为的有效激励，其弥补了时间银行服务兑换缺乏即时性的缺点①，能够发挥更加直接的激励作用。但由于其运作难度较大，目前铜梁区互助养老点的积分制尚未真正落地。就互助情况而言，互助养老点更多的是为老人提供了一个文化娱乐的场所，其发挥的主要是精神慰藉的作用。生活照料主要是通过负责人和少数志愿者开展的，其服务的老人有限。生产活动互助则是立足于农村社会长期形成的生产互助传统。

目前互助养老点的互助行为尚未形成气候，老人之间存在互助意愿，但实际的互助行为较少。究其原因，一是老人更倾向于依赖亲缘血缘关系网络。血亲价值观的观念定式使老年人按照远近亲疏关系的层次原则选择非正式支持资源②。二是缺乏互助养老的宣传。老人缺乏对于互助养老理念、机制的理解，进而导致老人之间的互帮互助处于较低水平。互助养老点从落成到现在，其可谓是建成了一个实地平台，但短时间内互助养老这一养老模式还难以有效发展起来。

五　互助养老点的社会连带机制

（一）村庄能人动员的社会慈善捐赠增多

村庄能人在互助养老点的运营和维护之中发挥着至关重要的作用，与此同时，其拥有丰厚的社会资本，运用其自身优秀的动员能力，能够将社会资本转化为支持互助养老点发展的物质资源。CCQ 老人村干部的长期工作经历使其积累下广泛的人脉，与村上经济条件比较好的包工头邓老板关系较好。她不仅在村上修人行便道的时候动员邓老板捐钱，在创建互助养老点的过程中也先后三次动员邓老板捐钱 7000 元，缓解了互助养老点运营

---

① 张晨寒、李玲玉：《时间银行：居家养老服务模式的新探索》，《河南师范大学学报》（哲学社会科学版）2016 年第 5 期。

② 姚远、范西莹：《血亲价值观及中国老年人对非正式支持资源的选择研究》，《中州学刊》2009 年第 2 期。

资金紧张的局面。

（二）社工机构链接的社会资源增多

社工机构在介入农村互助养老点的过程中，也凭借自身社会资本积极链接资源。社工举办活动时，为了激发老人参与的积极性，一般采用礼品刺激的形式，而这些礼品则来源于单位赞助。龙互助在铜梁地区的工作本身取得了一定成功，具有一定的社会网络资源。通过向烟草公司、美团外卖、滴滴打车、超市等做思想工作，动员其为互助养老发展捐赠物质资源。这些企业一般不会直接捐钱，而是采取捐物资的方式。社工机构将所需要的东西列成清单给赞助单位，由他们提供。

（三）政府和社会关注增多

茯苓村和六赢村的互助养老点受到中国网、央视网、重庆日报网等新闻媒体的报道，其作为铜梁区发展较好的互助养老点具有代表性和典型性。与此同时，铜梁区互助养老点的建设状况受到上级领导认可。市人大常委会调研组前往铜梁调研养老工作，对铜梁养老服务工作表示高度肯定。区委书记现场调研互助养老点，要求全面推广和建设互助养老点。由此可见，互助养老点的建设受到社会媒体和重庆市范围内政府领导的关注，影响力不断增强。

从互助养老的社会连带机制来看，目前互助养老点凭借村庄能人和社工这两大参与主体能生成一定的连带福利。政府在为互助养老点提供正式支持之际，通过村委动员的村庄能人和政府引入的社工机构提供了物质资源的非正式支持，使对老人支持的场域和空间变得更广[①]。在对养老关注日益增强的当下，互助养老点凭借自身运营效果吸引政府和社会关注。

村庄能人作为互助养老发展的关键主体，其运用出色的动员能力将自身的社会资本转化为支持互助养老点发展的物质资源。但各种连带福利的生成具有特殊性，因为其完全依赖于互助养老点负责人自身资源的多寡。这也说明了选取优秀的村庄能人作为互助养老点负责人的另一优势，对选取互助养老点负责人有一定的启发。凭借资源链接能力，社工机构积极从

---

① 王辉：《农村养老中正式支持何以连带非正式支持？——基于川北 S 村农村互助养老的实证研究》，《南京社会科学》2017 年第 12 期。

社会获取爱心资源。然而，互助点数量的众多与社工介入的有限之间的矛盾，使得目前并非所有互助养老点都能享有这种连带福利。更为重要的是，当社工服务周期结束之后，这种连带福利也可能随之消失。政府和社会关注的增多，使得互助养老的影响力不断增强，也能够增加地方政府发展的动力。目前铜梁互助养老的关注度虽在增加，但尚未达到能够为互助养老发展产生直接显性的资源要素支持的程度。

六　政府—村庄能人模式的特征、成效和不足

前文从村庄背景、互助养老点的创建经过、资源筹集机制、组织运行机制、老人互助机制和社会连带机制等方面对茯苓村互助养老点这一典型案例进行了深入剖析。如下图所示。

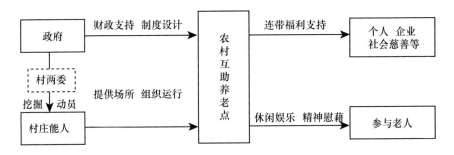

图 5 - 1　互助养老点的四重运转机制

在此基础上，结合笔者调查经验和相关学术研究成果，系统梳理铜梁互助养老点模式的特征、成效和不足，如下表所示。

表 5 - 2　　政府—村庄能人互助模式长效机制的特征、成效与不足

典型案例	模式特征	模式成效	模式不足
铜梁区"1141"农村互助养老模式	制度引领 资源整合 能人代管 积分激励	实现养老服务的精神慰藉功能 充分利用人力物力资源 低成本利于快速推广	发挥的养老服务功能有限 对负责人要求高，依赖村庄能人 四支队伍打造难度大 积分制有效运转难度大

（一）政府—村庄能人模式的特征

铜梁的互助养老点建设秉持"整合闲置资源、整合人才队伍"的理念，力求实现"设施有保障、服务有温度"。其互助养老点的发展模式为"1141"农村互助养老模式，即打造1套互助养老制度，落实1处养老服务场所，打造4支养老服务队伍，建立1套激励机制。具体内容如下图5-2所示。

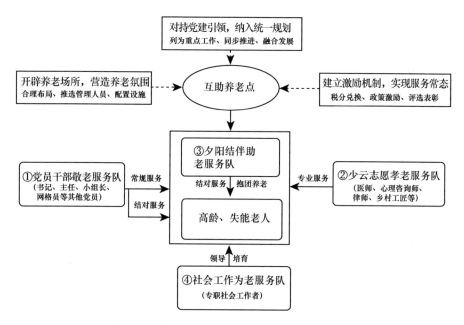

图5-2　铜梁"1141"农村互助养老模式概览

总体而言，互助养老点的开办和运行集中体现了制度引领、资源整合、能人代管、积分激励四方面特征。制度引领即政府围绕互助养老点运行制定一系列制度，使互助养老发展"有章可循"，既涉及互助养老日常运行和负责人管理制度，又涵盖积分制和评选表彰等激励制度。资源整合即实现人力资源和物力资源的双重整合。打造四支队伍，挖掘村庄能人，吸纳人才力量参与互助养老。利用闲置房屋，提高资源利用率，降低建设成本。能人代管即村庄能人在互助养老点的运行之中发挥着至关重要的作用，其保障互助养老点安全问题，组织开展活动，维护清洁卫生，甚至利用自身力量链接社会资源。积分激励即实施积分制激励老人互助行为，这种制度设计有助于维持互助行为的可持续性。

（二）政府—村庄能人模式的成效

1. 实现养老服务的精神慰藉功能

对加入互助养老点的老人而言，互助养老点最重要的作用便是为他们提供了一个精神慰藉的场所，缓解了老人的孤独感。集体化的生活经历使农村老人喜爱热闹，这已经成为其自身的一种习性。然而，在互助养老点尚未创建时，有的老人只能待在家中，百无聊赖。互助养老点开展的娱乐活动虽然简单，却为老人提供了一个休闲娱乐的好去处，将原本个体化的老人聚集在一起，促进其社会交往和社会交换。通过棋牌娱乐活动，老人在玩乐之余又消磨了时间；通过聊天活动，老人了解到村上和社会上的信息，彼此倾诉烦恼。与此同时，互助活动增强了老人之间连接的紧密性，改变了其原有的封闭状态，使其能够拥有更加开放的社会网络以增加个人社会资本。

2. 充分利用人力物力资源

这种互助养老模式将闲置资源和人力资源充分调动整合起来，增加了资源利用率。从人力上来看，一方面，其充分利用村庄能人管理互助养老点，且是无偿性的。村庄能人一来拥有助力养老事业发展的意愿，二来具备有效运营互助养老点的能力，三来可以利用自身的社会资本撬动社会慈善资源助力互助养老。另一方面，四支队伍的打造也是动员党员、能人、社工、低龄健康老人等各类人才力量。从物力上来看，改建闲置学校、村办公室等集体闲置资源创建互助养老点，动员热心村民提供闲置民房、农家大院，且村上不需给付租赁资金。

3. 低成本性利于短期内快速推广

如前文所言，通过"整合闲置资源、整合人才队伍"，降低了互助养老点的创建和运营成本。政府需要投入的主要是改建互助养老点、购买设施设备和互助点日常运营水电补贴的费用，较之于重庆大足区新建或租赁养老场所，并且请专人看管互助养老点所需的费用少。这种低成本性便于互助养老点在短期内快速推广，实现其在农村地区的广覆盖。通过观察铜梁区建造互助养老点的数量便可窥得一二。在华兴镇试点了 8 个互助养老点之后，政府决定进行推广，计划 2020 年在全区建设完成 40 个互助养老

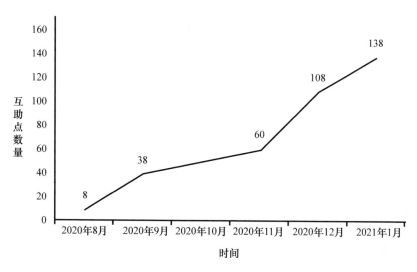

图 5 - 3　铜梁互助养老点建设进度

点。2020 年 9 月铜梁区建造了 38 个互助养老点，至 11 月初扩充到 60 个，截至 2020 年 12 月底，铜梁区已经拥有 108 个互助养老点，远超计划。铜梁区民政局计划 2021 年建立 300 个，"十四五"规划期间总共建立 600 个。由此可见，铜梁区所走的互助养老发展道路是低成本、广覆盖之路。

（三）政府—村庄能人模式的不足

1. 互助养老点发挥的功能有限

养老的三大需求是经济支持、生活照料、精神慰藉[①]，而目前铜梁区的"1141"农村互助养老模式主要发挥着精神慰藉方面的作用。铜梁区的互助养老点数量众多，但建设质量有待提升。笔者调研的茯苓村和六赢村是铜梁区内运营效果较好的养老点，但也存在发展受限的情况。究其原因，一是资金投入不足制约互助养老功能的拓展。每个互助养老点主要投入设备购买资金和日常运营费用补贴。前者购买的设备较为有限，主要是三四台按摩椅；后者勉强交付互助点水电费，甚至有时还要负责人自己贴钱。村集体经济普遍赢弱，无法为其提供支持补贴。二是专业人才不足致

---

① 田北海、王彩云：《城乡老年人社会养老服务需求特征及其影响因素——基于对家庭养老替代机制的分析》，《中国农村观察》2014 年第 4 期。

使专业化水平较低。负责人作为村庄能人固然拥有较强的管理能力，但其专业养老知识还较为匮乏，村上对他们的培训也主要是针对安全要求方面。同时，虽然有社工介入，但由于政府购买资金的有限和互助点的数量较多，其对一个互助点的介入极为有限，尚不能进行有效的指导。三是互助理念的培育还不到位。老人还没有对互助养老的理念、机制形成清晰的认知，仍然习惯性地依赖于血缘亲缘网络。四是压力型体制之下，政府注重追求绩效指标。铜梁区建造互助养老点可谓快速全面地铺开，其建设数量上成效显著，但对于互助养老点质量的建设还较为欠缺。

2. 对负责人要求高，依赖于村庄能人

铜梁区的"1141"农村互助养老模式由村上为互助养老点选定一名负责人，根据实际情况来看，负责人的选取是非常关键的，直接关乎互助养老点的运行效果。自身能力强的负责人不仅能够促使互助养老点运转井然有序，依靠其自身社会网络还能产生连带福利。负责人一般以村庄能人为主，主要包括三大类，一是有过村干部任职经历的退休党员干部型；二是社会资本网络丰厚的关系能人型；三是有知识文化素养的退休教师型。要挖掘村庄能人成为互助养老点负责人具有一定的难度，其不仅需要具备能力素养，更重要的是拥有公益心和热心肠。村庄能人作为互助养老点负责人，其服务是无偿的，而且工作内容多、负担大，长此以往容易产生怨言，影响互助养老运行的可持续性。如六赢村 YH 大哥家的互助养老点负责人表示工作太累，难以长久提供此类无偿服务，希望政府给予一些激励，给一点工资。

3. 四支队伍打造难度大

铜梁"1141"农村养老互助模式的机制设计是完善的，其试图调动各类力量为互助养老赋能添彩，并且规定了明确的服务职责，制定了服务制度。然而，从理念的构想到实践的落地却有较大的难度。根据调研情况来看，四支队伍目前还没有真正地打造起来。因为党员干部的特殊属性，能够较好地动员号召起党员队伍，但工作事务的繁杂使其投入互助养老的时间极为有限。社工队伍本来担负着培育四支队伍的职责，但目前其真正介入的互助养老点仅有 14 个，甚至其对后期建造的互助养老点并不熟悉。社工发挥的主要作用是在部分互助养老点举办文娱活动。志愿者队伍的建设也尚未体系化，有村上少数的技术能人帮助老人进行水电维修等。而老人互助队伍基本处于尚未建立的状态，其更多的是发挥彼此之间精神慰藉的作用。

4. 积分制有效运作难度大

铜梁区将积分制融入互助养老之中作为激励制度，但即使是建设较好的茯苓村和六赢村的互助养老点，积分制都尚未真正地运作起来。积分制目前仍然主要用于农村人居环境整治，在积分兑换过程中也出现了打"人情分"、重复兑换等乱象。至关重要的是，积分制要真正运作起来的必要条件是拥有一套积分制度（积分规则、兑换规则）、一个运作团队（记录者、兑换者、监管者）、兑换资金支持。铜梁区目前制定了《互助养老服务积分管理办法》，明确了积分制度、积分团队，但就资金支持方面，民政局正在向区委政府申请。然而，需要明确的是，积分制的有效运作是建立在互助行为真正发生的基础之上的，若没有互助行为产生，何来积分兑换可言。因此，如何培育老人的互助理念，激发老人之间的互助行为是亟待解决的问题。

第六章　政府—老年协会模式的
互助养老长效机制
——以湖北恩施农村老年协会为例

一　恩施两河口村简介及老年协会创建经历

（一）两河口村简介

恩施地处鄂西南，高山大川纵横，且位于武陵山腹地，被大山覆盖，地广人稀，不便于集中养老和抱团养老。白果乡位于恩施市西南部，是沪蓉西高速公路和宜万铁路交会处。两河口作为白果乡的一个行政村，辖7个村民小组、12个中心户片区，总户数550户，人口2054人，其中农村劳动力1420人。两河口村面积35.08平方公里，其中耕地面积3018亩。该村主要经济支柱为打工经济，村庄主导的特色产业是魔芋和药材。在城镇化背景下，农村留守老人增多。恩施州是土家族苗族自治州，而恩施市又为恩施州的首府，是土家族、苗族文化的摇篮。土家族的吊脚楼、农历七月的女儿会、农忙耕耘时的薅草锣鼓、葬礼时跳的"撒尔荷"、吉庆时跳的摆手舞，都展示着绚丽多彩的恩施民俗风情，同时"春来忙田，腊来忙年"是土家族、苗族人千百年流传下来的传统习俗。由于其在地域上与重庆接壤，也处于西南巴渝文化边缘。根据我国农村宗族社会结构分类，恩施属于西南松散型或原子化村庄①，即村庄内部有一定的家族和宗族关联，但是不强，属于松散型村庄。

两河口村老年协会的创立源于城镇化背景下，农村留守老人面临生产重担、生活失靠、情感寂寞甚至是自杀事件等社会问题的冲击。其中典型

---

① 贺雪峰：《论中国农村的区域差异——村庄社会结构的视角》，《开放时代》2012年的10期。

的老人非正常死亡事件有两起：2010 年中秋节，两河口村一个 60 多岁的王老人上吊自杀，自杀原因竟然是她过完生日后子女又要踏上外出打工的旅程，而自己则会再次面临一整年的孤独；没过多久茶园的另一个老人家里的烟囱好几天没有冒烟了，村里人推门而入时才发现老人已死亡多日……

（二）农村老年协会创建经历

当地农村老人的死亡惨剧引发了该村退休书记 ZBD 的注意。他于 1948 年出生，1984 年参加工作，2008 年从乡政府社事办退休。退休后他又发展魔芋种植，并发挥余热为乡亲们放电影。每每谈及此事，张老心中不免伤感。他说，"在农村，空巢老人体弱多病，儿女又不在身边，此外老人思想落伍又空虚，老无所依的现象十分严重。如果能有一个组织，让农村老同志有一个可以倾诉的地方，把原本苦闷、孤立的日子过成有陪伴、有进步、有激情的生活，那该多好。"农村山大人稀、住户分散，子女多在外打工，只有老人互帮互助才能解决农村留守老人面临的一系列问题。

而现实情况是两河口村与其他偏远农村一样，空巢老人的人口比例不断上升，日渐成为当地劳动力的主力军。他们长期以两种形式存在：一是以种地为生的农民，在逐渐丧失劳力和生活自理能力后，生活上需要帮助；另一种是从干部、乡村教师等单位退下来的职工，他们生活有基本保证，但业余生活少，又缺乏学习，越老越退伍，跟不上时代发展要求。随着空巢老人年龄的不断增加，人口比例的不断增多，他们物质上的匮乏、精神上的空虚所带来的问题日益突出，特别是老人三病两痛无钱医治，更无人照顾，这已经成为普遍现象。

为解决当地空巢老人日益凸显的各种问题矛盾，让老人们老有所依、老有所学、老有所乐、老有所为，ZBD 萌生了成立老年协会的想法。想法得到家人的支持后，他说干就干，组织当地干部、教师、医生等退休人员研究对策，制定了老年协会规章制度。经过多方努力，2012 年两河口老年协会暨老年互助中心挂牌成立。2013 年在恩施市民政局注册为民办非企业单位。在政府的支持鼓励下，花了两年时间将老年协会扩展到其他五个村。目前，两河口村老年协会除辐射本村外，还在金龙坝村、见天坝村、乌池坝村、油竹坪村设置老年协会分会，以及 12 个老年之家，共服务五个村 2300 多位老人的互助养老工作。

二 老年协会的资源筹集机制

（一）老年协会的经费来源

1. 核心会员缴纳会费

老年协会的部分活动费用来自核心会员如退休教师、干部等100元/年的会费，而一般老人不用交活动费用。对于退休教师而言，100元的会费并不高，属于其可支配能力范围之内。此外，缴纳这笔费用有助于他们声誉的维护，毕竟在农村熟人社会场域中，信息沟通便捷，社会交往网络密集且公共舆论导向功能强。故此，作为核心会员的缴费不仅能够帮助他们履行职责，还能够获得普通村民的尊重。而村民的尊重进一步强化了核心会员的身份感和角色观念。如此良性循环助推老年协会的活动经费产生和日常工作运行。核心会员比较稳定，由他们来带动其他老人互助。

2. 政府补贴

老年协会成立之初，主要依靠老年协会自身，但是在产生一定影响，且人员规模不断扩大之后也得到了政府的支持。包括当地乡政府和驻村市直单位的经费支持，每年大约7万元经费。此外，恩施市民政局还会给老年协会的管理者发放生活补贴，其中会长每月100元，其他分会长每年600元，以及每年支付1500元的出差费用。

（二）老年协会的场所和设施

最初老年中心没有固定的场所，中心用会费租了一间20平方米的屋子专供周边老人集中学习、娱乐和闲聊。在政府的关心支持和社会的资助下，协会的办公条件不断改善，配备了办公室、休息室、娱乐室、图书室和活动场所，并且在不同的片区相应成立了5个老年协会、12个老年之家。随着老年协会规模的不断扩大，互助养老也取得了显著成效。张必斗用他的智慧丰富了当地空巢老人的精神物质文化生活，用他的双肩撑起了当地空巢老人的一片天。

（三）老年协会的人员构成

白果乡老年协会积极吸纳退休教师、退休干部以及有一定文艺特长和公益心的老人作为老年协会骨干。而这些老年骨干都是自发自愿参与其中。

表6-1　　　　　　　　老年协会理事会和互助小组长名单

姓名	老年协会职务	个人核心特征
ZBD	老年协会党小组组长、协会会长	1948年出生，2008年从乡政府社事办退休，随后从事过魔芋种植和放电影等工作。工作经历丰富，群众基础好，威望高，时间充裕，公益心和行动能力都强。
LJF	两河口老年服务中心副会长	1952年6月出生，曾在鹞子溪村任过13年党支部书记，1976年7月入党，2002年退休，2012年成立老年协会至今任副会长职务，几年来为本组5个老年人义务理发。党建工作经验丰富，工作中踏实肯干，对组织负责，忠诚可靠，不乱那集体经济，心直公道，群众中德高望重，教育子女有方。
ZXP	两河口老年服务中心副会长	作为退休村干部，党建工作经验丰富，群众基础好，心直公道，时间充裕，乐于公益奉献，行动力强。
XGH	两河口老年服务中心秘书长/财务	作为退休村干部，工作经历丰富，时间充裕，加之家人积极支持，在老年协会中不可或缺。
TJH	见天坝老年协会会长	1946年12月出生，任村主任6年，市人民代表、乡代表，2017年加入老年协会。工作经历较丰富，群众基础好，威望高，时间比较充裕。
YSM	见天坝老年协会副会长	1943年12月生，1965年入党，在村党支部工作30余年。党建工作经验丰富，群众基础好，威望高，时间充裕，乐于公益奉献，行动力强。
LGY	见天坝老年协会秘书长	1955年8月生，从教30余年。当地群众基础好，威望高，退休之后时间充裕，公益心和行动能力都较强，具有较强的奉献精神。
YXD	见天坝老年协会财务	1955年生，见天坝小学教学30余年，2018年参加老年协会，兼任村总支书记，主管文明理事会财务。当地群众基础好，威望高，时间充裕，公益心和行动能力都较强，与会长长期搭档，协作能力强。
MDH	乌池坝老年协会会长	1957年生，1997年加入中国共产党。在村委工作19年，工作踏实负责。2020年加入老年协会。工作经历丰富，群众基础好，威望高，时间充裕，公益心和行动能力较强。平时待人以诚，不畏艰苦。
ZYC	乌池坝老年协会副会长	1940年生，早年担任兽医，之后晋升为兽医站站长，工作40余年，服务人民。退休之后于2015年加入老年协会。在日常生活工作，帮助老人生活，觉悟高，群众基础好，威望高，公益心和行动能力强。

续表

姓名	老年协会职务	个人核心特征
JDF	乌池坝老年协会财务	1954 年 1 月生，高中文化，1975 年任乌池村妇联主任并负责大队的文艺宣传；1978 年至 1986 年先后任村团支书兼管文艺工作；1989 年至 1996 年任村妇联职务。1996 年丈夫在上海打工遇海潮辞世，回家养老扶幼敬忠敬孝。2016 年加入乌池坝老协与其他老年人共度晚年。思想觉悟高，工作经历丰富，群众基础好，威望高，公益心和行动能力强。
LZL	金龙坝老年协会会长	1951 年生，当兵 4 年，退伍后在金龙坝小学教书 37 年，2014 年组织成立金龙坝老年协会。群众基础好，威望高，退休后时间充裕，公益心和行动能力强。
CHL	金龙坝老年协会副会长	生于 1950 年，教书 10 年，群众基础好，威望高，时间充裕，公益心和责任感都较强。
ZDX	金龙坝老年协会秘书/财务	生于 1953 年 8 月，在金龙坝小学教书 31 年，2014 年加入老年协会，工作认真负责，态度踏实。退休教师，群众基础好，威望高，时间充裕，公益心和责任感强。
XZP	油竹坪老年协会会长	1948 年生，任小学教师 31 余年，2015 年退休后加入老年协会。群众基础好，威望高，时间充裕，公益心和行动能力强。
ZSR	油竹坪老年协会副会长	生于 1965 年，担任村干部 15 年，2017 年加入老年协会。工作经历丰富，群众基础好，威望较高，时间充裕，公益心和行动能力强。
LSB	油竹坪老年协会财务	生于 1950 年，乡村医生 30 余年，退休后于 2015 年加入老年协会。群众基础好，威望高，时间充裕。
YCL	油竹坪老年协会秘书长	1989 年入党，担任村委 15 年，2019 年加入老年协会，参会后记笔记，报节目。工作经历丰富，群众基础好，威望高、时间充裕，公益心和行动能力强。
YTS	水田坝老年协会会长	生于 1946 年 11 月，在水田坝小学教书 20 余年，2014 年加入老年协会，组织相关活动。群众基础好，威望高。但是在电话回访过程中，能明显感觉到其老伴不是非常支持他在老年协会的工作。
LM	水田坝老年协会副会长	生于 1969 年，2017 年加入老年协会。思想觉悟高，群众基础好，公益心和行动能力强。

姓名	老年协会职务	个人核心特征
PSY	水田坝老年协会财务/秘书长	生于 1969 年，平时生活中热心肠，在老年协会中相对年轻，有干劲。平时主要工作是准备老年舞蹈等供老年人娱乐的节目。政治觉悟较高，具有极强的奉献精神，群众基础好，公益心和行动能力强。

三 老年协会的组织运行机制

（一）老人入会

年满 60 周岁，户籍在当地的居民免费作为普通会员加入老年协会。而核心会员则采取邀约制，只针对退休教师、退休干部等有退休工资的老人开放。目前白果乡老年协会共有核心会员 133 名，其中 80 岁及以上的老人有 12 人，党员 64 名；而普通会员则有 2300 多名。

老年协会作为一个民间自发成立的社会组织，虽然具有很强的草根性，但是也具有较为完整的建制。其设置党小组和协会班子成员，ZBD 兼任党小组组长和协会会长。作为法定代表人，老年协会会长具有主持老年协会日常工作、组织实施老年协会的决议、组织实施单位年度业务活动计划、拟订单位内部机构设置的方案、拟订内部管理制度等权限。老年协会还设有组织委员、财经委员、学习委员和财经委员等职位协助老年协会工作。

要服务 2000 多名老人，就必须设置相应的组织化机制方可实现组织目标。根据 ZBD 多年的基层干部经验，在获得政府的支持和赋权之后，他采取三种方式服务老年人。

一是根据行政村的建制，在老年协会之下设置老年分会，一般设在村委会或村庄小卖部附近；究其原因是该地一般交通便利、人流较大，来休闲娱乐的老人较多。由于恩施地处山区，山路崎岖，居民居住分散，大量居民小组居住在塆中（北方一般是里或庄），去集中点的老年分会不甚便利。在这种情况下，老年协会又在地理位置相对集中的老人家里设置了老年之家。由于老年之家的居民是利用自己的房屋、院坝等场所来供其他老人娱乐休闲使用，故对家庭主人有较高的要求，不仅要求他有较强的公益精神，热心肠，不计个人得失，还要求其家里人心胸大度，能够支持他。

否则很容易让老年之家走向失败，不能长效运行。

> 一般到了天气好的晚上，很多婆婆娘娘就会相约到老年之家跳广场舞。跳舞就会有音乐演奏，有时喇叭声音很响亮，如果主人家没有耐心和包容心就觉得很烦。另外，来跳广场舞的免不了在家里饮水、上厕所，给家里的环境和生活带来影响。而我们补贴本来就少，只有开办时每户补贴了500元，没有补贴水电费，虽然也有村民捐赠，但毕竟是少数。当然，我们山里人一般都很大方，但是也有几家效果不怎么理想。（ZBD 20190823）

在老年之家经常老年服务中心——6个老年协会（见天坝村有2个分会）——20个老年之家。而组织运行则是分层级指导，老年协会对老年分会负责，分会则对该村的老年之家进行管理和指导。

（二）老年协会建立各项制度

老年协会建制完整，不仅设立了老年协会章程，还建立了学习制度、文体制度、休息制度、棋牌室管理制度、网络阅览室管理制度等保障组织运行。

表6-2　　　　　　　　　　　老年协会建立的各项制度

制度名称	制度内容
学习制度	学习活动是老年协会日常工作内容之一，近年来其开展大政方针、国学经典、健康保健、爱老助老、防火防骗、养殖种植、经营致富等知识和技能的学习与培训，以促进老有所学、老有所为。
文体制度	文体活动作为丰富老年人文化生活的抓手，是传播老年人精神文化的生活载体，故此老年协会鼓励老人建立文艺队伍，开展各种形式的文体活动。
休息制度	配设干净、舒适的床铺，被罩、枕套等定期更换，以供老年人休息。休息室内整洁卫生，禁止大声喧哗和损坏公物。
棋牌室管理制度	棋牌室是老年人室内活动的主要阵地，管理制度明确了老年人在棋牌室活动时应该遵守的规则，如不能大声喧哗、爱护环境卫生及娱乐设施，以及禁止利用棋牌活动从事赌博行为等。

续表

制度名称	制度内容
网络阅览室管理制度	阅览室是读书、学习的场所。室内禁止大声喧哗及吸烟和乱扔果皮纸屑以防鼠防潮。读者应爱护图书及公共设施，发现撕、割、盗图书则给予批评教育和经济处罚。上网仅限于学习新闻及与子女沟通。

（三）老年之家公约

根据老年协会章程，核心会员一般会在地域上就近定点联系 8 名普通会员，此举也是贯彻中央所强调建立农村留守老人关爱服务机制[①]的应有之义。此外，还有部分老人尚未与核心会员建立定点联系关爱机制，就通过跨地域的方式建立互助组长来与余下的老人进行联系。最后，在老年协会不能涵盖和辐射的地方设置老年之家，让老年人能够就近找到娱乐交流玩耍的去处，也能够在一定程度上促进老年人的社会交往和心理慰藉，进而提高其精神满足程度。

表 6-3 两河口村阳昌隆老年之家公约

1. 在老年之家可以找到志同道合的老友，一起游玩娱乐，让中老年人生活更加精彩。
2. 老年之家义务为中老年人搭建一个沟通交流的平台，主办各类中老年公益活动。
3. 老年之家的目标就是给老年人创建一个幸福的精神家园。
4. 为把家园办得更规范，更有特色，服务更周到，老年之家要一如既往地坚持做公益性质活动，一年只收取少量服务费用来维持基本活动。
5. 在老年之家能结识更多老朋友、有共同爱好的挚友、老邻居、无话不谈的驴友，大家一起聚会、出游、畅谈、互助关心、关爱，参加一些户外活动，举办唱歌、跳舞、比赛等休闲娱乐活动。
6. 老年之家会员条件：年龄在 45 岁以上，身体健康，积极向上，不非法集资，不搞传销，不信邪教的老人，都可以加入老年之家大家庭。

四 老年协会的老人互助机制

（一）互助方式

如上文所述，在老年协会会员的直接参与下，分片区设立了 12 个养老

---

① 民政部 公安部 司法部 财政部 人力资源社会保障部 文化部 卫生计生委 国务院扶贫办 全国老龄办. 关于加强农村留守老年人关爱服务工作的意见. ［Z］. 2017 - 12 - 28. http://xxgk. mca. gov. cn:8011/gdnps/pc/content. jsp? id = 14108&mtype = 1（网络文件没有修改标准）

互助中心户，推荐了12名中心户长，由户长牵头，开展老年人互助式养老活动，对生活有困难的老人进行帮扶。此外，还通过一对一帮扶和互助组长对留守老人开展帮扶。

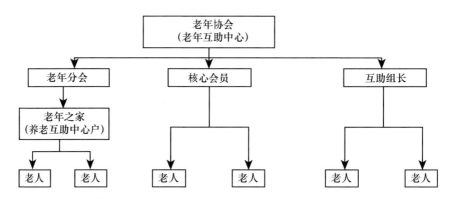

图6-1　由政府—老年协会主导型互助养老运行图

1. 一对一帮扶。老年协会会员与其他老人接对子，经常给他们打电话，或者上门探望，在精神上和生产生活上进行帮扶，一帮就是好多年。有的帮扶对象与协会会员间隔较远，会员还会购置电话方便其使用。帮扶对象首先是由老年协会会员自行寻找，在难以找到合适帮扶对象的情况下，老年协会就会进行分配。

2. 互助式组长。一对一帮扶未覆盖到的老人由互助组长负责。目前老年协会共有9个互助组长，不存在行政边界。互助组长具有热心助人的品质，需要及时了解和掌握会内老人的情况。对于老年协会能解决的老人问题，老年协会自行解决；对于不能解决的问题，例如贫困户脱贫问题，则向村集体和政府寻求帮助。

老年协会就如同一个大家庭，老人们时不时聚在一起谈心拉家常，开展各项文艺活动。互助养老在当地日趋深入人心，老人们的精神生活得到不断充实，物质条件得以改善。目前，该乡参与互助养老的空巢老人有2000多人。

（二）互助内容

1. 文化娱乐

为让空巢老人在精神上不再空虚，老年协会经常组织会员开展各类娱乐活动。两河口老年协会活动中心每周一、周四、周日开放。当地老人们趁赶集天，聚在这里聊聊家常，切磋棋艺。协会还组建了文艺队伍，充分发挥了留守妇女的兴趣和特长。她们练习跳健身舞、打腰鼓，自编自演喜闻乐见的活动（地方戏）等，在重阳节、农民丰收节、国庆节、春节、元宵节时表演，娱乐大家。截至 2020 年 12 月，协会先后组织了 8 次文艺活动，自编自排自演 20 余个节目。

此外，老年协会还组织老人们读书学习，宣传党的方针政策和科学知识，表扬好人好事，传递正能量。两河口老年协会还采取"走出去"策略，建立和扩大与其他老年协会的交往，先后与利川市毛坝乡老年协会和恩施市太阳河乡、舞阳坝街道办事处老年协会开展联谊活动。在自愿和自费参与的前提下，老年协会还组织部分会员到北京、台湾、重庆、昆明等地旅游，这也无疑开拓了老年人眼界，丰富了其精神生活。如此，通过这些文化娱乐活动不仅打发了老人们的空闲时光，增加了社会交往纽带，还有益于形成良好的社会文化风貌，助力社会治理和乡村振兴。

2. 生产上互助

土地是农民的命根子，故农民一直都会在土地上耕作直至身体不能劳作为止，这也构成中国传统养老模式的经济支柱①。农民劳动一来是为了通过劳动解决吃饭吃菜问题，不用另外开支去购买米面蔬菜；二来是劳动能够锻炼身体，打发时光，增加趣味，陶冶情操。故此，帮助身体健康的留守老人应对农业生产压力，提高生产经营富业技能，增加额外收益是老人们的共同心愿。在此需求导向下，老年协会会员通过劳力、种养殖技术互换等多种形式互助帮扶，解决空巢老人生产生活中的实际困难。其典型事例如下：

2014 年，两河口村擅长养蜂的 ZRS 老人生产的蜂蜜畅销白果乡和周边地区，其事迹还上了湖北电视台的《垄上频道》。如今 ZRS 每年卖蜂蜜的收入近 1 万元，还带动了周围 50 余户村民养蜂。

老年之家成员 YMH，65 岁，带领 30 多名老年人养蜂酿蜜。"不需成本，体力消耗不大，适合老年人操作，养蜂过程中还有很多乐

---

① 贺雪峰：《如何应对农村老龄化——关于建立农村互助养老的设想》，《中国农业大学学报》（社会科学版）2019 年第 3 期。

趣，每人养蜂三桶，平均年收入就能增加 1500—2000 元。"

家住两河口村楠木坪的老年互助活动中心成员 TJS，家中喂有一头耕牛，连续 3 年来，他不仅帮助附近 7 户无耕牛的老人耕田，还为他们送种子、送化肥。

老年协会会 ZBD 也指导 HGY 处理干竹笋：把采集回来的竹笋处理好、捋直并晒干，最后封装成袋，定价 20 元一袋。既可以将干竹笋销售给游客，也可以销售到其他地方，为留守老年人带来一些经济收入。见天坝村水田坝老年之家的家长 WXJ 指导周边村民生产制作茶叶，并向游客推荐恩施本地的茶叶——"黄金叶"。因其泡出的茶水是金黄色的，故得名"黄金叶"。该茶叶是全手工鞣制、无污染无公害纯绿色产品。在 WXJ 的带领下，"黄金叶"快速走向市场，给大家带来了经济收益。

油竹坪村老年之家成员 ZSR 作为山地农业种植专家，认为马蹄大黄种植技术与管理不复杂，成活率高，收益较好，非常适合老年人种植。在他的带领下，油竹坪村已经发展马蹄大黄 1200 亩，为留守老人发展经济拓展了空间，创造了条件。

3. 生活上帮扶

如上所述，在两河口村老年协会的带动下，金龙坝村、见天坝村、乌池坝村、油竹坪村等老年协会分会，以及 12 个老年之家共同倡导互助养老，以至于形成低龄老人帮助高龄、身体健康帮助身体差、富裕帮助贫穷的老人的局面。此种帮助可以分为两种类型：在生活上结对帮扶，换工式互帮互助。

其一，生活上结对帮扶。其施助者是老年协会会员和互助组长，受助者是需要帮助的老人。其典型事例如下：

2013 年，老年之家的互助组长 LBQ 组织 8 名空巢老人轮流到空巢老人 CSM 家帮忙做饭、做家务，从而较快帮助她从疾病中康复。

2014 年，行动不便的 80 岁协会会员 XXF 为了更好帮助患有支气管炎和风湿疾病的结对帮扶老人 XXH，自己掏钱为对方家安装了电话，从而能够及时准确知晓帮扶对象的生活起居和健康安全情况。

2020 年，见天坝村水田坝 YXL（86）岁，因白内障失明 16 年，丈夫去世较早，儿子外出务工常年不在家，儿媳带着孙子孙女，喂猪、种地、忙家务，没有多少时间顾得上失明的婆婆。YXL 感到非常孤独。2014 年，老年之家成员 LQX（64 岁）结对帮扶 YXL，每月最少上门 3 次（结对帮扶），与 YXL 聊天、说话，问寒问暖，送去精神慰藉。2020 年 7 月 2 日，刚做完白内障手术已复明的 YXL 看到 6 年都没看到的 LQX，非常激动。

2020 年，82 岁的 ZXY 从乡司法所退休，自购理发工具，常年为相对固定的 26 位老弱病残的"五保"户、低保户、复退军人和部分行动不便的老年人入户义务理发。三年来，平均每年义务理发 160 多人次。ZYX 说："老年协会提倡互助式养老，我没有其他的能力，理发技术也不高，但为大山中行动不便的老年人解决了'头上大事'"。

2020 年，由于 8 年前儿子意外去世，HSM 精神上受到巨大打击，卧床一年半，对生活失去了希望。2015 年金龙坝村成立老年协会，其丈夫硬拖着 HSM 去参加村老年协会。ZBD 知道 HSM 的事情后，与村老年协会李会长安排协会老姐妹们轮流陪护，硬拖着 HSM 参加协会各项文艺活动。半年后，HSM 的精神状态终于慢慢好转。现在 HSM 能歌善舞，是村老年协会文艺活动的活跃分子。HSM 说："没有斗书记的帮助，我现在不是死，也'癫'（精神病）哒！"

其二，换工式互帮互助。双方通过交换自己的技能和劳动以互通有无，达到相互帮助、共克难关的目的。

乌池坝村退休兽医 ZYZ，70 岁，家有三亩旱地、一亩水田，子女在外务工。同村村民 XCG，72 岁，家养有一条牛、三头母猪、50 只鸡，20 只鹅，子女均在外务工。ZXZ 结对互助 XCG。XCG 养殖的牛、猪、鸡、鹅的疾病防治、养殖技术支持，由 ZYZ 全部承担。而 ZYZ 家三亩旱地、一亩水田的耕作，由 XCG 承包。这说明，当地农业生产生活上的互帮互助也为互助养老奠定了社会基础。本已潜存的民间互助传统在老年协会互助养老理念的宣传下得到释放和再利用。虽然没有形成固定的诸如时间银行和积分机制，但是此种民间互助更加灵活。

五　农村老年协会的社会连带机制

（一）政府的支持和关注

连带福利表现为老年协会在直接进行预设福利生产时，也会对规则和资源进行运用和转化并展现出福利吸引能力，进而会对家庭、朋辈群体、社会慈善要素、村组织等形成间接支配权力，并连带性动员他们参与老年福利生产过程①。就两河口老年协会而言，除了获得来自恩施市白果乡的财政支持以维持其运行之外，更重要的是由于其影响还获得了各级政府和各部门的支持或捐赠。其中，除了民政局和老龄委这两个直接对口业务主管部门之外的支持，还涉及商务局等单位，如下表所示。

表 6 - 4　　　　　　　　两河口村老年协会接受单位捐赠明细

捐赠单位	捐赠金额
湖北省老龄工作委员会	5000 元
恩施州老龄委	20000 元
恩施市民政局	500 元
恩施市商务局	5000 元
恩施市人民医院	2000 元
白果乡供电所	800 元
白果乡文化服务中心	2000 元
两河口村中心小学	200 元
两河口村卫生分院	200 元

由于两河口老年协会在恩施市互助养老服务工作中卓有成效，除了获得政府和单位的物质奖励或捐赠，也获得了诸多荣誉称号，如 2013 年被省老龄委授予基层老年协会先进单位，2015 年被评为全省先进老年协会，被恩施州评为"全州老有所为先进集体"。而老年协会会长 ZBD 在 2014 年被

---

① 王辉、金华宝：《连带福利：农村老年协会福利再生产》，《探索》2020 年第 6 期。

湖北省老龄委授予先进老年协会会长，在 2016 年被全国老龄委授予全国敬老爱老助老模范人物。

此外，很多政府官员和老年协会从实务角度出发前来学习考察。据老年协会大事记显示，自 2013 年挂牌成立以来，平均每年大约 10 个单位（其中既有老龄委的业务人员，又有市政府办、司法局、乡镇官员，甚至是市长，而湖北省老龄委领导先后两次来参观考察）前来学习交流。

（二）社会慈善支持增加

借助结构化理论来分析，两河口老年协会在当地政府和众多会员的支持之下，获得了相应的财力物力，且在推进互助养老服务中取得了良好成效，为其支配其他群体的行为奠定了基础，即从积聚配置性资源转向行使权威性资源①。在此影响下，老年协会形塑了在白果乡场域社会网络中的重要接点，能够间接或直接支配动员各种力量。自成立以来，老年协会不仅得到如上表所示政府及事业单位的支持和捐赠，还得到诸多个人的支持。2013 年以来，政府官员、企业家、教师、农民工及当地村民共捐赠40000 余元。此外，当地卫生院还驻村上门来给老年人免费体检、送医送药，市文化局帮忙给老年人文艺彩排，市司法局给老年人法制教育宣传，消防武警做安全消防讲座等。这些慈善支持对于改善老年协会的办公设施，增加老年人关爱资源，丰富老年人文体活动等不无裨益。

也有诸多高校如北京大学、中国政法大学、厦门大学、宁夏大学、湖北民族大学等的学生过来调研或者开展社会实践。两河口老年协会及其会长的事迹也先后被中央电视台和地方电视台报道宣扬。这些都无形中扩大了其社会影响，形成了老年协会连带福利的循环效应，为其可持续发展注入了部分动力源泉。

六　政府—老年协会互助模式长效机制的特征、成效和不足

上文对湖北恩施两河口村老年协会主导的农村互助养老从产生原因、

---

① ［英］安东尼·吉登斯：《社会的构成》，李康、李猛译，生活·读书·新知三联书店1998 年版。

资源筹集机制、组织运行机制、老人互助机制和社会连带机制等方面展开阐述。然而，不同于农村幸福院模式，也不同于社工主导的互助养老中心，老年协会的模式特征、模式成效和模式局限如下表所示。

表 6-5　　　政府—老年协会互助模式长效机制特征、成效和局限

典型案例	模式特征	模式成效	模式局限
恩施老年协会 互助模式	政府支持 精英参与 多重互助	建立老人互助支持网 支持老人自我造血 连带福利支持多	不能解决就餐需求 养老服务专业性弱 对老年精英要求高

（一）政府—老年协会模式特征

以农村老年协会为主导来开展互助养老服务的特征表现为：政府支持、精英参与、多层互助。

政府支持包含政策推介和财政支持两个方面。政策推介表现为政府对于自下而上的社会自发创制老年协会予以认可，承认其合法性，并根据实际需求，将其由单一村庄的老年协会推介到五个村庄；财政支持表现为老年协会的日常运行经费一部分来自政府的财政支持，老年活动场所如棋牌室、网络阅览室，以及柔力球、健身设施等都是由政府的采购和修建。如果没有政府支持，依靠老年协会一己之力则很难支撑互助养老体系运行。

精英参与表现为老年协会的创始人——张必斗和核心会员，以及互助组长等群体一般都是老干部、老战士、老教师、老专家、老模范等老年精英或新乡贤。他们每年缴纳100元会费，同时结对帮扶其他老人。如果没有他们贡献自己的金钱、时间、精力，同时连带其他主体的福利支持，白果乡老人在农业生产和生活上的互帮互助则很难实现。老年精英之所以乐意参加老年协会并承担彼此互助的社会责任，更多是出自对乡土的眷恋，以及农村熟人社会中的面子、情感和互惠等非正式责任机制的影响[1]。

多层互助表现为三级网络、两种互助。三级网络即老年协会下设老年分会，再在其下设老年之家，这种纵向到底、横向到边的网络确保涵盖的所有老人都能够根据距离远近和自身兴趣到老年协会或老年之家参加娱乐活动。两种互助即老年协会核心会员与其他老人之间的结对帮扶和互助组

---

[1]　王辉：《村老年组织的连带福利机制研究》，博士学位论文，上海交通大学，2016年。

长帮扶。他们通过上门探访或电话交流等方式来及时获得对方信息，并给予生产生活上的帮助，缓解子女不在身边无人照料和精神寂寞的困扰。

（二）政府—老年协会互助养老模式成效

1. 建立留守老人关爱互助支持网

自 2013 年成立以农村老年协会为主导的互助养老机构以来，留守老人的互助关爱网络逐渐建立。对于老人而言，解决了心理孤寂的问题，让留守老人能够得到关爱与支持，减少了冲击社会底线的留守老人非正常死亡事件。对于政府而言，动员本土老年协会参与和运行互助养老，是践行党中央国务院建立完善农村"三留守"关爱服务体系，落实人口老龄化中长期规划政策的必由之路。且此种模式降低了政策成本，提升了政策执行的效益。相比于幸福院模式，农村老年协会服务的老人更多，影响面更广，也更具有推广的可能性。

2. 支持老人自我造血

老人虽然年龄不断增长，但是积极老龄化认为其行为活动与外界同频的话，那么其活动能力和生活满意度并不会必然下降[①]。老年精英中有诸多手艺人，如擅长养蜂的老人能够带动周边老人养蜜蜂挣钱，兽医能够指导老人养殖牛羊兔子等。此外，帮助和指导其他老人种茶叶、养殖小龙虾等行为不仅能够让老人找到活干，锻炼身体，还能够自我造血，创造经济效益和社会效益。多一些劳动收入能够更好保障自身生活和促进家庭运转。

3. 连带福利支持多

由于老年协会在村庄中的次级中心地位，以及众多老年精英的行动能力能够产生强大的配置性资源和权威性资源，也能够连带性动员和催化较多的福利支持，如政府、村庄社会、新闻媒体和研究者等。他们或捐资捐物，或新闻报道和调查研究，这些都给老年协会和老人们带去了福利支持。

（三）政府—老年协会主导互助养老的局限

1. 不能解决老年人就餐问题

老年协会更多是在老人的社会支持、情感慰藉和生活照料上发挥作

---

① 宋全成、崔瑞宁：《人口高速老龄化的理论应对——从健康老龄化到积极老龄化》，《山东社会科学》2013 年第 4 期。

用。对于老年人吃饭问题，老年协会并不解决。恩施地区地广人稀，住户分散。政府虽然推行志愿者低偿配餐服务，但是农村老人一般都节俭，对伙食要求不高，也就不想花钱去购买这种配餐服务。

2. 养老服务的专业水平低，设施利用闲置率高

老年协会虽然设有棋牌室、图书阅览室和休息室，但是没有专门的服务管理人员和社工进入，也缺乏更专业化的服务，加之农村老人的环境意识淡薄，导致卧室、厨房、卫生间以及公共活动场所环境卫生较差。而缺乏专人管理，阅览室和休息室的闲置率较高，就算是一周开放两次，也少有人问津。

3. 过度依赖老年精英的作用

老年协会由老年精英组成，多重互助网络之所以发挥作用，有赖于老年精英的人脉和公益心，他们能够助人为乐，帮扶他人。如果没有这些老年精英的参与，尤其是离开老年协会会长——张必斗这一核心人物的枢纽作用，老年协会所开展的互助养老服务则难以取得持久的效果。虽然该村老年协会的互助养老服务获得了诸多关注和支持，且政府也在推广该模式，但是并未形成制度化或成熟定型的做法。此外，老年人的精力和能力毕竟有限，很多事情也是力不从心。故此，未来政府应该激活更多内生性力量来参与互助养老。

第七章 政府—村委会模式的
互助养老长效机制
——以河北肥乡农村幸福院为例

一 肥乡区农村幸福院简介及院的创办经历

（一）前屯村简介

前屯村地处典型的北方平原——河北省邯郸市肥乡区飞乡镇。镇内高速公路、国道和省道交织，交通便利，距离肥乡区政府不超过5000米。前屯村共有户籍人口1400余人，其中60岁及以上老人100多人。大部分村民是外出务工，如在北京、天津和石家庄等地做地暖和外墙保温，留守在村中的部分村民依靠种植大棚蔬菜如西红柿和豆角等为生，另有部分人员跑运输和做物流生意。前屯村虽然不是贫困村，但是缺少集体经济和产业支柱。种大棚蔬菜的村民一般都很忙，农忙时节会自带干粮到棚内吃饭，而没有多少闲暇回家做饭给老人吃，这也是部分老人到幸福院的原因。

前屯村处于国道东西两侧，东侧人口相对集中，家户之间由能通车的街巷连接。每家的房子都依街巷而建，整体较高，且有高大的院墙包围。院墙外的牌匾一般都书写"家和万事兴"几个字。虽然院墙高大气派，但是院内环境因人而异，有的整洁，有的脏乱，各种杂物堆积。街巷虽然方便交通，但是缺少地下排水设施，也容易导致积水，致使路面泥泞不堪。而各家各户为了能够从屋内向外排水，也不断增加台阶，致使巷道积水淤塞，影响行人通行。如同华北平原的其他村庄一样，该村也缺乏水源。虽然土地肥沃，但是缺少水资源导致玉米减产。此外，缺水导致该村使用简易旱厕，垃圾围村，影响美观。这也解释了村干部诉苦当地人居环境难以整治的原因。

前屯村建有土地庙、菩萨庙等，每到农历初一、十五都有善男信女烧香拜佛，以求心想事成和富贵平安，这显示出村民较为浓厚的佛教信仰。此外，村内以姓郭、范、张为多，各姓氏之间具有相应的宗族关联，且建有若干祠堂，族谱齐全，公共活动也多。郭延超书记说每年春节时族人会聚合，族长发表讲话以求族内团结，并要求族人支持郭姓村书记工作。这与蔡莉莉[1]、姚洋和徐轶清[2]的研究结论相似，即宗族这种非正式制度能够促进村庄公共物品的增加，也暗含了宗族内部团结会对农村互助养老形成助力[3]。

虽然距离邯郸市较近，但是肥乡区也是全国贫困县，从市区建设和消费娱乐等可以窥探一二。县城美食林广场消费者虽多，但是缺少高档的场所和奢侈品店。晚上八点钟很多餐馆都鲜有客人，也随处可见关停的餐馆，足见消费能力有限，经济疲软。

（二）农村幸福院创建经历

21世纪以来，随着外出务工的青壮年大量增加，乡村中的"386199部队"逐渐"壮大"，前屯村大量劳动力外出打工，使得留守在家的老人增多，并且无人看管。2006年后，村中接连发生了4例独居老人孤独死于家中的事件。在邯郸农村流行这样一种说法：父母孤独死在家中是儿女的不孝，这不仅是父母的不幸，而且还会给子女的未来造成不好影响，其将会受到一定的"惩罚"。

老人孤死事件对村民的心理产生了两方面影响。其一，子女们认识到父母独自在家养老可能存在的风险，从而提升对父母的孝顺程度。但是这无可避免地会对外出打工造成较大影响，让在外工作的子女产生深深的顾虑。其二，如果独居老人去世的案例越来越多，那么村民们是不是会习以为常，这样一来，孝亲敬老的风气将慢慢减弱，社会不和谐现象会增加。

独居老人悲剧使养老问题进入村民的公共舆论场，引发村民尤其是老人对自己养老的担忧，使独居老人养老问题逐渐从"家事"转向具有公共

---

① TSAI. L. Solidary Groups, Informal Accountability, and Local Public Goods Provision in Rural China. *America Political Science Review*, No. 2, 2007, pp. 355 – 372.

② XU Y. Q. , YAO Y. , "Informal Institutions, Collective Action, and Public Investment in Rural China", *American Political Science Review*, No. 2, 2015, pp. 371 – 391.

③ 王辉：《村庄结构、赋权模式与老年组织连带福利比较研究》，《中国农村观察》2020年第4期。

性的社会问题。这在一定程度上也促成了时任村支书 CQY 对解决这一问题的关切，开始反思惨剧发生的原因，并试图想办法避免类似"极端事件"的发生。

独居老人孤独死亡现象冲击了村支书的道德底线，激发了村支书对社会弱势群体的正义感与同情心。蔡书记在对老年人个体、家庭成员、社会稳定和谐之间关系进行分析的基础上，萌生出依靠老年人互助、家庭与社区参与的养老保障念头以弥补当下独居老人正式、非正式保障的不足。

> 一个老人连着至少一个家庭，如果养老问题得不到解决，家庭矛盾会演变为社会矛盾，影响社会和谐；于是，我想着把独居老人和其他单身老人集中起来，同性别的老人两两搭伴儿住一起，24 小时相互照应，比独处强，还能解决儿女外出打工的后顾之忧。——CQY（20190803）

然而，在村庄内创建幸福院并非易事，蔡书记需要克服物质条件、村民观念、同僚反对三方面的困难。即便如此，蔡书记还是凭着一名退伍军人，以及担任多年村干部的魄力、勇气与谋略，克服困难，积极推进农村幸福院建设。从 2006 年开始思考至 2007 年动工建设，再到 2008 年竣工，2009 年老人自带米、面、菜和油便住进初始的幸福院，其中的创建困难和解决方法如下表所示。

表 7-1　　　　农村老年幸福院创建中的困难与解决方法

创建困难	解决方法
物质困难：建立互助幸福院的资金、土地、配套设施从哪里来；后续的物资损耗又靠什么方式维持	①土地：改造闲置小学校舍 ②资金：划拨村集体征地补偿款 ③设施：动员县政府进行物资帮扶
村民观念："养儿防老"的传统及乡村社会的"面子"文化阻挡村民入住幸福院，容易望而止步	①首先动员老人，使其说服子女 ②挑选代表性对象，破除传统观念（第一批入住幸福院的老人为：退休的村干部、教师、工人等，他们不仅思想开明，而且在村中德高望重，行为具有启示性） ③利用村支书个人威望，说服村民

续表

创建困难	解决方法
同僚反对：村两委班子的同事不同意其建立互助幸福院	村支书是两委班子的班长，虽然村委遵循民主集中制，但是书记权力和意见具有决定性作用

二　农村幸福院的资源筹集机制

（一）农村幸福院的资金筹集

2007 年幸福院建设时，其开办资金主要来源于村集体、村庄共同体以及村支书个人的社会资本。2008 年底，县和乡两级民政部门、老龄委开始注意到前屯村的互助养老模式。县政府决定从 2009 年开始根据入住老人的数量给予每人每年 500 元的日常运行补贴，当年补贴 5000 元，这是政府开始以资金支持的形式辅助幸福院运行的标志。彼时政府补贴基本可保证日常运行。同年，县政府决定在肥乡县内开展小范围试点，2011 年民政部领导视察幸福院后该模式开始在全县推广，县政府也开始对改建和新建的幸福院给予开办和运行补贴。

随着幸福院逐渐步入正轨，该模式逐渐得到村民认可，村内想入住幸福院的单身老人增多，村支书决定向镇里申请经费新建幸福院。经县财政局报到省财政厅后，省财政厅最后划拨 120 万元用于新建二层楼房并建成典型示范幸福院；之后，村支书又申请到"中国革命老区项目"的 60 万元经费用于幸福院建设；其中，幸福院建设用地购买、楼房建设、装修、设备配置等大约花费 150 万元，剩余近 30 万元用于日常运营维护。在得到当地政府的支持之后，互助幸福院的发展发生了变化，村集体对幸福院的经济支持作用逐渐退出，政府财政拨款在幸福院搬迁后成为幸福院运行的主要经济来源。

（二）农村幸福院的场所与设施

2012 年，幸福院完成搬迁，搬迁后的幸福院"多院联建"，与村两委办公室、医务室等建在一起，以利于老年人的社会交往需求和突发意外事件的应对。目前，幸福院只有一层的房间用于老人居住生活，二层用于村委办公，部分闲置。楼房的建造及装修参照养老机构设计了无障碍走道、扶手及防滑地面，并配套在幸福院院墙西侧建了 3 间房作为医务室，方便老人就医。

此外，还配套了活动室、户外健身器材、停车棚等设施，虽然也有图书室，但是因目前入住幸福院的老人文化程度普遍不高，尚未充分利用。新建幸福院的燃煤暖气供暖系统取代了电暖风取暖，并且厨房配套了电磁炉等厨房用具。随着居住条件的改善，幸福院的日常运行经费也有所增加，购置煤炭一年花费1万元左右，水、电及幸福院其他设施的维护约1万元，取暖花费约占日常运行花费的60%，一年的日常运行花费在3万元左右。

三　农村幸福院的组织运行机制

（一）前屯村互助幸福院的入住条件

年满60周岁，单身，具备生活自理能力，无传染性疾病，自愿并征得子女同意是入住的基本条件。"年满60周岁"这一指标较易判定。"单身"包含三种情况：未婚、丧偶或离异。"无传染性疾病"的条件是基于对集中居住特点的考虑，不能将疾病传染给其他老人。"具备生活自理能力"是通过"互助行为"达成互助养老的基础，"自愿并征得子女同意"是出于对家庭养老传统的尊重及家庭关系和谐的考虑，也是互助养老产生并存在的一项重要社会基础。

"具备生活自理能力"的老人就是"顾得上自己的老人"，借助工具或其他老人的帮扶，可完成日常生活活动，如做饭、吃饭、大小便等。按照机构养老对老年人自理能力的划分，互助养老基本可涵盖完全自理和半失能状态（借助外力可以自理）的老人。

"自愿并征得子女同意"，这是基于对家庭和谐、养老方式选择与养老效果之间关系的考虑。老年人对养老方式的选择能否获得家庭成员认可和支持是影响老年人晚年生活幸福程度的重要因素。不论哪种养老方式，对老年人而言，拥有血缘、亲情关系的家庭成员对自己的生活照料及情感慰藉是其他主体所难以替代的，互助养老不能替代家庭养老，家庭参与仍然是重要方面。

> 不能因为互助养老使父母和子女之间产生矛盾，因为互助养老保不了失能老人，老人失能后还得靠家庭，一定不能破坏家庭关系的和

谐。——CQY（20190803）

通过调研，老人入住幸福院的原因主要有四种：婆媳有矛盾；老人为了节省开支；自己独住比较孤独；没有家人给自己做饭。而整体上老人入住率不高，平常大约20位老人入住。此外，入住率也随季节而变化，冬季因为幸福院的暖气足，老人更愿意入住，可能达到30人左右。

（二）由村委员主导运转

如前文所言，村委会与幸福院保持密切的关系。究其原因，其一，村委会与老年幸福院在同一栋楼上。老年人生活在一楼，村委会在二楼办公。地理位置相近，将二者空间整合能够资源共享，方便村干部对老年人生活的过问关心、及时监控和处理问题。与前屯村相邻的城南堡村的幸福院院长由村妇女干部HSF兼任。这也是政府—村委会主导农村互助养老模式的本质属性——由政府出资，村集体举办，村干部兼任幸福院院长，负责其日常运行。其二，前任村支书CQY是幸福院的倡议者、创立者和推行者，任职村支书的十几年间，直到2014年卸任村支书，积累了丰富的管理经验，在幸福院运行后便以院长的身份管理幸福院。其三，村支书是幸福院的核心人物，并且善于"选贤任能"，从幸福院中挑选老人作为管理人员，在日常管理上建立村互助幸福院制度（性质、安全手册、公物和财务管理、卫生管理）。

表 7-2　　　　　　　　　幸福院组织机构以及人员职能

姓名	职务	职能
CQY	院长	全面负责幸福院管理事务
YXT	常务副院长	协助院长打理行政性事务；电力维护、供暖系统维护
ZXF	副院长	分管幸福院的餐饮事宜，主要负责厨房开关、厨房用具、厨房秩序的维护及蒸饭
ZGS	副院长	分管幸福院内的矛盾纠纷调解
CWN	卫生第一组组长	监督值日老人的卫生打扫情况（随着政府和社会对互助养老幸福院模式的重视，到幸福院视察、调研的群体增多，卫生组长的责任也有所加重）
LXY	卫生第二组组长	
ZQD	卫生第三组组长	

从幸福院的入住老人中选择的管理者具有双重角色①，既是幸福院的管理者，又是入住其中的老人，熟悉院内老人及老人之间的关系，在管理老人时更能感同身受地理解老人的行为和处境，并且处于幸福院这一熟人化社会中，老人间都相互给对方面子，管理相对容易。此外，熟人社会中②，大家对彼此都有一定的了解，能够做好彼此行为的调适，以符合社会文化观念。

但是，熟人社会的基础并不排斥和否定幸福院存在严格的成文制度以规束入住老人的行为。就幸福院的管理机制而言，其秩序的形成与维护是幸福院管理运行的基础，硬性规矩塑造的"安稳环境"有利于老年人在幸福院共同体中生活。

四　农村幸福院的老人互助机制

（一）在衣食住用行与防止意外事件上互助

起居照料方面，互助幸福院在房间安排上的设置是双人间，老人可自由搭伴，鼓励年龄大的老人与年龄稍小的老人搭伴、身体健康状况良好的老人与身体条件相对较差的老人搭伴同住，方便相互间的照料与帮助。大部分自由搭伴的老人相互间都比较熟悉。两位老人在一个房间居住，与老人在家独居时相比，在日间及夜间特别是在生活起居上及发生意外时都能相互照应。

在饮食及购物方面，老人间的互助主要体现在厨房用具使用、在烧水做饭上的互助（特别是帮助半失能老人）以及为出行不便的老人代买食物及生活用品等。

为应对老人生活中的意外事件，幸福院在老人的房间安装了呼叫器。遇有紧急情况，老人按下呼叫器后，院长办公室内的传呼系统上会显示床位号，同时呼叫器会发出声音以便其他人能及时提供帮助。幸福院内侧配备公用电话，墙上张贴了入院老人家属、医生及消防部门的联系方式，遇到紧急情况时可以及时寻求帮助。

---

① 朱火云、丁煜：《农村互助养老的合作生产困境与路径优化——以 X 市幸福院为例》，《南京农业大学学报》（社会科学版）2021 年第 2 期。

② 陈柏峰：《熟人社会：村庄秩序机制的理想型探究》，《社会》2011 年第 1 期。

（二）文化娱乐互助

老人独居在家精神孤寂的现象时常发生，入住幸福院后，集体生活中的娱乐活动比在家时丰富；并且老人的兴趣爱好大致相同，大多数与子女共同居住的老人都会因与子代、孙代的兴趣爱好的不同而使自己的兴趣爱好得不到满足，精神文化生活难以丰富。到幸福院后，老人会在活动室看戏剧频道，并且在听戏过程中相互帮助，老人的兴趣爱好得到满足的同时，还提高了老人的文化娱乐生活质量。

对老人而言，融入不到幸福院生活中，即使生活在集体中，也会感觉孤独；这些娱乐活动中不仅包含了老人的互帮互助，还是老人充盈精神文化生活、融入集体的途径。

（三）自我管理与互助服务

前文在幸福院的组织机制中提到幸福院设有院长、副院长及卫生组长的职务。老人对尊重及自我实现的追求可看作精神慰藉需求满足的更高层次，幸福院老人在这一层次上的需求主要通过在幸福院日常运行中的自我管理和互助服务来实现。如在自主清洁卫生上，根据日期将老人分成三组（每月1、4、7为一组，2、5、8为一组，3、6、9为一组），每天打扫卫生。

自我管理方面主要体现在老人作为幸福院的管理人员，在与其他老人之间的互动与互助过程中获得他人的认可与尊重，履行自己在管理岗位上的职责，最大限度地实现自己的价值。幸福院其他老人对尊重及自我实现的追求则是通过在相互帮助的过程中获得被需要感，能够让老人感觉到生命的意义，自己并不是"一无所用"的累赘。

五　农村幸福院的社会连带机制

（一）政府和社会各界关注较多

自2011年时任民政部领导到该村调研，认为农村幸福院是"村集体办得起，老人住得起，政府支持得起"的养老方式，随后各省市纷纷组织学习，目前除了港澳台和西藏等省市，其余各省都有人来参观调研。该村幸福院也被中央电视台新闻联播、2套《小丫说事》、新闻频道、《小撒探

会》等栏目播出。美、英、日、荷兰、波兰等国家的专家学者和新闻媒体
也来学习参观和拍摄纪录片。

（二）子女更加孝顺

幸福院是一个空间，将老人聚集在一起的同时也放大了其自身及其子
女的行为。乡村幸福院是一个纠正人们行为的场域，可以把不同的行为放
在一起进行比较。如果某位子女不孝，老人们势必会看在眼中，并将此负
面情绪向外扩散（老人群体与其他群体的不同就在于他们希望子女孝顺），
这时，子女所受到的压力势必让其改变行为，变得"孝"。对老人"孝顺"
观念的引导，有了正向舆论的参与，良币可以驱逐劣币，形成孝的氛围。
正如村书记郭延超所言：

> 我们幸福院是两个老人住在一个房间，比如说一个老人的孩子是
> 不是来看，带东西给大家；另一个老人的孩子来得较少，村里边可能
> 就会说闲话："你看看谁谁家的孩子都不去看一眼"，这就无形中催促
> 着老人的孩子。之前在家里养老，孩子孝顺不孝顺只有老人知道，也
> 不会往外说，现在住到幸福院了，你对老人咋样大家都看在眼里。
> （GYC 20190802）

> 今天老头的家人来看了，老头告诉儿子同屋的另一老伙伴怎么怎
> 么帮助他来着，儿子的心里对另一个老人也会心存感恩。每次拿东西
> 来看，除了给自己的父母，往往也会给同屋的老人分一些。（GYC
> 20190802）

（三）社会慈善捐赠较多

一些有爱心和公益心的企业家捐赠米、面、油、毛巾、床单、被
套等生活用品，目前老人的生活用品大多来自社会捐赠。此外，也有
专家学者、新闻媒体人士到村庄调研时顺带捐赠一些生活用品给老
年人。

一件事情的发生与千万件事情都有关联，一个人的感情也牵连着不
同家庭的感情，互助思想和行为在老人间产生的情谊可以在家庭成员之
间流动、传递与共享。老人间的情谊只要有其他家庭成员的见证，就会
扩展为两个家庭间的情谊。所以，互助幸福院对乡村文化的塑造在于：

其一，它是乡村孝文化的引导，或正向或反向引导着村民孝老爱亲；其二，它是乡村互助文化的引导，老人互助增进了家庭间的情感，增强了村庄的和谐感。

（四）志愿者帮助

当地中小学校会组织学生来幸福院做志愿者，帮老人洗衣服、打扫卫生、聊天、送温暖，以帮助老人进行日常照料和排解寂寞。也有志愿者每月农历十六来给老人包饺子、唱歌跳舞、表演节目，让老人们开心。

六 政府—村委会互助模式长效机制特征、成效和不足

前文从村庄背景、幸福院的创建经过、资源筹集机制、组织运行机制、老人互助机制和社会连带机制等方面对前屯村农村幸福院这一典型案例进行了深入剖析，如下图所示。

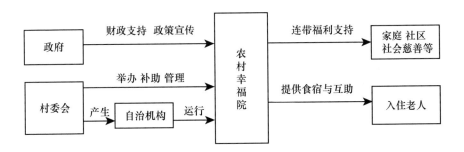

图 7-1 农村幸福院的四重运转机制

在此基础上，结合笔者调查经验和相关学术研究成果①，系统梳理其农村幸福院模式的特征、成效和不足，如下表所示。

---

① 张彩华：《村庄互助养老幸福院模式研究：支持性社会结构的视角》，博士学位论文，中国农业大学，2017年。

表 7-3　　政府—村委会模式的互助养老长效机制特征、成效与不足

典型案例	模式特征	模式成效	模式不足
河北肥乡区农村幸福院模式	集体建院 集中居住 自我保障 互助服务	有效支持入住老人 老人文化适应性较强 政府和村委会支出低 连带家庭和社会支持	入住率低、专业性低 对政府和村委会要求高 对养老场地要求高 地域依赖性强

（一）政府—村委会互助模式的特征

幸福院的开办和运行体现了集体建院、集中居住、自我保障和互助服务四方面特征。集体建院即由村集体出资通过新建、扩建和租赁房屋来建设幸福院。集中居住即老人离开家庭而迁移居住在幸福院内，与其他老人构成一个集体。自我保障即老人自带米面油来幸福院做饭、生活，自我保障基本就餐问题，村集体不负责老人日常就餐。互助服务即没有专职人员提供服务，而让老人自我服务和相互服务。老人离家但不离村，就地抱团养老的做法，使老人的生活环境和社会交往范围都没有发生改变，具有文化适应性。此外，具有低成本性，老人不用花费很多就能够在家门口养老。

幸福院的规则是简单的，只要老人不违反基本的如吵架动手、不讲卫生等普遍准则即可；幸福院的生活是简单的，自己负责活动与餐食，子女探望，来去自由；幸福院的互助是简单的，没有硬性的要求和规定，更不需要对他们的行为进行统计与计算，帮助其他老人与邻里、同学、舍友、朋友互助同出一辙，靠的是内心的感知与感恩。

（二）政府—村委会互助模式的成效

1. 有效支持入住老人

对于入住老人而言，农村幸福院能够满足其基本生活、减少支出、社会交往、情感慰藉和健康管理等需求。其一，老人在幸福院内生火做饭，而不用自己承担水电气费用，节省了自身和家庭的生活开支。其二，在幸福院内，老人们有了日常说话和相互帮助的伙伴，生活不寂寞，也在一定程度上化解或躲避了紧张的家庭矛盾，提高了生活愉悦度。其三，老人住的床铺都安装了呼叫设备，当出现意外时可以呼喊，从而尽快启动急救措施，而比邻的村医护室也会定期免费给老人们量血压。幸福院内冬天供暖

充足让老人可以安全过冬，否则天气太冷老人很容易生病，甚至出现病危状况。其四，幸福院就设在村内，老人离家不离村，文化适应性强。老人进出自由（只要提前告知负责人，就可以随时离开），身体好的话还可以干活和帮家里带小孩、做家务等。

2. 减少政府和村委会支出

对于政府和村委会而言，能够用较少的费用把老人聚起来养老助老，为老人提供就地养老的去处。相对于民办养老机构，建立和维持互助幸福院的费用更少。民办养老机构是作为服务业存在的。在市场环境下，建立和维持一所养老院的费用大体由以下几方面组成：土地、房屋、水电暖气、生活与服务设备、服务人员与管理人员费用、食品费用、日常损耗、突发事件费用。相比而言，农村互助幸福院由于其"自我保障、互助服务"的互助性质，免去了服务人员与管理者费用，节省了一笔巨大的开支。在此意义上，政府更愿意推广互助自管形式的互助幸福院，而非那些要依靠专职服务人员的养老院。

3. 连带家庭和社会支持

对于家庭而言，农村幸福院的建立也能够提高子女的孝道观念，强化村庄社会的慈善捐赠意识。农村幸福院作为一个公益组织，其福利生产具有正外部性。再加上由村委会来运行和负责，就更加具有权威性和可支配性，进而连带性支配其他主体的福利生产[1]。正如前文所言，前屯村老年幸福院作为一个社会容器，不仅引发了海内外政界、学界和新闻媒体的宣传报道，还吸纳了众多的社会慈善捐赠和志愿者的帮助。

（三）政府—村委会模式的不足

1. 老人入住率低、专业化服务水平不高

就调研情况来看，前屯村和城南堡村的入住人数较多。河北省目前建的 31000 多家农村幸福院，覆盖了行政村 70% 以上，但是 2019 年实际利用率只有 10% 左右。在各地迅速建设的农村互助养老幸福院中，一些示范型幸福院能够按照规定的要求规范运行，但相当部分的农村互助幸福院存在徒有其表、重建轻管，甚至无人入住等现象。这表面上看是农民传统养儿养老观念（部分老人觉得进互助幸福院是儿女不孝顺，也不愿了解它，

---

① 王辉、金华宝：《连带福利：农村老年协会福利再生产》，《探索》2020 年第 6 期。

思想观念还没有转变过来）和幸福院管理存在缺陷，其本质则是我国压力型体制下农村社会保障体系建设不足的问题。此外，没有专门的服务管理人员和社工进入，也缺乏专业化的服务，导致卧室、厨房、卫生间以及公共活动场所环境卫生较差。

2. 对政府财政支持要求高

虽然前屯村互助幸福院是村庄自我创造的产物，但是自 2011 年过后，民政部门对于互助幸福院模式大量复刻，前屯村互助幸福院的运行目前也由大量的财政资金支持，其"草根"的性质已经悄悄改变。前屯村互助幸福院是互助养老模式中的"明星"，给其带来了其他机构无法比拟的社会资源，其运行状况也自然会更加稳固。前屯村互助幸福院之所以可以成为"明星"，除了其"第一个"的先天属性之外，政府压力型体制"贡献"了巨大作用。在压力型体制下，政府是农村互助养老推广和发展的主导者，在农村互助养老的推广中发挥着重要作用。政府想要推广互助幸福院模式，就必须将前屯设为参照标杆，并设置考核标准和发动宣传，让各村来参照和效仿。故此，当前农村互助养老的爆发式发展路径，带有压力型体制产物的明显特征，其工作机制仍然属于自上而下的动员模式。对于农村互助养老的推广、建设与发展，基层政府和乡村的主要任务就是完成上级下达的任务指标，迎合上级政府的精神，按照上级指示来建设农村互助幸福院。

农村互助养老属于满足农村公共需要，保障空巢、留守老人弱势群体权益等需求的农村公共物品①。农村公共物品的效用的不可分割性、消费的非竞争性和收益的非排他性，决定了中央、省、市政府应在农村互助养老供给中发挥主要作用，并承担政策制定和财政供给的责任。按照农村互助幸福院的建设原则，虽然建设主体是村集体，但由于村集体经济普遍羸弱，除一些集体经济比较雄厚的乡村外，每个互助幸福院投资 3 万元，再加上每年不菲的运营成本，对于不少集体经济薄弱的乡村来说，压力巨大。因此，一些乡村互助幸福院开办时间不长，就因缺乏运营费用而被迫关门。故此，还需要政府持久的财政支持以保障幸福院运行。一个只建设不运营的互助幸福院空有躯壳，闲置于此只会让老百姓寒心。在建设的时

① 王小宁：《农村公共物品供给制度变迁的路径依赖与创新》，《中国行政管理》2005 年第 7 期。

候没有征求百姓的意见，仅仅是为了完成上级的任务，结果只会是劳民伤财，更严重的是会进一步丧失村民信任，导致乡村信任危机。

3. 对村干部的责任心要求高

互助养老想法的实践及该村幸福院的成立在很大程度上得益于该村当时村支书（现幸福院院长蔡书记）的带动与领导。在当时该村面临的养老形势下，村支书带头实践互助养老既具有偶然性，又具有必然性。调研发现，运行较好、入住率较高的幸福院一般都依赖村委会的资金投入，需要村干部的责任心、进取精神和主动意识。如果村干部没有责任心，就不会花时间和精力去过问和关心幸福院的事务，而任由老人自我管理则会走向无序和失效。如果村委会没有进取精神和主动意识去争取政府的财政支持，幸福院的日常运行则会中断，毕竟很多村庄欠缺集体经济，自身无力投入。然而，在当前乡村治理现代化和乡村振兴背景下，脱贫攻坚、产业发展、道路修建、人居环境整治、森林防火、信访维稳、扫黑除恶、基层党建、疫情防控等工作会占用村干部的大量时间，再加上村委会人手少，村干部就没有过多时间和精力去关心和处理农村幸福院的事务。故此，在幸福院模式的后续发展中，如何调动或培育当地老年人作为后继管理者，如何调动和培育幸福院管理中的内生性领导力，从而使老年人积极主动为解决老年群体养老问题贡献一分力量，成为值得探讨的问题。

4. 对养老场地要求高

首先，如果幸福院场所是租赁而不是村集体自建，也会运行惨淡。老人死于幸福院的事例也时有发生，故此租户一般都害怕老人死在出租房中而要承担连带责任，就采取了在房屋到期后不续租的策略，导致幸福院运行难以为继。其次，由于老人在幸福院中生火做饭，集体居住，存在较高的安全隐患。故此，不仅要求消防设施配备齐全，还要求幸福院内的功能分区和生活用品要尽可能体现适老化特征。再次，结合老年人体弱多病的实际以及医养结合的发展趋势，将村医务室比邻设置在幸福院旁边，以方便老人问诊和满足就医需求也是幸福院布点时需要考虑的因素。

5. 地域依赖性强

农村幸福院模式自2012年经由民政部在全国推广后，在短时间内遍地开花。然而，经由调研发现，北方平原地区的农村幸福院整体上比南方丘陵或山区的农村幸福院发展要好。其中原因与地形地貌紧密相关。北方平原地区如河北肥乡的居民居住集中，村庄道路平阔宽敞，交通便利。老人往返于家庭和幸福院之间便捷简单，不花费太多时间精力。为此，老人在居住幸福院之余还能够帮助家里做农活、做家务和带孙子等。而南方的地貌多是丘陵和山区，居民居住较为分散。有些地方山高路陡，地广人稀，交通不便。即便是入住了幸福院，很多老人还是放心不下家务活，而不断往返于家里和幸福院之间又耗时费力，且存在安全隐患。故此，南方山区的农村幸福院在地域适用性上要弱于北方平原地区。

第八章 政府—社工机构模式的
互助养老长效机制
——以重庆大足互助养老服务中心为例

一 大足区龙岗村互助养老中心的创办经历

（一）龙岗村简介

龙岗村位于重庆市大足区西部，是大足区龙岗街道辖区的一个行政村，距大足城区四公里。大足城区开设多路公交车，方便多个行政村的村民往来，从大足公交起始站到达龙岗村，乘坐 207 公交最多不过 20 分钟。龙岗村辖区面积 6 平方公里，耕地 2347 亩，有 22 个村民小组，1315 户，4584 人（其中劳动力 2117 人），60 岁及以上老人有 688 人，80 岁及以上老人有 95 人，建卡贫困户 42 户 113 人，"五保"户 16 户 16 人，低保户 88 户 175 人，残疾人 173 人，现有党员 52 人（外出党员 7 名），下设 3 个党支部，党员平均年龄 56 岁以上。在龙岗街道辖区内有一所矫正中心、一个老年公寓、13 家农家乐餐饮店，村级公路 9 公里，人行便道 2 公里，可谓交通较为便利。村民经济收入主要以务工、经商和传统农业为主。留在村庄的农民还以种植草坪、蔬菜来创收，但未形成大面积种植。现如今龙岗村正在不断地进行改造，征用土地打造水果基地。村里绝大多数年轻人都在外打工很少回家，将自己的儿女留在村里让父母帮忙带，几次调研的情况也能证实这一点，即反映出这个村庄的人口特点，留守老人和小孩众多，所以该村在大足区民政局的支持下领先打造探索互助养老模式，也被社工机构列为大力发展互助养老的重点区域。

龙岗村大部分没有社保的老人经济状况不佳，基本上还是要靠打工子女赡养自己。村里少部分有社保的老人能靠着社保维持基本生活。村里大多数家庭为留守儿童加留守老人的组合，老人少有儿女的照顾，孩子少有父母的陪伴，不论老人还是儿童都是需要帮助的弱势群体，基于此龙岗村成为第二批建立农村互助养老中心的村庄之一。

（二）互助养老服务中心创建经历

近几年重庆市委市政府为居家养老指明方向、勾勒蓝图，明确了各区县互助养老点建设的数量指标，希望各区县按照自身实际情况探索互助养老模式。在成为第四批全国居家养老改革试点地区的同时，大足区响应民政部对于居家养老改革试点的要求，选择区域性供养和互助养老作为其试点改革的重点和亮点。为满足验收条件，其必须探索总结出互助养老发展的模式。此外，大足区民政局在脱贫攻坚的过程之中发现，该区脱贫攻坚的对象很大一部分也是失能特困老人，而发展互助养老也利于解决这部分人的养老问题。

2019 年 6 月，重庆市大足区在区民政局的大力支持下正式探索城乡互助养老模式，首先在大足区宝顶镇铁马村、季家镇梯子村试点，由社工在村里驻点，为留守、贫困儿童和高龄、独居、留守老人等困难群体提供服务，重要的是在提供服务的过程中探索城乡互助养老服务模式，着力解决农村养老问题。社工驻点帮扶打造农村互助养老模式在铁马村、梯子村这两个试点村取得了良好成效，秉持"区级指导、镇街主导、村级主办、政府支持、社会参与、因地制宜、社区互助、邻里自助、社会共助"的理念，探索出"四元互动、参与养老"的城乡互助养老模式。基于成功试点的经验，民政局计划在 2019 年末将铁马村的互助养老模式推广到包括龙岗村在内的其他村社。这个项目因为疫情关系一直推迟到 2020 年 4 月启动，社工开始入驻龙岗街道龙岗村、棠香街道、和平村等村社开展互助养老服务，着手打造互助养老中心。

龙岗村村民居住分散，也没有比较合适的闲置空房或者废弃的学校可以开展互助养老。同时，村里的便民中心不仅距离远，也没有多余的房间提供。综合各种情况来看，村里确实没有合适的地方用来开展互助养老。基于此，村干部倾力打造一个龙岗村农民居住集中地，将居民集中起来修建了"富轿新居"，随后将村互助养老中心的选址定在人口集中且交通便利的"新居"附近。虽然确定了大概的位置，但是在选址征集闲置房屋进行租赁的过程中，很少有村民愿意出租自己的房屋用来打造互助养老点。综合几处闲置房屋的位置、交通等方面情况，最后选择了交通最为便利、位置显眼的闲置房屋。

到 2020 年 5 月初，龙岗村互助养老服务中心逐步完成了互助养老服务中心挂牌，并配备了活动室、学习室、互助超市、互助食堂等功能设施，为服务的顺利开展奠定了良好基础。为了开展更加符合当地老人需求的服务活动，驻点社工在互助养老中心正式挂牌运营之前，开展了前期的老人需求调查工作。一来社工可以了解老年人需求以开展相应的服务；二来可以借此向老人宣传互助养老理念，告知其互助养老中心的基本情况。在此过程中，社工可以从老人们的话语之中感受到这个村庄原有的互助传统和互助意愿。

> 大家都是几十年的老熟人了，现在年龄越来越大，子女都不在身边，老邻居们一定要团结起来，谁都有生老病死的时候，大家互相帮助，子女在外也能放心些。大家需要我帮忙我就会帮，我需要帮忙的时候也希望有人能来帮助我。——ZSS（20200113）

在龙岗村开设互助养老服务中心，提倡互助养老的理念，能够让村里更多的老人意识到虽然自己的儿女难以陪伴和帮助自己，但社区和自己情况差不多的这些老人可以互相陪伴，相互帮助。同时，这也完全契合互助养老的宗旨，农村老人居家就地养老，在不离开家的情况下，互帮互助，助人助己。正如学者张继元提出互助养老的本质是互惠的交换行为，老岗村老年人通过帮助行为的交换，最终实现互惠目标[①]。

二 农村互助养老中心的资源筹集机制

（一）资金筹集

2020 年 5 月龙岗村互助养老中心开始建设，其建设资金主要来源于政府财政补贴，这里面包括中央财政资金和市级财政资金。在实践运行之中采用村上先垫付，建设完成后待区民政局验收，验收合格之后将资金下放给村上的资金给付方式。这种资金支持方式有利于保障互助养老中心的建

---

① 张继元：《互助养老的福利自生产机制——互惠的连锁效应与结构效应》，《山东社会科学》2021 年第 10 期。

设质量。一般环境设施配套比较简单的互助养老点可以申请 5 万元资金补助，涵盖内容较多的互助养老中心可以申请 10 万元补贴，修建花费超出政府补贴时由村集体承担，另外互助养老中心的房屋租赁资金由村集体支付。相当于龙岗村互助养老中心的创办一直得益于民政部门的财政支持，以及村集体的高度重视和资金上的鼎力支持。互助养老中心日常运行费用主要是水电费，这些都包含在房屋租金中，因而其日常运行所需资金不多。

（二）场所与设施

互助养老中心的位置由民政部门、村委和社工机构一起协商决定。由于龙岗村村民居住过于分散，难以找到合适的区域发展互助养老方式。不久之后打造的农民集中居住地正好解决原本的问题，接着村委出面调动此地居民积极参与，为互助养老中心提供更多的选择。由于动员不足、宣传不到位等，少有村民愿意出租自己家的闲置房屋。有一处闲置房屋处于十字路口交汇处，门口场地宽敞无遮挡，并设有一些固定好的健身器材，是开设互助养老中心一个绝好的地理位置，但是屋主并不愿意将自己的房屋出租。我们在之后的访谈中也找到了这家屋主，询问她之前拒绝租房的原因。

> 我不想租是觉得即使天天都有人来，我也落不到好，还要管这样那样的，把这个（互助养老中心）设到别人那里，我想去耍就去耍，我也不用管那么多。——XNN（20200113）

通过与肖奶奶的访谈可以看出，她现在经常到互助养老中心参与活动，并成为一名老年志愿者。看到打造好的互助养老中心后，她是愿意将自己家的房子出租的。从这个选址插曲中可见村委和社工在前期的动员和宣传并没有达到理想效果，让部分老人产生了心理负担。

民政部门和社工机构对农村互助养老中心制定了建设标准：建设面积不少于 60 平方米，最少 3 个活动室，包括互助超市、学习室和活动室，互助食堂、健身场地根据实际情况因地制宜。基于建设标准可以筛选出部分面积合适的闲置房屋，之后综合房屋面积、交通状况、地理位置、房屋格局等多种因素筛选出最合适的房屋修建打造。互助养老中心由社工规划打造，设计装修模板，之后经过民政部门审批同意后进行统一规划。目前是社区跟农村两个版本，农村版本以绿色为主，充满乡村田园气息，龙岗村就是如此。社区结合自身特色，比如与当地的旅游文化相结合，选择特色打造，比如和平村。选定地址以后村上与选定闲置房屋的户主签订租赁合同。房屋每年的租赁资金由村集体统一支付，包含水电费，平时无其他开销。

龙岗村互助养老中心设有基础的互助超市、学习室和活动室，互助中心的面积不大，活动室也作棋牌室等其他用处，配备了休闲桌椅、空调风扇、麻将桌等。学习室有少量多类图书，都是来自爱心捐赠。但是目前龙岗村老人文化程度普遍不高，图书尚未充分利用。互助超市是单独的一个房间，平时也很少开门，利用率比较低。互助超市里主要是一些日用品，如牙膏牙刷、肥皂、香皂、扫把、拖把、毛巾等。这些东西一部分由村上出资购买，比如肥皂；一部分来源于社工的资源链接，比如老花镜。为了保证其正常运转与可持续性，互助超市需要筹集资金来支付包括水电费等在内的运行成本。资金来源包括对外出售互助成员手工制品抽取分成、集体经济分成以及个人、企业、基金会、政府机构等捐款。互助超市有设置的必要性，但应该考虑设置的利用率。因为村里的老人们，对积分兑换不是特别了解很少主动兑换自己的积分，大多都认为是去互助养老中心参与活动获得的礼品。

三 农村互助养老中心的组织运行机制

（一）驻点社工统筹管理

龙岗村互助养老服务中心由驻点社工进行统筹管理。首先对老人整体状况进行划分以提供差异化服务，紧密结合民政部门的信息平台信息和老人的实际具体情况筛选出重点服务对象，将重点服务对象依据年龄、居住情况、身体健康状况、精神健康状况、是否特困人员、是否能自理等方面，分为 A、B、C、D 四类老人。对于 A 类老人实行每周走访制度，B 类老人实行每月走访制度，C 类老人实行双月走访制度，D 类老人主要是互助意愿培育以及日常精神文化生活的参与。其次为老人提供生活关怀服务、精神慰藉服务、娱乐文化服务、价值成长服务，满足老人精神、心理等方面的需求的同时引导老人之间的互助。因为老年人长期待在家里，就会孤僻，不愿意与人交流，需要有相应的娱乐文化活动疏解自己的心情。社工日常组织开展的活动就是棋牌、手工和学习活动，学习活动主要是教授他们一些养生保健的小知识。社工组织开展活动，比如手工、围棋、象棋、五子棋、养生、唱歌、跳舞等活动，主要是对老人提供多方面的服务，让其老年生活丰富起来。再次，社工发掘本土资源和人才助力互助养老，在日常与村民交流互动中，注重引导村民积极参与。

（二）建立四级联系人机制

结合农村居住分散的情况，为给高龄、独居、患病等重点老人提供更好的服务，也推动互助式养老服务有序开展，村庄内部建立了互助四级联系人制度。四个层级的联系人有不同的职能职责。一级联系人由村干部或其他选派人员担任，负责统筹互助养老服务开展、需求整理与发布、服务记录档案资料撰写及其他应急事宜处理；二级联系人由各互助组长担任，每位联系人负责收集自己互助组内重点老人日常走访信息、老人需求、服务反馈及其他总联系人安排的相关事宜；三级联系人为区域负责人，负责本区域内重点老人的日常走访工作并记录老年人实际情况，根据老年人需求提供具体的互助养老服务，并向二级联系人反馈服务情况；四级联系人为服务对象的亲属，包括子女、亲戚等，具体服务需要得到四级联系人的知晓和认可，在身边的四级联系人需要积极加入互助养老服务，使村里老人遇到紧急情况时能够很好应对。

四级联系人机制主要是由驻点社工推行和建立，然后由村上来具体实行。每一层级的联系人不是自然形成的，最终名单是社工经过多方面的考虑确定的。比如说二级联系人应该是村里的组长，但是他长期在外面居住，也没有时间来做这个事情，所以就必须将这个二级联系人换成其他人。二级联系人与社工是联系最密切的，也最了解每个组情况，社工可以通过二级联系人及时、全面地了解村民的情况。因此，二级联系人是非常重要的层级联系人。在互助养老中心的公示板上，明确地标注了四级联系人的名字和电话，但是因为版面问题，就没有将各个老人与自己的联系人放在一起张贴在上面。

层级联系人的主要作用就是促进互助式养老有序开展，每级联系人有不同的职能任务，形成有序的互助帮扶运行体系；提供重点老人帮扶服务，每级联系人根据各自的职能职责，为需要帮助的老人提供相关服务。

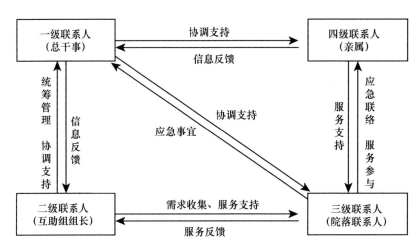

图 8-1　城乡互助养老四级联系人机制

对联系人的激励主要表现为志愿服务积分，按照相关规定可兑换物资与服务，按帮扶的老人数量给予一定补贴。

（三）志愿者培育

社工发展志愿者后，建立志愿者管理制度，为每位志愿者颁发服务证书，记录服务时长，给予志愿服务激励；也可形成志愿团队合作机制，与志愿服务单位签订志愿服务合作协议，授予"助老公益伙伴"聘书，利用互助中心对助老公益伙伴进行定向展示宣传，在社工报纸留出专栏对助老公益伙伴进行介绍宣传等；同时，社工也将定期开展志愿者培训、志愿服务交流沙龙等活动，激发志愿组织活力，保障志愿服务组织长效持续运转，形成互助式养老持续服务体系。

四　农村互助养老中心的老人互助机制

（一）社工引导发挥互助传统

社工会经常组织开展一些体现互助意义的活动，促使老人在游戏的过程中共同协作，团结一心。比如以团体形式参加的运气球接力赛、运乒乓球接力赛等，他们在这个过程中也会互相加油、互相帮助、分享心得等，不知不觉在内心深化互助意识。在建设互助养老中心之前，村里热心肠、乐于助人的老人也不少，所以在成立了互助养老中心以后，这些老人就成为社工发展的第一批志愿者，继续帮助他人。

> 我不管做啥子我肯帮助，我家门口的大路我都扫得干干净净，下雨天我都肯收拾，我就是这个样子。我就爱收拾收拾，别人走了不会溜倒，也就像做件好事一样。别人还说这个大路大家都走，你还来扫咋子哟。但我想到把门口的小路填平一些，有人走就避免摔倒，我一直以来都是心直。我儿子也是。那天那个老婆婆的幺女儿开车回来去庙会，我看他们的车走在那里开不过去，赶紧告诉他们开到前面去转过来。做这些事，我都觉得很爽快，就是这么个意思。——DJX（20200112）

DJX 是社工发展的第一个老年志愿者，她平时就是个肯帮忙、孝顺老人的热心肠的人，她家距离互助中心也不过 50 米的距离，所以她经常到互助养老中心帮忙，时常和其他几位老年志愿者共同维护互助养老中心的清洁卫生等工作。在社工的引导下，这些乐于助人的老人能够发挥更大的价值，不仅可以帮助到更多的老人，也能带动身边的人互帮互助，形成良好的互助氛围。社工驻点式参与介入能够与村里的老人有更多接触，也能够更加迅速地了解村里老人的实际情况，不仅能增加村里老人对社工人员身份的认同，还能使更多老人增加参与互助养老的激情和意愿。

（二）实行积分制激励互助行为

大足区在城乡互助养老体系的构建中，引入"时间银行"的时间存取积分制作为激励制度，设立互助超市并制定相关管理制度、兑换制度和物资接收和发放制度等。"时间银行"所存储的"时间"代表存款人在一定时间段内创造的劳动价值[1]。这里"时间"的来源主要是为有需要的老人提供相关的养老服务，将时间存进银行账户，存进账户的"时间"可以转换成相应的积分，而累积到一定积分可以换取物资或服务等。往"时间银

---

[1] 陈际华：《"时间银行"互助养老模式发展难点及应对策略——基于积极老龄化的理论视角》，《江苏社会科学》2020 年第 1 期。

行"里储蓄的服务提供者可以是政府、社会、村集体经济捐赠，村民、爱心志愿者服务等。单位或集体捐赠的时间（金钱）可以作为公益积分，解决老人的应急所需，而以个人名义存进的时间（金钱）可以用来换取相应的物资或服务。"时间银行"实行随存随取，定存随取，以满足老人常规或不时之需。

（三）老人互助服务内容

1. 精神慰藉互助

针对独居、残疾等老人，志愿者每周至少一次前往老人家中，陪老人聊聊天，帮老人做做家务等，给予心理关怀与情感支持，让老人感觉到自己并不孤单。此外，互助养老中心为本村老人提供了休闲娱乐的地方，给老人们的日常生活增添了不少乐趣。老人们可以在互助中心计划每周开展1次主题兴趣、学习活动，如故事会、唱歌、跳舞、手工等，丰富老人日常生活，提高生活乐趣。在重大节日时，社工会组织开展集体庆祝、慰问等活动，让老人感受到节日的氛围，收到节日的祝福。老人大多喜欢节日热闹，大家一起过节也不会在节日里感受到多重失落和孤独了。

2. 生活照料互助

社工在前期的上门访问过程中发现村里大多数老人健康状况不错，这些老人在社工的引导下也愿意帮助自己身边身体不如自己的老人，做一些力所能及的小事。这种邻里之间互助是非常常见的。比如说某位老人自己一个人坐着打瞌睡或者最近情绪不太好，就会有邻居主动过去陪他聊天谈心；如果还看到家里特别脏了，就会给社工打电话，或者直接在微信群里面说，今天谁家里面特别脏，需要人去做志愿服务，然后就逐一地进行联系。社工与村里的四级联系人有微信群，用来发布相关信息，比如说某某老人之前预定的哪个星期某一天他有可能要去大足看诊，然后根据这位老人的住址，看到相关信息的其他人就会主动提出陪同看诊，再联系他自己的第四级联系人全部沟通安排好，是由他的家属还是其他联系人或志愿者陪同他到大足去看诊。虽然主要是微信沟通，但社工会通过他的邻居或者有些在家里面读书的小朋友告诉他，多次询问老人自己的意见，并确定他的行程安排。

五　农村互助养老中心的社会连带机制

（一）社会慈善捐赠增多

社工机构凭借自身资源网络积极链接资源助力城乡互助养老。社工充分发挥资源链接专业优势，与各类社会力量积极互动，加强村内村外的联系，引进外部社会资源参与，丰富助老资源，如建立"互助养老公益联盟"城乡互助结队帮扶服务队，促进城市社区老人、儿童、家庭等资源发挥公益服务作用；建立外部助老爱心资源库，为老人提供医疗、教育、养生、理发等各方面的服务资源。目前已有的资源单位包括：大足区嘉华医院、凡比世界素质培训学校、大足区爱心理发队、重庆第一检察院分院、重庆电子工程学院、大足移动分公司、重庆立信会计师事务所事务分所、重庆农业香福有限公司、重庆市残疾人福利基金会、大足医加医眼光视力中心等 20 余家。目前资源在一步步扩大中，服务也在一步步丰富中。

（二）撬动本村内生资源支持

互助养老中心学习室的书都是来自村庄个人或集体捐赠。一些大学生听说村里要办互助养老中心，就将家里的部分图书捐赠出来。一些养殖或者技术方面的书来源于村上捐赠、政府支持。还有一些儿童的书，是妇女主任那边争取过来的。除了充分调动村内物质资源有效利用，互助养老中心得到了重要的人力支持。目前，已成立老年互助志愿者队伍以及普通志愿者队伍，对孤寡老人、空巢老人、困难老人等进行探访，提供心理关怀、精神慰藉、居家清洁等服务。

（三）政府和社会各界关注增多

龙岗村互助养老中心受到中国网、新华网、华龙网、重庆日报网等多家新闻媒体的报道，其作为大足区发展落实较好的互助养老模式具有代表性和典型性。与此同时，大足区互助养老中心的建设和运营，以及社工介入取得的良好成效受到上级领导的肯定和认可。大足区民政局将在铁马村总结出的"四元互动、参与养老"的城乡互助养老模式进行全面推广，并在包括龙岗村在内的 22 个村社区推广和建设互助养老服务中心。由此可见，互助养老服务中心的建设运行以及实际效果受到社会媒体尤其是重庆市媒体，以及重庆市范围内政府领导的广泛关注。

六 政府—社工机构模式长效机制的特征、成效和不足

前文从村庄背景、互助养老中心的创建经过、资源筹集机制、组织运行机制、老人互助机制和社会连带机制等方面对龙岗村互助养老服务中心这一典型案例进行了深入剖析。如下图所示。

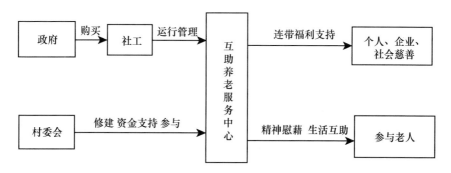

图 8-2　互助养老中心的四重运转机制

在此基础上，结合笔者调查经验和相关学术研究成果，系统梳理其农村互助养老模式的特征、成效和不足，如下表所示。

表 8-1　政府—社工机构模式的互助养老长效机制特征、成效与不足

典型案例	模式特征	模式成效	模式不足
重庆市大足区城乡互助养老中心	政府支持 社工引导 多元参与 志愿互助	满足老人养老需求 挖掘村庄内生动力 提升老人互助意识和综合素养 产生连带福利支持	政府财政投入较大 四级联系人制度难落地 志愿者有效培育难度大 社工介入陷入"景观式" 社工驻点结束后互助养老中心运营陷入僵局

（一）政府—社工机构模式互助养老特征

龙岗村互助养老中心的建立和运行突出了政府支持、社工引导、多元

参与、志愿互助的显著特征。政府支持是指政府部门通过政策制定、资金投入、设施修建、监督评估等形式指导互助养老有形、有序、有力发展。政府为城乡互助养老项目提供了政策支持，同时通过政府项目购买形式积极引入专业社工机构，为发展城乡互助养老提供专业人员支持，还在明确城乡互助养老基本要求和指导互助养老工作开展中给予村社足够的资金支持。社工引导是指社工组织通过宣传引导、项目指导、服务开展、组织培育、机制搭建等形式引导互助组织、城乡居民、社会爱心力量积极参与互助养老。社工组织作为专业机构，重点在于本土互助组织培育与能力建设、互助养老氛围的宣传与营造、互助养老服务内容规范与标准、互助养老服务模式的提炼与推广。社工注重引导社会力量广泛参与，同时更加注重引导本土人才和资源的有效利用。通过社工的引导链接，挖掘本土力量，培育本土村民互助组织和社会力量志愿组织，形成内生动力与外部介入有机结合的城乡互助养老模式。多元参与是指政府部门、互助组织、社工机构、社会力量共同积极参与城乡互助养老。四个不同主体在城乡互助养老过程中有不同的角色与定位、职责与作用。不同主体发挥自身的特定作用，分别为互助养老提供政策、资金、人员、服务等多方面的支持，保障互助养老中心正常运营。志愿互助是指互助组织通过制度规范、互助服

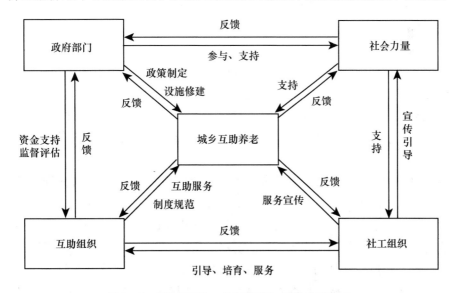

图 8-3　"四元互动、参与养老"互助养老模式

务等形成自我管理、自我服务、自我监督、自我成长的互助养老主体。互助组织是当地村民作为主体的社会组织，是开展互助养老服务的实质性机构，是形成互助养老长效机制的关键性载体。

社工机构在大足互助养老中的特点：社工机构承担了更多互助养老点运行专业化的职责，具体表现为社工机构开展活动丰富多样，详细记录老人基本情况和活动开展情况，保持客观中立的对待态度，为老人提供相关保健、疾病护理、心理健康知识等，动员村庄内部力量如人才和资源等，并积极链接外来资源。

（二）政府—社工机构互助模式的成效

1. 满足老人养老需求

社工聚焦服务内容，开展身、心、社、灵四项服务，满足老人养老需求。

一是生活关怀服务。①一人一档案。建立村内老人数据库，为重点老人建立个人档案；与医疗单位合作，开设家庭医生、健康热线，为老人提供健康咨询等服务；通过每日探访掌握老人情况并记录档案。②一日一问候。通过互助联系人机制，对重点老人实行每日探访、每日跟踪，随时掌握老人状况，提供必要的生活服务。③一月一活动。每月开展1次主题活动，如健康检查、爱心理发、物资采购、家庭清洁等，满足老人日常生活所需。

二是精神慰藉服务。①定期志愿陪伴。针对独居等重点老人，每周组织志愿者前往老人家中1次，陪老人聊聊天，帮老人做做家务等，给予心理关怀与情感支持，让老人感觉到自己并不孤单。②重点个案帮扶。针对有特殊需求的老人开展重点个案服务，满足老人精神、心理等方面的需求。

三是娱乐文化服务。①日常有乐趣。计划每周开展1次主题兴趣、学习活动，如故事会、唱歌、跳舞、手工等，丰富老人日常生活，提高生活乐趣。②节日有温暖。在重大节日时，开展集体庆祝、慰问等活动，让老人感受到节日的氛围，收到节日的祝福。

四是价值成长服务。①老年互助志愿队。鼓励低龄老人发挥自身价值，加入志愿服务队，帮助有需要的老人，同时将服务积分存进自己的时间银行账户。②老年互助朋友圈。鼓励有兴趣、爱好、特长的老人积极展现自我，展现老年风采，丰富老人生活。

2. 挖掘村庄内生动力，打造服务队伍

志愿者、四级联系人机制都是挖掘村庄内部人力资源，在培育的基础之上进行整合，四级联系人制度采用层级式串联的方式，使互助养老形成层级化的网络，其末端链接需要养老互助服务的老人。

社工注重依据老人的兴趣爱好设计服务活动，在服务活动组织与宣传引导中注重挖掘骨干分子。同时也要与村委进行紧密合作，将村组长作为联系群众、宣传动员、互助服务的核心力量，培育他们成为骨干资源，建立互助三级联系人机制，形成联系人志愿服务队，推动服务常态持续开展。目前龙岗村已建立形成联系人志愿服务队、儿童志愿服务队、老年互助志愿服务队三支志愿队伍，已提供服务50余人次。目前龙岗村已建立形成联系人志愿服务队23人、儿童志愿服务队7人、老年互助志愿服务队18人三支志愿队伍。志愿者秉持奉献、友爱、互助的精神参与活动，提供宣传引导、消息通知、秩序维护、物资搬运、爱心帮扶、助力清洁、志愿陪护等服务。

3. 提升老人互助意识和综合素养

驻点社工对老人的互助意识进行多方面引导，老人邻里互助的意识不仅有所提升，其他方面的互助意识也提高了不少，比如公共清洁卫生意识。社工在互助中心除了开展老人喜闻乐见的活动，也会开展普及政策、健康养生等方面的专题知识讲座，提高当地老人的身心素养。近期社工进行垃圾分类等知识的宣传，有效改善了村庄人居环境。

4. 产生连带福利支持

秉持多元主体、共治共享的理念，社工机构积极链接多元主体共同参与互助养老。一方面，大足区福佑社工机构通过宣传单、活动宣传、新闻媒体等多样化形式营造互助养老氛围，促进互助理念的传播，从思想层面动员社会力量参与。另一方面，社工机构在进入农村互助养老项目后，依靠自身资源网络，将医疗资源、教育资源、居家服务资源、养生理疗资源等多方面资源引入养老项目，发挥社会力量参与、多元帮扶的优势。这集中体现在互助超市的物质捐赠支持之上，口罩、医疗卡、眼镜等来源于医院捐赠，备受老人喜爱。和平村的互助养老还计划引入盲人按摩，与爱心企业进行合作。

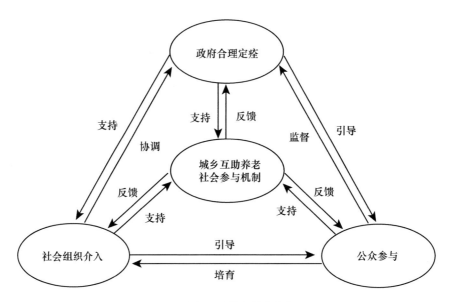

图 8-4　城乡互助养老社会参与机制

（三）政府—社工机构互助模式的不足

1. 政府财政投入较大

调研发现，打造一个村互助养老服务中心，就需要投入六七万元，还只是简单的互助养老中心，比如龙岗村互助养老服务中心，如果像和平村除了基本配置外还设有互助厨房、健身室等，那就需要投入十几万元。这样大的资金投入并非政府一开始就下拨给村社区，所有资金先由村集体承担，在互助养老中心修建好以后由民政部门进行验收，验收通过后才下拨资金给村社区，验收不通过就不拨付资金补贴。但大足区有 6 个街道以及200 多个行政村，在财政资金紧张的情况之下，这种需要政府较大投入的互助养老模式难以实现广覆盖。目前大足区的城乡互助养老发展模式共覆盖 22 个村和社区，但其重点依然在城市社区，对农村地区的覆盖率可谓极低。其倾向于打造一定数量的质量较好的互助养老中心作为政策亮点，但难以做到数量上的广覆盖，也无法让互助养老成为农村老人的普惠式福利。

2. 四级联系人制度难以落地

大足区城乡互助养老模式的建立最重要的就是建设四级联系人机制。

四级联系人机制设置的目的是让每位重点老人能够有人关心和照看。其作用机制的运作流程简要概括如下：老人的亲属是第四级联系人，老人如果有非正常状况或者需要某种帮助，就由四级联系人上报三级联系人也就是本土发展培育的志愿者，志愿者再协同上报给作为二级联系人的互助组组长，最后由组长统一将自己组上多位老年人的情况上报给驻点社工。完成情况信息汇总再由社工进行统筹安排，为老人提供相应的服务。根据调研情况来看，这种层级机制并未发挥其所设想的作用，四级联系机制建立起来，并公布于互助养老中心的展示板，但是大多数老人有问题不是依靠这种互助机制，而是依靠自己周围的人。由此可见，四级联系人机制并未在老人之中真正落地。

3. 志愿者有效培育难度大

龙岗村所推行和提倡的互助养老主要是发挥老年志愿者的作用，老人之间的互助也主要体现在老人志愿者对有需要的老人的帮助，带动老人之间、邻里之间的互助。根据调研访谈情况发现，作为社工口中志愿者的老人自身并没有意识到自己是志愿者，志愿意识缺乏。

主要原因是农村老人文化程度较低，没有相关认知。对社工的志愿者培训认知不清，在老人的认知里培训就是参加互助养老中心社工开展的活动，只要前去并帮忙的都是志愿者，他们认为志愿者是自愿者。再加上社工兼顾几个互助养老点分身乏术，平时主要是微信沟通，但是有些老年人不用微信，这也让很多老人与社工接触和交流的机会变少了。此外，社工对志愿者的培训不足，使得志愿者缺乏专业知识。

4. 社工介入陷入"景观式"陷阱

社工机构要求每位驻点社工开展活动必须要有新闻报道，不管是市级还是区级，一个月一条，每个月要有一次社区活动，要有至少四节小组活动，这只是调研获得的不完全的社工绩效指标要求。基于民政部门对承接互助养老项目的社工机构有相应的指标要求，社工机构也对机构内的每位社工的工作有多方面的要求，这些绩效指标未完成的社工将被扣除一个月的绩效工资。

5. 社工驻点结束后互助养老中心运营陷入僵局

在驻点社工的组织管理和引导下，龙岗村互助养老服务中心能够正常运转并发挥较好的作用，但根据调研的真实情况来看，因为机构社工人员不充足，驻点社工一个人需要负责一个片区的3个互助养老中心，常在这几个点之间跑来跑去。在周末或其他没有社工前来的时候互助养老中心都是关闭的状态，老人们的生活恢复成原来的状态，没有较大的改善。而政府购买社工驻点互助养老服务的时间只有一年，年后社工就由村上的公职人员过来接替，依靠本地发展培育的志愿者和互助组长来协助运行。依照现在的情况，这种设想实行起来非常困难，互助养老中心难以在社工驻点结束后照常运营。

在调研后期我们走访了此前试点成功的宝顶镇铁马村，根据调研来看，铁马村在社工驻点结束后的情况与此前大不相同，如今的互助养老中心日常只开设了一间棋牌室，沦为打牌娱乐的场所，在此几乎没有任何活动开展。村上聘请的负责人只有两把钥匙，一把是开活动室的，另一把就是棋牌室的钥匙。活动室和互助超市只是在社工驻点的时候开过门，驻点社工走了之后互助超市处于完全关闭的状态，活动室也蒙上灰尘，里面还有许多之前政府投入的相关设备设施，如电视机、按摩椅等，这些资源都被闲置在室内。隔壁村的互助养老中心甚至因为无人问津而关闭。

第九章 政府—村委会—老年协会模式的互助养老长效机制
——以浙江义乌 H 村互助养老为例

一 义乌何斯路村互助养老服务体系创办经历

（一）浙江义乌何斯路村简介

何斯路村位于浙江省义乌市西北部的城西街道，是卧牛山脚的一个小山村。何斯路村历史悠久，可以追溯到宋朝末年。何姓是村内的大姓，在族长的组织下仍会在何氏宗祠定期举办新生儿入族谱、成人礼、祭祖等活动。义西北虽多山地丘陵，但交通较为便利，国道和铁路纵横交织，何斯路村距离杭金衢高速公路上溪入口仅 4 公里，距离义乌机场 12 公里，距离火车站 16 公里。何斯路村靠近望道森林公园和圣寿寺景区，卧牛岗与长堰湖、长圳水库交相辉映，风景秀丽，同时村内有燕子坞古村落、何氏宗祠、明代古宅、何家大院（中国汽车制造第一人何乃民故居）等文化遗产，旅游资源丰富。

村庄面积 3.76 平方公里，其中耕地面积 0.25 平方公里，林地 2.73 平方公里。从 2008 年起，何斯路村通过开发乡村特色民宿及薰衣草主题观光公园，举办乡村生态旅游文化节、黄酒节等形式，大力发展乡村生态旅游业，村民收入有了显著提高。2008 年，村民年人均收入 4587 元，仅十年后，村民人均收入达到 42980 元，村集体更是依靠薰衣草观光产业和村庄的酒店产业，资产过亿，年收入达到 2420 万元。

村内现有人口 1166 人，其中 60 岁及以上老人在 300 人左右，老龄化程度较高。村内大多数劳动力均从事休闲旅游接待工作，外出工作人员中有政府事业单位工作人员 30 余人、经商人员 50 余人、物流运输人员 20 余人、建筑行业人员 60 余人。

村庄建设方面，村两委在村内道路周边都种植了绿植，在道路拐角处修建了交通反光镜和路灯。对于房屋改造，何斯路村不提倡统一的建筑造型，而是在保护古民居的基础上尊重村民意愿修建各式房屋，再砌筑花坛，形成"绿植上墙"和"一户一景"的特色。村内每年暑假会组织为期15天的青少年夏令营活动。对于老人，村内老年协会组织开展相关娱乐活动，老年大学每月三次组织老人进行集体学习，居家养老服务中心可以为老人提供用餐服务。

村内的产业发展和治理成效得到了党政机关和村民的广泛认可，何斯路村先后获得"中国十大乡村振兴示范村""国家级生态文化村""浙江最美乡村"等荣誉。

（二）何斯路村互助养老服务体系创建经历

何斯路村养老服务体系由村委会和老年协会在依托政府支持的基础上，先后合力创办老年大学和居家养老服务照料中心，打造了老人交往互动的场域，并通过"斯路晨读"和"道德银行"提升老人的个人修养，激发老人互助养老的意愿，加之衔接卫生院医生等资源为老人提供体检和义诊等基础医护服务，较为全面地满足了老人对于精神慰藉、生活照料和健康管理的多元需求。

何斯路村老年大学创办于 2006 年。2006 年，义乌市老龄委召开会议，鼓励有能力的村和社区创办老年大学，推动老年人继续教育事业发展。退休教师何樟根在老年协会会长和村委班子支持下开班办学，通过组织集体学习政治时事、国学文化、文明礼仪和健康知识，以及开展观看戏剧视频、拍球掷圈等文娱活动，丰富老人的精神生活。老年大学一学年分为两个学期，每月定期三次授课，学员人数从原先的 20 余人已经逐渐发展到100 余人。

何斯路村居家养老服务照料中心创办于 2016 年。结合养老福利供给主体日益多元化的背景，在浙江省政府推动健全社会化养老服务机制的工作指导下，义乌市在 2012 年发布了《关于加快推进社会养老服务体系建设的意见》（义政发〔2012〕56 号），将发展社区居家养老服务照料中心列为主要工作之一。2013 年，居家养老服务照料中心的建设被列为全市"十大民生实事"项目。何斯路村在城西街道支持下于 2016 年申办居家养老服务照料中心，由老年协会会长何允法兼任负责人，为老人提供廉价优惠的用餐服务。

斯路晨读活动始于 2018 年。随着何斯路村旅游观光者愈来愈多，村委会认为有必要组织活动提升村民的精神面貌，展示良好形象。从 2018 年 4 月 23 日开始，由老年大学退休教师和一些村民志愿者组织村民在早上开展讲政策、学礼仪、说好话、练身体、唱村歌等活动，参与者可以每月九次享用居家养老服务照料中心免费的早餐。参与者多为村内老人，斯路晨读的晨练活动可以帮助老人通过打太极拳、八段锦来增强体质，同时斯路晨读的思想教育还可以提升老人个人修养，促进老人之间互相帮助。

功德银行始于 2008 年。2008 年，在外经商的 HYH 回村参与竞选，以微弱优势胜出，成为何斯路村的新村支书。由于 HYH 此前常年在外，此次"新官"上任，开展群众工作面临不少挑战。加之税费改革后，村干部与村民的联系呈现松散化，村民由责任本位转变为权利本位，因维护个人利益而阻碍公共服务项目落地的事件常有发生，例如在修建通村水泥路时便遇到一位村民因赔偿问题反复阻挠施工。为了凝聚人心，让村民兼顾

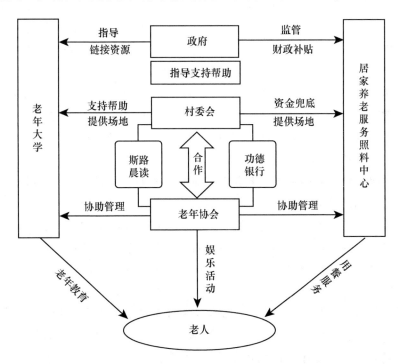

图 9-1　何斯路村互助养老体系

村集体和个人的权益，何允辉推出了何斯路村道德银行，将村民做的好事以积分的形式储蓄在户头上，并对高积分储户予以精神褒奖、优先审批宅基地、推优入党等奖励。为了获取较好的声誉，村内老人积极发挥余热，催生了更多的互助养老行为，例如何樟根老人数年来认真负责地组织老年大学活动，为其他老人提供服务，是功德银行十大储户之一。

二 何斯路村互助养老服务体系的资源筹集机制

（一）资金筹集

何斯路村相关养老服务的资金来源主要有政府划拨、村委补贴、老人自费和捐赠四个渠道。

政府划拨补助主要是居家养老服务照料中心的建设和运营补助。在建设方面，市财政对于改扩建的给予 5 万—8 万元的资金补助，对于用房新建的给予 10 万—15 万元的资金补助。在用餐方面，对于用餐老人采取分类分级、市镇财政共补的方式进行补贴，对于符合条件可免费就餐的无偿服务对象（如"五保"老人、"三无"老人、70 周岁及以上孤寡老人等），由市财政按每人每餐 6 元的标准进行补贴；对于一类低偿服务对象（如 75 周岁及以上老年人）由市财政每人每餐补助 2 元；镇街财政每人每餐补助 2 元，对于二类低偿服务对象（如 70—75 周岁老年人），由市财政每人每餐补助 2 元，镇街财政每人每餐补助 1 元。在运营方面，市财政按日均就餐人数分别予以 4 万元（20 人以下）、6 万元（20—50 人）、8 万元（50—100 人）和 10 万元（100 人以上）的补助。

村委补贴主要是针对居家养老服务照料中心日常运营的兜底补贴和老年协会相关活动的资金支持。由于居家养老服务照料中心需要大额的电费支出和厨师工资支出，政府补助与老人自交的餐费仍难以应对，这就需要村委进行兜底，将亏空的钱补上，维持居家养老服务照料中心的正常运作。考虑到老年协会缺乏收入，对于老年协会组织的一些大型活动，村委会进行对半补贴予以支持，例如每年一次的集体旅游活动。村委还会将卖废品的收入补贴给老年协会。村委每个月还补贴给理发师 1500 元，在每个礼拜的礼拜五、六、日，为村子里 60 岁及以上老人提供免费的理发服务。

老人自费体现在有能力的老人对自己享受的养老服务支付一定的费用。在居家养老服务照料中心用餐，80 及周岁以上老人需要每月支付 60

元（1 元/餐），70—79 周岁老人需要每月支付 120 元（2 元/餐），60—69 周岁老人需要每月支付 300 元（5 元/餐）。原先老年协会对入会老人（275 人左右）每年收取 20 元会费，现在只对参加老年协会少数活动进行收费，例如打牌需要每桌支付 5 元以内的桌位费，外出集体旅游需要支付一半的团费。

捐赠包括村民和村庄外社会力量的捐赠。何斯路村委通过壮大集体经济、发展乡村生态旅游业大幅提高了村民收入，经济条件较为宽裕的村民为了做好事、扬正气，会捐赠一些资金用以支持养老服务，例如 2019 年村民楼有才向居家养老服务照料中心和斯路晨读班捐赠 1200 元。此外，何斯路村凭借较为成功的产业发展和乡村治理常常被媒体宣传报道，知名度较高，易获得村庄外社会力量的捐赠，例如一位宁波商人在 2015 年重阳节给何斯路村老人捐赠 6000 元。

（二）场所与设施

老年大学位于新建的村办公大楼二楼，原先位于何里学校（老年大学校长原先任职的学校）。教室内设备齐全，有黑板、投影、电脑、钢琴、空调等，座椅由义乌老年电大校长联系何斯路周边的夏演小学捐赠。

居家养老服务照料中心位于新建的村办公大楼一楼。利用市财政对居家养老服务照料中心的建设补贴采购厨具、消毒柜、餐桌等设备。

老年协会原先的场所是村集体的闲置房屋（现改建为村办公大楼），村办公大楼建好后，村里以棋牌娱乐活动形象不佳为由，没给老年协会留场地。现在，老年协会的活动场所由一位热心村民自愿提供，两个房间，有八张棋牌桌，不收取房租，但收取小额桌位费以作补贴。

（三）人员

老年组织的核心成员多为村内的老人精英，为了发挥余热，他们依据自身能力所长为其他老人提供服务。老年协会会长 HYF 曾是村里生产队的干部，因为大公无私、作风正派，被村两委指定担任会长一职，后又兼任老年大学副校长和居家养老服务照料中心负责人。老年大学校长 HZG 原为何里学校教师，为了办好老年大学，他还凭借个人人际关系拉了村里另外两位退休教师加入，并积极争取村委、街道、周边学校的支持。

三　何斯路村互助养老服务体系的组织运行机制

（一）老人自愿参与

居家养老服务照料中心和老年大学的相关活动，只要老人愿意皆可参与，没有限制条件。村内老人只要达到 60 周岁的标准（市政府相关文件的年龄要求为 65 周岁）即可参与居家养老服务照料中心的低价用餐服务。老人依据年龄按月缴纳一定数额（60—300 元不等）的用餐费用，若遇事外出，还可以暂停参加。

老年大学在农历每月初五、十五、廿五为老人免费授课，一年分为两个学期，授课内容主要包括政治时事、国学文化、文明礼仪和健康知识。老人参与听讲即视为老年大学学员。每次开课，校长都会进行点名记录，将学员的听课次数作为学期末评优的重要参考标准。每次听课人数在数十人不等，一学期下来参与过老年协会活动的老人在 100 名左右。

（二）村委会和老年协会主导

村委会对老年组织及其开展的活动予以支持。居家养老服务照料中心、老年大学和村委会都位于新建的村办公大楼，老人和村干部容易碰面，便于交流，村干部可以及时了解和处理老人的生活问题。居家养老服务照料中心、老年大学的相关活动也得到了村支书 HYH 的高度重视和支持，例如逢年过节的时候，何书记会和妻子一同在居家养老服务照料中心给老人包饺子；在老年大学开学的时候，何书记也会发表开学致辞。同时，村两委班子主要成员均加入了老年大学的理事会，有效提高了老年大学的资源链接能力，如村支 HYH 辉兼任老年大学顾问，村主任 HJM 担任老年大学名誉校长，村会计 HWQ、村委成员 HJD、村支委成员 HYL 负责老年大学的后勤工作，村妇女主任 HLJ 负责老年大学的文秘宣传工作。对于居家养老服务照料中心，村委会虽不参与日常运行管理，但要对其资金亏空进行兜底，维持其运作。

老年协会协助管理老年大学、居家养老服务照料中心等养老服务机构。其他养老服务机构的管理者多由老年协会中的核心成员和老年精英担任，会长 HYF 同时也是老年大学的副校长，老年协会会计 HYH 同时负责老年大学的部分文秘宣传工作，退休教师 HWX、HHC、HZG 也是老年协会的会员。老年协会不仅可以发动村内具有一定专业技能、热心肠的老人为其他老人提供相应服务，还可以利用老年协会的号召力有效组织老人参与相关活动，如集体旅游（一年1—2次）、老年人运动会（2008年举办过1次）、烹饪培训（每年1次，已举办8次）、文艺汇演、健康知识讲座等。

四　何斯路村互助养老服务体系的老人互助机制

（一）精神慰藉活动互助

老年协会提供了棋牌活动场地，可以让老人一同打牌聊天，解决彼此精神生活孤寂的问题。考虑到许多老人子女在外工作，无法给老人过生日，且子女们一般都只关注逢十的生日，老年协会会长在居家养老服务照料中心每月会组织一次集体做寿活动，为当月生日的老人准备长寿面以及送上生日祝福。逢年过节，村委会还会组织村里妇女在居家养老服务照料中心给老人包馄饨，让老人感到节日的温暖。

（二）围绕用餐开展的互助行为

对于丧失生活自理能力和独居的老人而言，用餐一直是一个大问题。老人自己做的饭菜不仅口感欠佳，且往往不够清洁卫生，同时老人在用火用电的过程中也容易引发安全隐患。居家养老服务照料中心提供的用餐服务可以帮助农村老人以较低的生活成本提高生活质量。同时，在集体用餐的过程中，老人们通过交流可以增进感情，以此促发互助行为的产生。对于行动不方便的老人，可以由其子女、邻居打包代领餐食，如有特殊情况，老年协会会长也会亲自将餐食送至老人家中。

> 我们也鼓励村民做好事情，比方说，家里有南瓜种的，吃不完，就送到这里来，茭白了、青菜了，这些都有。（HZG 20201002）

依靠每天中饭和晚饭集体用餐的机会，老年协会会长还可以快速清点用餐人数，联系未前来就餐的老人，询问其是否遇到困难，以防止意外事件发生。同时，通过集体就餐，老人们多了每天碰面的机会，便于传递信息、组织活动，也为老人们集体协商创造了条件，避免产生误会和积怨。例如，部分老人对居家养老服务照料中心的收费规则提出质疑，认为80岁及以上老人也应该付费用餐（原先为了照顾高龄老人，80 岁及以上老人可免费用餐）。这一方面是因为有老人觉得"大家都是拿政府补贴用餐，政府文件也没明确要求优待"，专门搞优待造成了心理失衡，另一方面也有老人觉得居家养老服务照料中心资金本就运营紧张，收取费用也合情合理。居家养老服务照料中心提供了一个非正式的场合，可以方便老人们一同畅谈想法，将心比心，商量解决办法，老年精英也会打圆场，在各方诉求中寻找平衡点，避免冲突升级和积怨产生。最后商定 80 岁及以上老人每月缴纳 60 元用餐费，问题得到了较为妥善的解决。

> 打饭的时候，发现有的老人没来，是不是得派个人过去看一下。一天两块钱交了，农民是不愿意吃这个亏的。老人不来打饭了，就证明他可能遇到什么困难了。这是一个信息通道呀，那等于说我们时刻掌握了村民的信息，我们就可能知道某某身体可能出现状况。（HYH 20201002）

（三）老年教育互助

何斯路村老年大学开办于 2006 年，创立者和首任校长为何里小学退休教师何樟根。老年大学在农村是一件新奇事物，村里老人大多没接触过专业教育，有"劲头"（意愿）再上次学，学习文化知识。老年大学初办的时候只有二三十个人参与，随着办学规模的扩大，何樟根又通过自身关系联系村里另外两位退休教师 HWX 和 HHC 加入，鼓励他们发挥余热，为村庄老人提供服务。退休教师是本村人，居住在村庄，社会关系也在村庄，与村内老人较为熟悉，也具有较高的威望，便于组织老人参与教学活动。在农村，教师是具有一定社会地位的职业，加上关系亲近，老人们有兴趣、也愿意听退休教师们的课。再加上退休教师自身也是老人，更清楚老人的需求和兴趣点，据此安排教学活动。2018 年 4 月开始，何斯路村委创立了斯路晨读班，由老年大学的三位教师组织村民（参与者多为老人）在农历每月初二、初五、初八、十二、十五、十八、廿二、廿五和廿八进行晨读和晨练活动。晨读的内容包括"讲（政策）、学（礼仪）、说（好话）、练（身体）、唱（村歌）"。

> "讲"就是讲政策、讲政治、讲总书记讲话、讲十九大精神；

"学"是学文明用语、学礼仪文明;"说"就是要见人说好话,做好人做好事;"练"就是练身体,打太极拳、八段锦;"唱"就是一起唱村歌。(HZG 20201002)

退休教师为老人授课,一方面,利用退休教师发挥余热,满足了老人"老有所学"的需求,促进了老人群体间的良性互动,充实了老人的精神生活;另一方面,通过老年再教育提高老人的道德修养,强化老人的集体责任感和团结奉献意识,有利于促发老人群体间的互助行为。

> 老人为什么会来呢,我上课之前会放录像,放放老人喜欢看的婺剧、越剧,烧好开水,泡泡茶,再给他们讲讲,上上课。人就越来越多了,最多的一年有一百多,坐都坐不下的,坐到门口。(HZG 20201002)

> 我们课本只能选学,照课本讲的话,老人根本接受不了。(讲的内容有)知识选读是一块。第二块的话讲国家大事、国内外时事,让老人们知道知道,还有新农村建设的中心工作。召开一个村民大会不容易,因为有工作,去挣钱。那么老人他们能参与,知道我们农村要做什么工作,把农村的中心工作给他宣传贯彻落实,统一思想,鼓励他们发挥余热。第三个是国学,道德经、三字经,因为他没上过学,现在上学了,读书了,他有这个劲头。最后一块是这个养生保健,现在我们村老人的子女都在外面工作,有很多空巢老人,老人要自己保护自己,增强自己的保护意识,老人身体好了对子女最好。因为子女不可能天天来服侍你的,他也要养家糊口,要工作,所以我们自己要减少子女的负担,要保健。所以讲这些,他们中听,愿意听。(HZG 20201002)

(四)功德银行

何斯路村是典型的南方宗族型村庄,何姓是村内的大姓,村里还保留了何氏祠堂。族长会将族人做过的好事写入族谱中,如 2006 年修缮宗祠时,族谱记录了捐款人的相关信息。何斯路村传承的宗族文化为村庄提供了强大的向心力,成为促进村庄互助行为的有力催化剂,也为互助行为的制度化(功德银行)奠定了思想基础。

我们老祖宗教育我们的家训家风是"理学传家、簪缨从世，富而安分、贵而尚朴"。理，讲的是天理，现在是道德，不能做伤天害理的事。学是学问，有学问。簪缨是古代人做官的一个标志，我们老祖宗教育我们下一代都要当官，我的理解不是都要当官，而是一个人在世界上应该为国为民，有所贡献。"富而安分、贵而尚朴"是说富裕了也要勤俭节约，不能乱花，贵是地位，地位高的时候要尚朴，就是毛主席所讲的为人民服务，踏踏实实、朴朴实实地工作。（HZG 20201002）

从何氏祖训可以看出，其已具有一定的公共意识雏形。进入新时代，村内乡贤和长者还赋予其爱人以德、奉献社会、服务人民的新内涵。为了弘扬何氏先祖留下的优秀文化遗产、提升村民道德素养和促进村庄的团结，村支书何允辉牵头在 2008 年 4 月创立何斯路村道德银行，将村民做的好事分等级记录在道德银行的账本中，并对道德银行中积分高的储户进行激励。例如，以功德银行积分为主要依据评选何斯路杰出贡献奖，对于获奖者，村委给予优先审批宅基地的优惠。2013 年，村支书何允辉还将银行授权的 2000 万元信用额度转给村民，让每人享受 30 万元的低息贷款额度，鼓励村民多做好事，后来银行放权给村里，由村里决定是否同意给村民贷款，村里衡量贷款的重要条件就是功德银行的积分。

功德银行是互助行为制度化的体现，依据个人文明、维护家庭、帮助他人、贡献乡村、为国效力五类维度，对村民做的好事进行记录和奖励，是对宗族文化下自发、无序的互助行为制度化和规范化的有力尝试，使得何斯路村脱胎于宗族文化的乐善好施、奉献社会的优秀传统得到进一步发扬，为催发互助行为、凝聚人心发挥了巨大的激励作用。在乡土社会的人情情境下，声誉对生活在村庄中的老人而言是一种重要的社会资本，无论是和其他老人打交道，还是托村委办事，都需要一定的声誉以免被边缘化，而功德银行的积分储备正可作为评判其声誉的重要标准。为了获得较高或者说不过于低的功德积分，老人会在潜移默化中提高互助意愿，以免使自己或者家人被村里说闲话。

相亲搭线的时候，外村的人会来村里打听相亲对象家里的情况，我就说看他们功德银行的积分就可以了，做过什么好事情一清二楚

的。（HZG 20201002）

五　何斯路村互助养老服务体系的社会连带机制

（一）家庭福利增加

子女经济支持增加。何斯路村近年来开展的集体外出旅游活动颇受老年人欢迎。旅游费用一部分来源于村组织和村党支部书记的支持，一部分由老年人自己负担。然而，鉴于老年人缺乏充足的经济来源，旅游费用便转嫁到子女身上。虽然有部分子女不太支持老年人旅游，但碍于农村熟人社会的横向比较压力，其最终同意出资支持。

家庭不孝行为减少。即使是在宗族型村庄，宗族伦理和公共舆论能够发挥非正式约束作用，但是不赡养和虐待老人的情况也偶有发生。针对此种情况，老年协会通过做子女工作来和解家庭矛盾，并通过评选好儿媳活动来奖励尊老孝亲典范，进而强化整个村庄的孝道意识。同时，敬老爱老是功德银行的重要评估指标，子女的孝老行为通过积分的形式记入功德银行，例如村内公认的孝子何忠南被评选为功德银行十大储户，与其他村干部、乡贤一样得到了村庄社会的肯定和尊崇，受此鼓舞，村内年轻人的孝老意识得到了有效提高。

> 功德银行是让更多人储存更多做好事的正能量，孝是最基本的，如果家庭内部子女不孝、不愿意赡养父母，这样就容易造成社会负担。（HYH 20201002）

（二）朋辈群体支持增加

老人们趣缘纽带增加。何斯路村老人们彼此熟悉，日常交往虽多，但彼此不一定有共同兴趣爱好，而各种老年娱乐活动增加了老人们找到相似兴趣爱好的机会。在老年活动中心，老人们无论是打牌还是闲聊，都容易找到合得来的朋友。另外，何斯路村老年大学组织的太极操、柔力球、晨读等活动也吸引了老人们的参与并交流经验心得，从而在他们之间构建起较为紧密和牢固的互助支持网络。

老人们的互助行为增加。村委和老年协会提倡低龄老人服务高龄的老人，且通过功德银行的方式将服务者提供的服务以积分的形式记录下来，使其以较高的积分储备获得声誉和村组织的优待。在此影响下，老人们互帮互助行为增多，如为生病的老人端茶送饭、替老人请医生、代购生活用品、陪同高龄老人到家具市场采购家具等。

（三）社会慈善支持增加

物质捐赠增多。从捐赠者动机来看，物质捐赠可以分为公益性捐赠和功利性捐赠。公益性捐赠彰显了捐献者的爱心，不带明显的功利色彩导向。何斯路村公益性物资捐赠包括空调、毛毯、水壶、香皂等生活用品。然而，无论是村庄外的爱心人士或机构，还是村民，都是受情感、面子或慈善爱心驱动而对村内老年组织或老人进行捐赠。正如一位在 2015 年重阳节时给老年人捐赠 6000 元的宁波商人所言："我之所以关心老人，是因为我父母去世得早，没有享受到什么福气，现在我们兄弟都有钱了，就想献点爱心。再说我哥哥在义乌多年，在经营一个书院，既有文化，对这里又很有感情，就捐赠一点啊。"此外，随着近年来乡村移风易俗，老年人过60、70、80 岁生日时的宴请标准极大简化，子女们没再大操大办，而是将钱捐赠给老年协会或买些礼品送给老年人，如此也提高了老年人的福利水平。这类捐赠行为也得到老年协会和村委的高度认可，例如 2019 年 8 月，村民楼有才捐赠 1200 元用以支持居家养老服务中心和斯路晨读班开展活动，村委专门在村办公大楼显眼的位置贴出红榜对楼有才关爱集体的行动和精神表示感谢和赞扬，并号召广大村民向其学习。就功利性捐赠而言，其中的典型便是每当村委会委员换届选举之前，便会有候选人给老年协会捐赠资金以换取村民选举中的支持。这虽然裹挟着投机的成分，但毕竟是村里人，且没有直接分发到老人手中，因此老年协会还是会接受这笔资金。此外，也有村民在打算承包土地或租用库房等集体财产时向老年协会进行捐赠，以寻求老年协会的支持。在此情形下，老年协会会慎重考虑该捐赠者的诉求是否合理和可行，进而决定是否接受捐赠。

公益慈善活动增多。何斯路村最典型的公益慈善活动是街道卫生院组织的老年人免费体检活动，即由老年协会理事通过个人关系申请医生到村内定期给老人免费体检。另外，老年协会还邀请市民大学的厨师到村里指导老年人烹饪和提高厨艺，邀请美容美发师传授简单的美容美发知识，联系市读书协会、浙四医院医生给老人讲授健康护理知识，动员义乌市农商银行在端午节时出资赞助裹粽比赛，联系戏曲班与老年人开展联欢活动。

这些社会公益慈善活动之所以能够开展并延伸至村里，主要是因为老年协会的能动性，尤其是与老年精英的个人关系网络有关。

> 市读书协会的一个女老师主动联系我，我就把他们请进来（授课）。医院里的也有，他们知道我们有个老年大学，都想过来，我们都欢迎。有个浙四医院的医生，我去看病的时候，他加了我微信，说他们有个团队，愿意免费给我们讲课，我们求之不得。还有何里卫生院的医师，每月来给老人测一测血压，做义诊。（HZG 20201002）

（四）村组织的支持增加

一是转移村集体收入。村集体转移收入主要包括：村组织对老年协会转移本应属于村集体的收入，如每户2000元的建房电损费；支持老年协会售卖村内废弃办公桌椅、纸箱、水瓶等；出租村庄水田、果园、仓库和文化活动广场。何斯路村老年协会的收入除了老人打麻将的工具费外，最主要来源是建房电损费、各种租金以及出售废旧物品的费用，而这都有赖于村组织的支持。

二是支持老人外出旅游。自2008年以来，村组织每年都组织老人到北京、上海等大城市旅游。旅游费用由村组织、村党支部书记和老人自己共担，其中村组织和村党支部书记的经费支出占到60%。这表明村组织的资金支持和组织协调至关重要。老年协会在其中开展组织动员、协调保险合同签订等工作。老人通过外出旅游开拓了视野，丰富了晚年生活。

（五）政府和社会各界关注较多

何斯路村凭借成功的产业发展和乡村治理成为政府和社会各界关注的对象。一方面，大量的参观学习活动提高了何斯路村老年组织的曝光度，可以争取社会资源为老年组织的进一步发展聚能。每年到何斯路村参观学习的领导干部络绎不绝，现已接待科级干部数万人。随着参观学习人数的增多，何斯路村的老年组织成为社会关注的焦点，得到了各界的广泛关注。另一方面，在老年精英的联络下，政府、社会力量和老年组织建立了较为密切的联系。老年大学的理事会争取到街道联村干部、夏演小学校长、城西社区学院负责人的加入，极大地提高了老年组织的资源链接能力，例如承接政府机关和学校转移的桌椅、教材等资源。

夏演小学校长、城西社区学院的负责人、街道里面联村的干部，都是我联系起来的，这些都是"股份"，要征求他们的意见。我们和夏演小学联系好之后，它每年拨给我们一点经费，算办学、添置设备的钱。前年市电大的校长来我们这里参观，介绍之后，他马上联系了夏演小学校长，说王校长，他们这儿老年大学的桌子太差，给它换换，一句话就全换了新的。本来的桌子也是夏演小学捐的淘汰的桌子，可我看着也蛮好。（HZG 20201002）

六 政府—村委会—老年协会模式长效机制的特征、成效与不足

前文从村庄背景、幸福院的创建经过、资源筹集机制、组织运行机制、老人互助机制和社会连带机制等方面对何斯路村"政府—村委会—老年协会"多主体协同的互助养老模式这一典型案例进行了深入剖析。如下图所示。

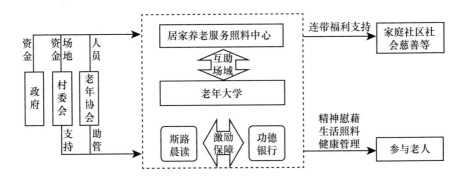

图9-2 何斯路村养老体系的四重运转机制

（一）政府—村委会—老年协会互助模式特征

政府、村委会和老年协会在何斯路村互助养老服务供给中发挥自身优势，分别扮演了不同的角色。地方政府主要负责为农村的养老服务供给提供资金支持和必要的监管措施，并将相应养老政策通过行政任务的形式下发给村委会，例如2006年要求村里申办老年大学，2016年要求村里申办居家养老服务照料中心。村委会依据村庄发展实际，充分调动起村内资

源，落实任务。但由于乡村建设任务繁重，村委会的人手和精力有限，需要老年协会这类老年组织作为帮手将老人有效组织起来开展活动。村委会为老年协会提供必要的活动场地和经费，以及保障组织的合法性和权威性，为老年协会具体组织老人参与互助养老活动提供保障。老年协会依托老年精英的人际关系，将留守老人组织起来开展活动，以自我服务的形式满足养老需求，同时老年协会也成为承接社会慈善资源的组织载体，可以吸纳社会各界资源为老人提供服务。

就服务内容来看，老年协会的棋牌、文艺慰问、集体旅游等活动，可以有效满足老人娱乐的需求，同时老年大学、斯路晨读等老年再教育活动可以帮助老人开拓眼界，提高个人修养。娱乐和学习活动丰富了老人的精神生活，满足了老人精神慰藉的需求。居家养老服务照料中心的优惠用餐服务则解决了老人的吃饭问题，满足了老人生活照料的需求。老年大学组织的健康讲座和免费体检活动、斯路晨读和晨练活动，可以提高老人的保健养生意识，满足老人的健康管理需求。

村庄精英作为一种内生力量，对普通老年人的参与行为具有直接的示范效应[①]。何斯路村的老年精英具有极强的能动性和资源转化能力。老年精英一般有担任过村干部、教师、族长等特殊身份的经历，在村内有较高的威望，其本人也具有较为强烈的责任意识和广泛的社会关系网络，有意愿也有能力为村内其他老人提供服务。他们在村内多身兼数职，工作经验丰富，在老年组织中扮演核心的角色。例如老年协会会长 HYF，原为村上干部，现年 76 岁，已经担任会长 13 年，同时兼任居家养老服务照料中心的负责人和老年大学副校长。老年大学校长 HZG，原为何里学校教师，现年 84 岁，已经担任校长 14 年，同时兼任老年协会理事、功德银行计分员、村景区义务解说员等职务。

何斯路村还建立了功德银行这一制度化机制用以凝聚人心、弘扬正气，促进村内互助行为。功德银行已经运行了 12 年，虽然也存在计分员打人情分、记分员工作量较多（记录经常跟不上）等问题，但村内老人还是非常认可功德银行的作用。

---

① 丁煜、朱火云、周桢妮：《农村互助养老的合作生产何以可能——内生需求和外部激励的必要性》，《中州学刊》2021 年第 6 期。

> 功德银行是功德无量的，它鼓励村民做好事，成好心，说好话，来凝聚人心。（HZG 20201002）

（二）政府—村委会—老年协会互助模式成效

老人生活质量显著提高。随着农村老人年龄增长，其从家庭生产活动中逐步退出，有了更多的闲暇时间。在过去，老人多靠在家看电视或与邻里聊天打发时间，生活较为单调。而老年协会、老年大学等老年组织通过组织棋牌娱乐、学习讲座、旅游、厨艺培训等活动，大大丰富了老人的精神生活，居家养老服务照料中心的用餐服务可以降低老人的生活成本，此外健康知识讲座、晨练、免费体检、义诊等活动还可以提高老人的健康养生意识，使其通过保持锻炼增强体质。上述集体活动不仅增强老人群体间的联络，还有效满足农村老人精神慰藉、生活照料和健康管理的多元需求。

村委会成本相对较低。由于地方政府对居家养老服务照料中心采取了财政补贴，再加上老年组织可以依托老年精英的力量及其人际关系承接社会资源和获取慈善性捐赠，村委会需要提供的兜底资金数额其实并不多，远低于其他村庄建设类开支。村委会提供的资金主要用于支持老年协会的一些大型集体活动，如外出旅游，以及填补居家养老服务照料中心的资金亏空。像负责老年大学授课的退休教师，不需要物质报酬，为村里节省了一大笔人工成本。

> 给老人搞些活动实际上就一两万元的事情，一个村庄拿不出一两万元的情况是很少的。像我们村有很多居家养老服务照料中心、老年大学、老年协会和晨读活动，你说这些东西一分钱用不到吗？它肯定用到钱，但用到的是很少的钱。对于一个乡村来讲，这点钱甚至谈不上日程，像那个老年大学，你猜用掉多少钱？我跟你说都寒碜，一年可能就用掉几千块钱。几千块钱，里面有资助来的、奖励来的，就差不多了。村里面的钱根本碰不到的。（HYH 20201002）

连带家庭和社会支持。老年组织还会与家庭、朋辈群体、社会慈善组织、村组织等主体互动并连带他们进行福利再生产[①]，在村庄内形成孝老

---

① 王辉、金华宝：《连带福利：农村老年协会福利再生产——基于浙江义乌 H 村的个案分析》，《探索》2020 年第 6 期。

爱老氛围，促进老人享受更多的养老服务。

（三）政府—村委会—老年协会互助模式不足

1. 地方财政实力依赖性强

资源是组织行动能力形成的基础和中介。在何斯路村居家养老服务照料中心和老年大学的建立、运营和连带福利生产阶段，都离不开政府的资金支持。为推动居家养老服务照料中心逐步实现全覆盖，切实解决农村老人就餐问题，地方政府为照料中心的建设和运营提供大量的财力补助。在义乌市民政局 2020 年部门预算中，对于居家养老服务照料中心的财政支持达到了 5000 万元，包括照料中心的补助经费 4403 万元、养老服务补贴 600 万元、173 家居家养老服务站建设补助及运行经费 681.84 万元，这样的支持力度对于多数区（县）政府而言还是难以达到的。

2. 对村委会要求高

这体现在该模式需要村干部的高度重视和村委会具有较强的经济实力。在何斯路村的互助养老模式中，村委会既是落实地方政府养老政策的执行者，又是老年组织的合作者和支持者。村干部对此高度重视，何允辉书记将村内的老人视作"未来乡村振兴重要的人才"，老人可以通过参与人居环境整治、垃圾分类、义务导游等方式在乡村治理中发挥作用，而村组织有责任和义务提高村里老人的生活质量。同时，其老母亲常常过问老人活动，也起到了一定的强化作用。而有些村庄的村干部对养老服务的重视很大程度上则是源自压力型体制自上而下的动员和任务摊派，如 Z 村妇女主任反映"镇里头开会要实现照料中心的全覆盖，我们就去申办了居家养老服务照料中心"。村委会还需具备较强的经济实力以支持老年组织生存与发展，例如何斯路村集体经济实力较为雄厚，可以利用新建的村办公大楼一楼创办老年大学和居家养老服务照料中心，而有些经济实力一般的村庄则是改造闲置的砖木结构旧房。

> 我们要研究老，首先就要把老这个原先的定义推翻掉。不要再固化那个概念，这批人是人才，是未来乡村振兴重要的人才。（HYH 20201002）

> （斯路）晨读，早餐一个人补贴一两块钱，让老人们听听新鲜事，组织起来有个谈天的地方。我妈都经常和我说组织这个好。防控疫情

的时候，晨读取消了一段时间，她还经常问我什么时候可以恢复晨读活动。（HYH 20201002）

3. 对老年精英要求高

退休教师、老村干部等老年精英在老年协会及其协助管理的老年大学、居家养老服务照料中心等组织中发挥了关键作用。老年精英长期生活在村庄，熟悉村庄内的社会关系，且因其工作职业具有一定社会地位，在老群体中有较高的影响力和号召力，有利于发动老人参与老年协会等老年组织开展的相关活动。老人精英自身也是老人，更为清楚老年群体的需求，也有意愿为其他老人提供服务，并用老人感兴趣、易接受的方式组织开展有关活动。同时，老年精英可以依托自身的人际关系，从村组织和村庄外汲取资源促进老年组织的发展和为老人提供更多养老服务。因此，村庄内的养老服务体系建设对老年精英产生了较高的依赖性，由此可能出现两个难题：一是当老年精英，尤其是像老年组织的创立者、长期任职者等核心老年精英，因离世或者因身体健康、迁居等情况退出组织后，如何培养接替者以保证互助养老可持续？二是对于一些老年精英相对缺乏的小型村庄、落后村庄，如何挖掘和培养老年能人参与养老福利的生产？

4. 对宗族的依赖性强

何斯路村是典型的南方宗族型村庄，其宗族文化、宗族习俗、宗族居住形态都会促进村庄养老福利供给[①]。宗族在给其成员归属感的同时也给人的身份认同打下了烙印。这种烙印以一种非正式的方式约束成员行为，形塑成员的思维。随着村内对宗族文化认同感的提升，宗祠修缮、祭祖、成人礼等活动逐渐复苏和兴起，大大增强了宗族要素的影响力。宗族就是一个"大家庭"，一方面营造了村内的孝老氛围，促进家庭、村组织、老年组织等主体为老人提供更多养老福利，另一方面促进了村庄公共性的重塑，老人群体的团结意识增强，从而产生更多互助养老行为。而对于其他分散型和分裂型村庄，缺乏基于血缘关系的宗族文化共识，老人间的团结互助意识需要通过其他激励机制（如时间银行）进行培养。

---

① 高和荣、张爱敏：《宗族养老的嵌入性建构》，《吉首大学学报》（社会科学版）2019 年第3 期。

过去的人生活在大家庭里面，这个家庭里头是曾经和他一起奋斗过、艰苦过、成长过的人，有共同的喜好，这就是大家庭之美。（HYH 20201002）

表9-1　　　　　　　　政府—村委会—老年协会模式互助养老
长效机制的特征、成效和不足

典型案例	模式特征	模式成效	模式不足
浙江何斯路村互助养老	资源整合 服务丰富 以老助老 积分激励	老人生活质量提高 村组织成本相对较低 连带家庭和社会支持	对财政实力依赖性强 对村委会要求高 对老年精英要求高 对宗族的依赖性强

第十章　基金会—社工组织—老年/妇女协会模式的互助养老长效机制①

——以河北荷花公益基金会"妇老乡亲"为例

一　"妇老乡亲"模式简介及创办经历

（一）河北省概况及人口简介

作为广袤华北平原上的明珠，河北省雄踞中国北方。该省不仅有着"北方粮仓"之称，农业发达，而且重工业方面也独树一帜，更有雄安新区这个国家级新区带动区域协调发展，因此"十三五"以来，河北经济快速发展，取得了年增长10%的佳绩。而在快速增长的经济背后，起支撑作用的则是河北省庞大的人口。据河北省统计局的数据，2019年年末河北省常住总人口7519.52万人，人口自然增长率为6.6‰。从年龄构成看，15—64周岁的劳动力人口为5271.18万人，占总人口的比重为70.1%，比上年下降0.5个百分点；65周岁及以上老年人口为845.95万人，占总人口的11.25%，比上年提高0.6个百分点。虽然河北省老龄人口占比仍较为健康，但有相关专家指出，随着经济社会发展和医疗水平的提高，河北省老龄人口将会经历一个迅速增长的时期，专家推测河北省老龄人口将以年均7.6%的速度持续增长。2015年，河北省老年人口占比首次超过全国平均水平；而到2018年底，全省60周岁及以上老年人口达到1496.15万人，占全省总人口的19.8%，已高于全国1.8个百分点。河北省老年人口还有着"空巢化""倒金字塔化""错峰化"等特点。此外，随着城市家庭的小型化和农村劳动力向城市转移，目前河北省50%左右的老年人处于空巢或留守状态，这一比例还将持续提高，故建设养老服务体系，完善老年

---

① 部分资料来源于《河北省荷花公益基金会"妇老乡亲"农村养老模式实践报告》（2020年）。

人养老服务建设，已成为当前河北省迫在眉睫的问题。

（二）"妇老乡亲"模式简介

河北省荷花公益基金会（以下简称"基金会"）通过对河北省石家庄、邯郸、张家口等地农村实地考察后，开始在农村试点实施"妇老乡亲"农村养老模式。该项目在相关政府部门和村两委的支持下，由基金会提供资金与专业指导，专业机构负责项目的运行，通过孵化培育农村妇女组织、老人组织，解决农村老年人养老难的问题。其中，农村妇女组织以农村留守妇女为主体；农村老人组织主要以老党员、退休干部、教师等农村精英为主体。两类组织是由基金会资助、相关专业社会组织具体孵化管理的民间社团，基金会通过资助、培育和指导老人组织和妇女组织，调动农村各方面参与的积极性，与地方老龄、卫生、农业等部门协作，配合村两委开展老龄工作，以共同改善农村老年人物质和精神生活面貌。

简而言之，"妇老乡亲"农村养老模式的基本思路如上所述："妇老乡亲"模式在运行过程中主要分为三个步骤：项目发起、项目执行和项目评估。其中，项目执行过程是"妇老乡亲"农村养老模式的核心部分，其内核即依靠基金会提供资金支持以及进行推广，在此基础上引入社工机构，利用社工机构的专业知识与能力来培育农村自治组织，由自治组织负责吸纳农村闲散老年人以及妇女，实现群体内的自我服务和相互服务。同时，整合多主体资源，以满足农村留守老年人、空巢老年人的日常照料与文化娱乐等需求。

（三）现有实践概况

河北省荷花公益基金会（原河北省钻石公益基金会）于 2015 年 11 月 2 日正式成立，是在河北省民政厅注册并由其主管的公益慈善组织。基金会以"服务农村空巢老人，探索中国养老模式"为使命，以"让每一个农村老人都可以安享晚年"为愿景，积极倡导社会力量参与解决农村空巢老人的养老问题，并为此付出不少努力。基金会建立之后，从 2016 年开始陆续支持了 20 家项目团队，在太行山区 27 个试点村庄开展"妇老乡亲"项目，截至 2020 年 9 月已经孵化了 51 个农村自治组织，其中，老年协会已经覆盖了所有试点村庄，有 24 个试点村庄还建立了农村妇女组织。预计下一步对孵化机构的支持将达到 20 家，覆盖试点村 35 个，并实现试点村老年协会和妇女组织全覆盖，如下是一些项目的具体实施情况。

表 10 - 1   "妇老乡亲" 模式项目开展情况表

社工机构	村庄	具体做法
河北省老年事业发展基金会	平山县孟家庄镇六西岸村	互助养老 + 旅居养老
	平山县北冶乡哑杜村	
保定市善和社会工作事业发展中心	温塘镇景家庄村	"12345" 的老年协会培育和发展模式。其发挥社工组织优势，培育 "12345" 模式。"1" 是景家庄村成立一个老年协会孵化和培育中心，"2" 是建立社工 + 义工 "两工协作" 机制，"3" 是以农村社区、社工、社会组织 "三社联动" 为服务机制，"4" 是从骨干选拔、组织框架、管理制度和规划发展四个方面对老年协会进行全程孵化，"5" 是指导老年协会在矛盾调解、组织孵化、环境改善、邻里互助和文娱活动五个方面进行培育，从而引导老年协会成为 "自我管理、自我服务、自我发展" 的 "自组织"
	温塘镇台头村	
	温塘镇南马家村	
	东回舍镇屯头村	
	东回舍镇东庄村	
石家庄护航社会工作服务中心	平山县北冶乡大桥村	开展了离巢青年工作，建立 "平山离巢青年交友群"；志愿者制度建设；协助开展邻里关怀照护计划；开展 "和睦孝道之家" 评选，助力村里形成敬老爱老风气
	北冶乡杜家庄村	
	北冶乡官道峪	
石家庄恒爱家园社工服务中心	平山县西柏坡盖家峪村	农村妇女组织/农村老人组织骨干交流培训会；农村妇女组织/农村老人组织及志愿者增能培训；农村妇女组织/农村老人组织管理技能培训；农村离巢青年反哺计划；邻里关怀照护计划；农村文化娱乐计划；农村外联资源计划；妇老乡亲互助组计划
	西柏坡梁家沟村	
	平山县小觉镇王家岸村	
北极光社会工作服务中心	平山县小觉镇东漂村	一站一会一中心，建立社工站、老年协会、老年关爱服务中心等。1. 建立社工站。在原有基础上，建立一个社工服务站，为村民提供专业社会工作服务，为农村社区自组织提供孵化、增能服务，推进农村发展。2. 建立老年人关爱服务中心。利用东漂村公共场地，建立老年人关爱服务中心，通过室内装潢、硬件设备配置等为老年协会提供必要的活动场地，为村内老年人提供活动、娱乐、学习场所。3. 组建老年协会。与各村村委会合作，共同寻找、动员乡贤，在东漂村组建老年协会核心团队，负责协助村委会老年人事务。在秘家会村和风山沟村组建老年协会核心团队，协助村委会管理老年人事务。4. 老年协会成员增能。通过项目制学习增能、城乡互助增能、专业能力增能等多种方式，对协会成员进行增能赋权
	小觉镇秘家会村	
	小觉镇风山沟村	

资料来源："妇老乡亲" 农村养老模式研究报告。

二　"妇老乡亲"模式的资源筹集机制

（一）资金筹集

在项目运行过程中，基金会主要发挥资助、统筹、监督、评估等功能，其中，基金会提供的资金协助对模式发展起了主要的推动作用。据荷花公益基金会年报，荷花公益基金会为"妇老乡亲"模式的发展提供了大量资金，仅在2016—2018年度，其用于资助相关项目的资金就达到536万元，涉及项目30个，相关社工组织18个，更有资助诸如农村养老现状调研、两会养老提案研究、中国养老高峰论坛等项目，推动了"妇老乡亲"模式的落实与养老产业和领域的发展。

（二）场所及人员筹备

在项目运行过程中，场所及人员筹备也是不容忽视的一部分。在"妇老乡亲"模式中，所使用的场地和人力由社工组织、农村自治组织、村委会等多个主体共同提供，例如其在盖家峪村的实践：

> 盖家裕村"妇老乡亲"项目自2018年11月开始由石家庄恒爱家园社工服务中心执行，以"妇老乡亲"养老服务项目为基础框架，在西柏坡镇盖家峪村开展了一系列发展农村自组织、关爱农村老人的服务活动，现已将"孝老生日欢乐汇"设置为每月进行的常态化活动，同时还举办了百老宴、趣味运动会等多次大型活动，服务一百多人次，基本覆盖到该村全部60岁及以上老人。目前，已经成立了盖家峪村老年协会、9个孝老互助服务组、妇女协会。自2018年11月至2019年6月期间，承接社工机构将盖家峪村原来的废弃学校改造成了养老互助服务驿站，并以这个平台为老人们开展各类文化娱乐活动，建立了老年协会、志愿者队、孝老互助组等组织，互助养老模式正在逐步形成。
>
> ——《河北省荷花公益基金会"妇老乡亲"农村养老模式实践报告》

案例反映出在具体实践中，由社工组织、农村自治组织、村委会共同参与提供相应的人力及场所，以此推动了"妇老乡亲"模式的发展。

三 "妇老乡亲"模式的组织运行机制

"妇老乡亲"模式在运行过程中主要分为三个步骤：项目发起、项目执行和项目评估。其中，项目执行过程是"妇老乡亲"农村养老模式的核心部分，其内核即依靠基金会提供资金支持以及进行推广，在此基础上引入社工机构，利用社工机构的专业知识与能力来培育农村自治组织，由其负责吸纳农村闲散老年人以及妇女，实现群体内的自我服务和相互服务。同时，整合多主体资源，以解决农村留守老年人、空巢老年人的日常照料与文化娱乐等问题。以下便是项目执行阶段模式的相应运行机制。

表 10 - 2 　　　　　　　　　　　　　　　项目流程

服务主体	项目发起	项目执行	项目评估
基金会	筛选试点村庄 提供项目资金	协助孵化机构开展工作	评估孵化机构
孵化机构 （社工机构）	确认利益相关方 收集需求 制定实施方案	孵化农村老年/妇女组织 招募志愿者团队 提供能力培训 指导和协助开发活动 召开骨干交流会 组织参观优秀项目点 提供服务督导，定期召开总结会	自评 评估农村自组织
农村自组织 （老年协会，妇女协会）		协助招募志愿者 开展能力培训 开展活动 完成预算执行 参加互访交流 参加总结会	自评
村志愿者		参与服务能力培训 参与总结会	

资料来源：《"妇老乡亲"农村养老模式项目操作手册》。

（一）筛选与筹建

首先，在该步骤中，河北省荷花公益基金会联合各级民政部门和老龄部门筛选合适的试点村，各村庄可以通过推荐和自我申报的形式参与。随后，基金会将组织专家团队或委托专业社会组织对申报者进行调研评估，确定入选试点村名单。在试点村确立后，孵化机构将根据各村具体情况筹建老人组织或妇女组织，主要成员为农村妇女组织/农村老人组织核心成员以及村志愿者。组织核心成员（即农村妇女组织/农村老人组织负责人）采取民主选举与推荐相结合的方法，由积极性高、能力强、能从外界获得资金或物质援助的农村精英担任。农村妇女组织/农村老人组织接受本村党支部、村委会及上级业务部门的指导、监督和管理，双方往往要就村中事务紧密联系合作。为增强与村两委的互动合作，一般会长/主席或副会长/副主席由村党支部书记或村委会主任兼任。村志愿者是农村老人组织/妇女组织在农村开展各项工作所必需的工作人员，也是与需要服务的老年人最直接的接触者。农村志愿者分驻村志愿者（包括协管员、农村妇女组织/农村老人组织会员）及离巢青年志愿者。

（二）农村自治组织培育

荷花基金会通过专业化培训和参与项目实施过程，挖掘农村固有文化，提高村民参与社区活动的意识与能力，增强村民的归属感与荣誉感，在整合农村资源、调动农村居民参与积极性的过程中，提升农村自组织能力，促成老年协会和妇女协会自我管理、自我运转，进而建立起一批本土养老服务队伍，让农村养老问题在内部解决，从而创造可持续的农村养老模式。

（三）人员组织与培训

荷花基金会通过与省民政部门或老龄部门合作建立培训人员队伍，培训人员队伍主要包括培训师和培训专员。培训师由农村养老领域、健康卫生领域、项目策划执行领域的专业人士担任，主要负责指导项目工作、培养培训专员；培训专员由民政部门和老龄办推荐，负责培训基层干部、老人组织和妇女组织负责人、农村志愿者及普通村民等。培训人员队伍确定后，将围绕管理技能、健康卫生知识、家庭照护等不同主题对农村妇女组织/农村老人组织开展培训。培训兼顾理论与实践，根据接受培训者的特点适度修改培训方式，以尽快提升成员能力。

（四）日常运作与评估

项目孵化执行机构在组建、培训农村妇女组织/农村老人组织后，开始方案的落地实施。其中，项目孵化执行机构根据试点村实际情况，制定具体实施计划，然后指导农村妇女组织/农村老人组织落实具体事务。项目孵化执行机构和农村妇女组织/农村老人组织每月要定期举办例会总结讨论；同时，基金会将派驻或指定督导员，对项目执行情况进行日常监督和管理。

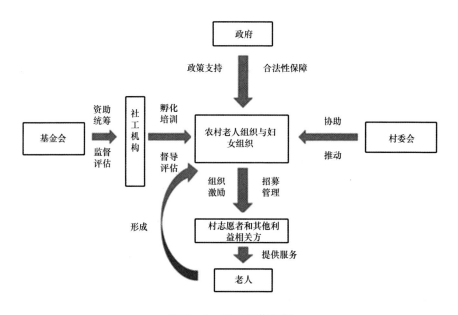

图 10 - 1　项目运作机制

资料来源：笔者归纳总结。

四　"妇老乡亲"模式的老人互助机制

（一）生活层面的邻里互助

在日常生活层面，该模式提倡采用邻里互助的方式，为老年群体提供照护。而在实际运行中，这种照料主要体现为邻里结对，设立时间银行及通过老年协会互助等形式。

邻里结对将先在邻里间建立结对关系，按照低龄老人照料高龄老人、未失能老人照顾失能老人的方式结对，并在其结对的基础上制定具体服务规则和计划，并将计划进行公示。这一部分结对帮扶人员将为农村村庄内符合条件的老年人提供形式多样的生活照护服务。对参与结对帮扶的对象还设立了专门的激励措施，通过事先设立的标准对参与者进行星级评定，通过设立"时间银行"记录志愿者服务时间、地点和老人反馈，根据这些记录按一定标准来对这些老人进行奖励，这种模式在平山县六西岸村、哑杜村妇女协会这两个试点项目中体现得很明显。

此外，还有通过老年协会进行老人间互助的形式，例如在前营村的试点中所体现的形式：

前营村不设专职服务员，由老人推荐选举成立"协会委员会"，设立生活委员，负责提供餐饮服务和生活起居服务；设立调解委员，负责化解邻里纠纷、促进老人和谐相处；设立起居委员；设娱乐委员，负责安排休闲娱乐活动；设卫生委员，负责日常保洁和环境卫生监督；通过自我管理、互助服务，实现"抱团养老、就地享福"。

（二）文化娱乐互助

如同调查报告中所提及的，农村老年群体"并非没有参与公共活动的意愿，而是缺少场地与契机"。因此"妇老乡亲"模式在文娱活动方面主要通过组织各类文化娱乐活动，为老年人聚集和参与提供契机，并以此来丰富老年人的文化生活。在各地实践中，逐渐显现出最常开展的活动，如下：

1. 由农村自治组织定期组织相应活动，如广场舞队表演、歌舞比赛等；

2. 立足地区文化传统，充分利用乡村社戏、庙会等已有的文化资源；

3. 通过各渠道了解村民意见，定期播放相应电影以丰富文化生活；

4. 设置棋牌聊天室，为老年人提供娱乐场所；

5. 安装健身器材，为老年人健身提供物质条件与场地装备；

6. 组织开展老年大学、乡村课堂等文化活动，为老年群体提供课程；

7. 定期举办"百老宴会"，让全村居民一同准备熬大锅菜、包水饺等。

在相应社工组织的协调下，农村老年协会将老人们组织起来参与活动，为组队表演的老人提供相应的奖励，为社区内的老人提供文化产品以及娱乐活动，实现了文化产品领域内的互助。

（三）生产生活层面的互助

"妇老乡亲"模式同样重视老年群体在生产生活方面的互助。如同基金会在项目制定时所提出的目标，项目最后要实现在基金会与社工组织退出后仍能自给，因此在生产互助方面多个项目试验点都做了有益的创新，例如其在景家庄村、盖家峪村的实践：

> 景家庄村通过购买、慈善资源链接、众筹等方式，建立景家庄村"慈善超市"，为空巢老人提供一定的物质支持。此外，景家庄村还以"丝网花""串珠""中国结"等手工制作小组为基础，培育社区工场，建立手工制作固定场所，并对手工艺品进行义卖，所得资金分为三份，一份用作原材料购买，一份用于工作人员分红，一份注入"社区基金"。由此实现互助，并在其基础上获得了经济收益，改善了老年人经济条件。而盖家裕村项目点则充分利用农村资源，如农村果园规模化经营、发展农家乐等，引进新型生产技术与耕作方式，创办了实体经济，为留守老人提供了更多按照自身劳作时间与身体承受力来选择的劳作机会，同样使得经济收益得到极大的增长。
>
> ——《河北省荷花公益基金会"妇老乡亲"农村养老模式实践报告》
>
> 中国老年学和老年医学学会青年委员会

正如案例所展示的那样，通过生产互助，老年群体不仅仅能够满足心理慰藉，还能够获得更多报酬，提升生活水平。

五 "妇老乡亲"模式的社会连带机制

"妇老乡亲"模式不仅仅为老人们提供相应的养老服务，满足老年人在生活照料和精神方面的需求，还通过连带效应，吸纳家庭、自治组织、社会慈善等多方面参与，形成了广泛的连带效应。在具体实施上，"妇老乡亲"模式引进专业社工力量、链接多方资源参与，通过老年协会或妇女组织和志愿者发挥积极主动性，因地制宜指导和规划该项目的协作与沟通，从而以基层力量促进"妇老乡亲"项目的多元化和多类型发展，并强调实现自身的"造血"，为老年人养老"添砖加瓦"。

（一）鼓励儿女助老爱老，带动家庭养老

"妇老乡亲"模式可以助力家庭养老。在传统乡土社会，较为封闭的乡土环境在长期的生产生活中发展出一套乡土社会的伦理观。这种朴素伦理观要求子女养老爱老，并且会通过村民口耳相传等方式形成舆论，在村庄这个较为封闭的环境内对子女是否孝顺进行评判。而"妇老乡亲"模式打破了传统老人独居、居家养老的现状，老人间频繁的互动交流使得各个不同家庭的具体情况得以展现，并且能够加以比较，使得子女即使有时不愿意孝敬老人，也不得不因舆论的压力而参与养老助老，以此在家庭养老层面形成一种连带效应，鼓励子女助老爱老。

（二）培育良好村风村貌：形成助老村庄氛围

根据荷花公益基金会后期的调查研究数据，并在此基础上进行数据分析，结果显示，试点村在"村里尊敬老人和孝敬老人的风气变得更好"上的得分为3.96，而非试点村为3.48，试点村显著高于非试点村。在"如果您身边的老人遇到子女不孝顺，他/她一般会怎样做？"上，试点村村民选择找村干部帮助解决的比例显著高于非试点村，而且在"自己忍受着"上，试点村显著低于非试点村。此外，试点村在老龄事业上的投入也显著较高，这都体现了该模式在运行过程中，为村庄营造出良好的氛围。换言之，相关主体通过一系列行动在村庄范围内形成了一种"场域"，营造出孝老助老的氛围，从而引导村民的行为。在这种氛围下，关爱老人，帮助老人，成为村民的一种共识，并在后续的活动中转化为具体行动。

（三）加快乡村自治组织建设，推动养老效能优化

同样依据基金会后期的调查，一方面，自治组织服务对象生活质量改善情况可以很好地反映其治理能力的情况。另一方面，从其自身成长情况来看，问卷调查显示，试点村中自治组织成员的老龄法律认

知情况显著好于非自治组织成员，这与社工组织和自治组织对村民的知识宣讲、活动带动等密不可分。此外，因为组织孵化使得本来交流甚少的村庄之间加强了交流，经验分享与群策群力也为提高自治组织治理能力提供了基础。而治理效能的提升，让基层自治组织可以在养老方面有更多作为，例如就实践中所反映出来的，得到强化后的自治组织通过组织各类活动，动员村民参与到孝老助老的活动中，取得了良好成效。

（四）链接社会资源，接纳社会组织援助

"妇老乡亲"模式在运行过程中，也带动了大量社会资源进入村庄中，为老年人提供支持。这种基金会—社工组织的模式首先体现为基金会吸纳社会慈善援助，通过购买与援助社工组织服务的方式，将这一部分社会慈善资源转化为切实的养老服务产品，以提供给村庄内的老人。此外，在模式的运行过程中，也会形成连带效应，吸纳更多社会支持，如在王家岸项目点，老年协会与腾讯合作，通过腾讯九九公益日项目筹集资金，最终促成了"聚爱早餐厅"活动的运行，以为老年人提供早餐；在景家庄村，当地则利用腾讯乐捐平台众筹慈善资源，丰富慈善超市物资种类及数量。同时，根据实际情况为个别困难空巢老人申请个人众筹，以帮助其摆脱生活困境。

（五）承接政府关注，获得政策照顾

"妇老乡亲"模式的建设还赢得了上级政府的照顾与宣传。在这一点上，得益于项目所培育的农村自治组织能够有效协助基层政府开展相应工作，实现政策传导，规避"上面千条线，下面一根针"的出现，同时还能在基层维稳、信息传递方面发挥良好的作用，故"妇老乡亲"模式得到了上级政府与主管部门的重视与支持，如河北省民政厅就多次组织对相关试点项目的考察，评估其成效。而政府的关注也为农村养老带来了新的政策照顾与支持，进一步推动养老事业发展，为农村地区老年人提供更完善的养老服务。

六 基金会—社工组织—老年/妇女协会模式的特征、成效和不足

上文从项目概况、项目现有运作情况、资源筹集机制、组织运行机制、老人互助机制和社会连带机制等方面对"妇老乡亲"模式进行了阐述与分析。而本部分将在前文叙述上，对"妇老乡亲"模式的特征、成效和不足进行进一步分析。

表 10-3 "基金会—社工机构—老年协会"模式互助养老
长效机制的特征、成效和不足

典型案例	模式特征	模式成效	模式不足
荷花公益基金会"父老乡亲"模式	互助服务 基金会—社工机构带动 因人施策，因地制宜 多元主体，协同治理 从"输血"到"造血"	物质精神双丰收，有效满足老人需求 培育社会责任感 整合社会资源，带动基层自治	模式缺乏对于服务对象的动态评估机制 专业性强，模式组织成本高 跨组织交流沟通较少，组织间协调存在困难 政府定位不明，作用模糊

资料来源：笔者归纳总结。

（一）基金会—社工组织—老年/妇女协会互助模式的特征

"妇老乡亲"模式有着"互助服务""基金会—社工组织带动""因人施策，因地制宜""多元主体，协同治理"、从"输血"到"造血"这五大显著特色，这些特点使这种模式有别于其他类型的养老模式。

1. 互助服务

互助服务是"妇老乡亲"模式的本质特征，其反映了该模式中老人间的关系，也就是在生产生活中互帮互助，实现共同福利，满足老人自身的物质、精神需求。

2. 基金会—社工组织带动

由基金会提供资金与专业指导，专业机构负责项目的运行是"妇老乡亲"模式的核心机制。该模式正是通过基金会—社工组织的协同运作，带动多方主体参与，从而实现社会资源的优化整合，以改善老年人福利待遇。在这个过程中，基金会—社工组织是模式运转的核心，没有了两者的

参与，模式的运转将难以为继。

3. 因人施策，因地制宜

因人施策，因地制宜是"妇老乡亲"模式的重要原则。因人施策主要体现为在项目的运行过程中，相关主体（如社工机构、农村老人、妇女自治组织）会对老人的具体情况进行分析与评估，找到老人当前面临的最主要困难与问题，并对症下药，为老年人提供个性化、专业化的服务。而因地制宜主要体现为在项目评估阶段通过前期大量的评估与调查了解相关情况，在结合当地历史与现实的前提下制定相应的实施方案并进行人事安排。

4. 多元主体，协同治理

多元主体，协同治理是"妇老乡亲"模式的显著特色。正如上文所述，"妇老乡亲"模式的资源筹集机制呈现出一种多方资源力量链接的形式——其主要体现为基金会（物质资源）、政府（政策，信任资源）、农村自治组织（社会网络资源）、社工组织（专业资源）等多主体合力实现资源筹集整合，支持项目发展，而其中显然涉及多方主体之间的铰合与协同，这种协同共同促进模式的发展。

5. 从"输血"到"造血"

从"输血"到"造血"是"妇老乡亲"模式的创新之处。不同于以往的养老模式，"妇老乡亲"模式不仅仅强调为老年人提供相应的养老服务，更强调建立一种退出机制，以实现当基金会与社工组织退出后，模式能够自行维持，不需要外界继续输血。因此，该模式强调依据村庄自身特点，充分利用农村现有闲置资源，组织老年人开展经营活动进行创收，以提升组织的"造血能力"，实现模式的长效运营，构建起一套行之有效的长效养老机制。

（二）基金会—社工组织—老年/妇女协会互助模式的成效

1. 物质精神双丰收，有效满足老人需求

"妇老乡亲"模式满足了老人群体在生活照料以及精神文化方面的需求。在该模式的指导下，农村自治组织和社工机构等主体采用多种多样的方式，组织各类活动以满足老年人需求，如就农村自治组织而言，其设立农村老人护理保健计划、邻里照护结对计划、村医定期拜访计划等多样化的方案来为老年人提供相应的服务。同时，社工机构也做了不少的工作，驻村社工在村内组织了诸如义诊、唱歌教学、幸福饺子宴、端午节活动、母亲节活动、棋牌娱乐等多样活动，为老年人提供各类服务。而根据基金会后期的调查，参与过的老人表达了对服务的满意及热爱，老人的精神慰藉得以实现。此外，在后期评估中，项目点的服务对象心理健康状况也有所改善，在孝老爱亲的文化氛围中，老年人群的主人翁意识增强，填补了农村老年人群（尤其空巢老人）的精神与文化空缺。同时"妇老乡亲"模式还有助于村庄经济状况改善，生活服务丰富，生活质量改善。"妇老乡亲"模式在实施过程中重视乡村自治组织的自我造血功能，据村庄自身特点，充分利用农村现有闲置资源，组织老年人开展经营活动进行创收，其所得成果不仅仅可以用于农村自治组织的维持，同样也有助于改善老人经济情况，其扩宽了农村老年人群的收入渠道，增加了农村老年人的经济收入。而老人经济情况的改善也有助于增加老年人的相关福利，使老年人群"食居有靠"的基本生活需求不仅得到了基本满足，而且生活质量在基本线的水平上得以稳步提升。

2. 培育社会责任感

"村庄"互助养老的核心问题是切实地将老年群体组织起来参与到互助养老的福利生产中，因此需要一种强有力的动员组织形式来激发老人的参与热情[1]。"妇老乡亲"模式通过让老人切身实地地参与项目来激发老年人的主体意识，培育老年人的公共精神，正如报告中所提及的，试点村的老年人身份不仅为其营造了积极性情感体验，赢得了生存的资本和自我发展的平台，也促进了精神层面上的"身体心灵"全面发展。一方面是农村老年群体经基金会和社工机构的培训和农村自组织的引导，另一方面是农村老人在相关项目与模式中的亲力亲为，使得老人意识到要积极主动地践行一个社会公民所应承担的义务和责任，要能够积极参与农村互助养老实践。而随着积极参与到项目实施过程中去，老人们也开始改变原有的闭门独居、甚少和其他人交流的现状，摆脱了原有封闭的生活方式，逐步融入村庄环境与公共圈子。他们通过积极地参加社会活动，与外界的交往能力得到了提升，深刻地感受到生命后期阶段强烈的社会责任感和使命感。此外，通过投身村庄建设而得到其他个体的认同，也进一步提高了老年人的

---

① 杨康、李放：《自主治理：农村互助养老发展的模式选择》，《华南农业大学学报》（社会科学版）2021 年第 6 期。

自我价值认知，实现了项目成效的最大化。

3. 整合社会资源，带动基层自治

在"妇老乡亲"模式支持下，老年协会与妇女组织得到了极大的发展。伴随着"妇老乡亲"项目在各目标村庄实践，各个村庄相继培育建成了多个老年协会与妇女组织，并在社工机构的指导与协助下形成了相对专业化的管理制度与长效工作机制，试点村及其自治组织的治理能力明显得到提升。一方面，通过自治组织服务对象生活质量改善情况可以反映其治理能力的情况。另一方面，从其自身成长情况来看，问卷调查显示，试点村中自治组织成员的老龄法律认知情况显著好于非自治组织成员，这与社工组织和自治组织对村民的知识宣讲、活动带动等密不可分。此外，相应组织的建立以及各类活动的相继开展，为村庄内部和村庄之间的交流沟通提供了条件与契机，而在交流的过程中，各主体间经验分享与群策群力，也为提高自治组织治理能力提供了基础。同时正如前文所讨论的，项目试点和自治组织建设改善了农村的孝老村风村貌。根据基金会后期调查的数据，试点村在"村里尊敬老人和孝敬老人的风气变得更好"上的得分为3.96，而非试点村为3.48，试点村显著高于非试点村。在"如果您身边的老人遇到子女不孝顺，他/她一般会怎样做？"上，试点村村民选择找村干部帮助解决的比例显著高于非试点村，而且在"自己忍受着"上，试点村显著低于非试点村。此外，试点村在老龄事业上的投入也显著较高。总而言之，"妇老乡亲"模式运行促进了村民公共精神的产生，推动农村互助社会的建设，经过几年的探索实践，项目逐渐摸索出一套创新的农村养老模式，引导老年协会成为可"自我管理、自我服务、自我发展"的"自组织"。试点总结出适用的对象和地区，形成一套完整的遴选标准，便于试点村的选择和保障项目实施的有效性。试点形成较为成熟的工作流程，从确定工作方案到具体实施都有明确的操作步骤，便于复制推广。

（三）基金会—社工组织—老年/妇女协会互助模式的不足

1. 模式缺乏对于服务对象的动态评估机制

"妇老乡亲"模式目前所面临的首要问题便是缺乏对于服务对象的动态评估机制。就模式整体而言，在整个模式的运行过程中主要有三个阶段的评估：首先是项目发起阶段的评估，在该阶段中基金会、社工机构将对村庄现况以及相应的老年群体进行一系列评估调查；其次是在项目运行的

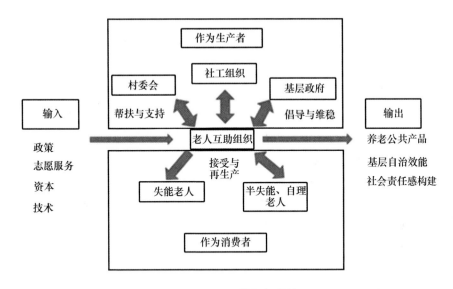

图 10-2　项目输入与成效

资料来源：笔者归纳总结。

中期阶段（18 个月左右）对项目的运行情况进行分析评估，查看项目是否按计划进行；最后是在项目的结束阶段，也就是终期考察，主要对现有实施情况进行评估，并决定是否可以考虑终结项目。可以看到，除了在项目初始阶段的评估外，另外两个阶段的评估都忽视了对于服务对象的评估，考虑到在三年的项目期内村庄经济社会环境可能出现的变化，届时原有的方案计划可能对服务对象已不再适用，影响项目成效，这不得不说是一大不足。

2. 专业性强，模式成本高

"妇老乡亲"模式目前所面临的次要问题便是模式成本高。一方面，从项目的整体流程来说，该模式固然因"因人施策，因地制宜"而显得卓有成效，但同样前期的调研评估、中期与后期的走访都要投入大量时间、精力与资金，高昂的成本使得模式难以推广。另一方面，从参与主体的角度来说，以社会第三方的身份到农村组建培育民间组织存在巨大的"交易成本"，在孵化自组织和动员村两委参与方面往往需要付出超过预期的时间成本和组织成本。作为外界进入的组织，对于当地的传统习俗、社会文化显然不够了解，需要花大量的时间精力来熟悉，这也是该模式的不足之处。

3. 跨组织交流沟通较少，组织间协调存在困难

正如前文里所提及的，"妇老乡亲"模式涉及大量主体参与，但各主体之间协同能力有待提高，组织协调存在困难。虽然在实践的过程中形成了多元主体参与的服务团队，但各服务主体之间缺乏联动、衔接与协调机制，容易造成服务供给不均衡以及资源错配等问题。一方面，因为项目从开始实施到规范运行的体制机制尚处于不断探索和完善过程当中，常态化的组织协调工作有待进一步规范；另一方面，自治成员的能力，特别是农村老人和妇女的互联网接受和使用能力相对较弱，在组织协调方面显得较为僵硬和死板。社工机构撤出之后，自治成员如何迅速传递相关信息，即时反映老人的养老需求，以及如何结合当地已有条件，整合相应资源实现创收等可能会遇到一些困难与挑战。

4. 政府定位不明，作用模糊

如前文所分析的，政府在"妇老乡亲"农村养老模式中的定位主要是指导该模式的运行，给予相关的宣传、政策支持以及合法性保障。而模式运行中，资金前期由荷花基金会提供，后期通过农村自治组织维持运行，同时农村各项资源的利用和整合则由专业的社工机构进行孵化。在模式运行的过程中，政府主要扮演监督人的角色，并未实质性地参与到模式的运行中来。由此带来的问题之一便是在模式参与中政府角色的虚化，由于没有政府相关部门直接参与到模式的运行之中，加之后期基金会，社工机构等外界主体的退出，农村自治组织能否有人力物力财力以及相应的政策支持来继续推进"妇老乡亲"农村养老模式的长效运行是一个不可回避的问题。甚至，政府与农村自治组织间也可能存在赋权与削权的复杂博弈，使得项目成效受影响。此外，政府相关部门目前在模式中模糊不清的作用使得部分农村居民对模式缺乏信任——这个项目是由政府支持的吗？可靠吗？会不会又是一个样板工程？诸如此类的疑问使得村民对模式的开展有所顾虑。而缺乏基层政府明确的"背书"使得村民在项目运行之初对相应的基金会与社工组织缺乏信任，甚至产生排斥心理，不愿意参与到模式的运作中来，加大了模式运行的"交易成本"，进而束缚了模式推进的动力。

第十一章　六种模式农村互助养老
长效机制比较研究

前文在实地调研多地农村互助养老的基础上，根据资源筹集主体、养老服务内容、服务直接生产者、老年人参与范围、互助养老形式、社会连带强度这六个维度，构建出资源筹集机制、组织运行机制、老人互助机制和社会连带机制，在此基础之上划分为初级、中级和高级农村互助养老。每个阶段的农村互助养老均有两种模式或实际案例与之相对应，有必要对六种模式进行同中求异和异中求同的比较分析，并在此基础上梳理发展经验。

一　六种模式农村互助养老长效机制的区别

通过对上述六个典型案例进一步比较分析，同时结合本文构建的农村互助养老长效运行机制，可以发现四重机制存在如下不同，如图 11 - 1 所示。

（一）资源筹集机制

上述六个案例涉及政府财政支持、村集体资金支持、动员社会组织进行捐赠等多种资源筹集方式，基本囊括了资源筹集的主要渠道。在互助养老初级阶段，重庆铜梁区农村互助养老站以动员村庄能人无偿自愿管理为主要方式寻找管理人员，主要依靠单一的政府财政支持，仅能勉强维持运营；湖北恩施则由老年协会带头组织互助养老，其经费来源除了政府支持外，核心会员缴纳会费也占有一定比重。在互助养老的中级阶段，河北肥乡主要依靠村集体资金和政府财政拨款；重庆大足互助养老中心的建设资金主要来源于政府财政补贴，再由村集体承担部分费用。在互助养老高级

农村互助养老四重机制比较	政府—村庄能人型	政府—老年协会型	政府—村委会型	政府—社工机构型	政府—村委会—老年协会型	基金会—社工机构—老年协会型
资源筹集机制	政府支持	政府支持会员会费	村集体资金政府支持	村集体资金政府支持	政府支持村委补贴老人自费捐赠	基金会支持
组织运行机制	政府主导村庄能人代管	老年协会主导	村委员主导	驻点社工统筹管理	村委会和老年协会主导	基金会立项
老人互助机制	积分制精神慰藉	互助小组生产生活帮扶	自我管理生活帮扶精神慰藉	积分制生活帮扶精神慰藉	生活帮扶精神慰藉教育互助用餐服务	邻里互助生产帮扶生活帮扶
社会连带机制	政府支持	政府支持社会慈善支持	政府政策社会支持家庭支持	政府政策社会支持村集体内生资源	政府政策社会支持家庭支持朋辈支持村集体内生资源	政府政策社会支持家庭支持朋辈支持村集体内生资源

图 11 - 1 农村互助养老的四重机制比较

阶段，浙江何斯路村资金来源主要有政府划拨、村委补贴、老人自费和捐赠四个渠道；在河北荷花公益基金会互助养老中，基金会提供的资金对模式发展起了主要的推动作用。这六个案例共同表明，长期稳定的资金来源是互助养老可持续运行的关键因素，而政府的财政支持是农村互助养老得以长效运行的关键一环。

（二）组织运行机制

上述六个案例反映了不同典型场域下农村互助养老的有效运行模式，对其他地区发展互助养老具有借鉴意义。在互助养老初级阶段，重庆铜梁区政府为其管理运营制定了体系化的制度规则，通过挖掘动员村庄能人代管互助养老点，并尝试打造"四支队伍"充分发挥各类力量的作用；湖北恩施主要依靠老年协会带头组织互助养老，由老年协会设立各项制度并建立三级网络保障互助养老的运行。在互助养老的中级阶段，河北肥乡的幸福院由村委员主导运转，重庆大足互助养老中心由驻点社工统筹管理，并建立四级联系人制度，探索培育本土志愿者。在互助养老高级阶段，浙江何斯路村由村委会和老年协会主导互助养老幸福院的运营；河北荷花公益基金会则以基金会立项的形式将互助养老作为一个项目运行。无论是政府主导、村委会主导、老年协会主导，抑或基金会立项，这些案例都表明了互助养老能够长效运行的关键是农村互助养老服务的直接提供者。一般来说，主要是村庄社会中自发的老年精英、村干部等，但他们难以提供专业化的服务，更专业的服务仍要依靠社工机构或养老服务机构的工作人员。

（三）老人互助机制

以上案例反映了以互助文化和孝文化为核心的农村传统文化是互助养老长效运行的有力支撑。在互助养老初级阶段，重庆铜梁区采用积分制的形式，更多的是为老人提供了一个文化娱乐的场所，其发挥的主要是精神慰藉的作用；湖北恩施则依托老年协会成立互助小组和一对一帮扶组，为老年人提供生产生活上的帮扶。在互助养老的中级阶段，河北肥乡幸福院发挥老人自我价值参与管理，在衣食住行和文化娱乐方面互助；重庆大足则由社工引导村民在生活和精神等方面互助。在互助养老高级阶段，浙江何斯路村在精神、生活互助的基础上增加了老年教育互助，并保证了老人的用餐；河北荷花公益基金会则以邻里互助的形式使老人在生产生活等方面相互守望。这些案例反映出，随着互助养老的不断发展，互助行为从一开始简单的生活互助行为到制度化的精神、教育等互助行为，都是在不断满足老年人需求，关注老年人身心健康。

（四）社会连带机制

在互助养老初级阶段，重庆铜梁区凭借村庄能人和社工这两大参与主体撬动政府支持；湖北恩施依靠众多老年精英连带性动员较多的社会慈善支持。在互助养老的中级阶段，河北肥乡和重庆大足在连带政府和社会资源的基础上，进一步连带了家庭支持和村集体内生资源。在互助养老高级阶段，浙江何斯路村和河北荷花公益基金会进一步链接了朋辈群体的支持。这些案例共同表明了互助养老长效运行中资源链接的重要性：无论哪种情况，互助养老都无法脱离政府和社会等的支持和帮助，互助养老想要长久地发展，必须寻找和链接更多的资源，得到更多主体的支持。

二　农村互助养老发展的经验梳理

本项目选择的六个案例是根据典型性原则进行理论抽样而来的成功案例，而在实际运行中也存在诸多运行不畅、效果不佳，甚至是失败的案例。故此，总结梳理这六个成功案例的经验做法，对我国农村互助养老发展具有借鉴价值。

（一）资源筹集方面的经验

政府资金支持力度大。互助养老虽然是一种低成本的养老方式，但在推广阶段仍需要政府提供充足的资金用以打造互助养老场所、购置活动器材、补贴日常水电和支付管理者工资等，以推动互助养老行为的组织化、规范化和持续化。在重庆市铜梁区"政府—村庄能人主导"的互助养老模式中，铜梁区采用福彩公益金与财政支持相结合的形式为互助养老点建设和运行提供资金保障，用以建设互助养老点的资金共计 100 万元，其中 60 万元来自福彩公益金，40 万元来自财政预算。资金用于互助养老点的房屋装修、购置桌椅板凳、麻将桌、按摩椅等设备，以及补贴日常水电费等。

老人对于部分养老服务支付一定费用。对于一些资金需求大的养老服务，可依据老人年龄及家庭收入情况，向有能力的老人收取一定的费用。在浙江义乌"政府—村委会—老年协会协同"的互助养老模式中，村内的居家养老服务中心（老年食堂）向村内老人提供用餐和送餐服务，老年协会组织相关的活动都会向老人收取一定费用。在用餐方面，80 周岁及以上老人需要每月支付 60 元（1 元/餐），70—79 周岁老人需要每月支付 120 元（2 元/餐），60—69 周岁老人需要每月支付 300 元（5 元/餐），而家庭困难的老人则可免去用餐费用。老年协会每年向会员收取 20 元会费用以组织活动。向有能力的老人收取一定的费用，不仅可以缓解互助养老资金筹集的压力，推动部分资金内部解决，还能培养老人用者付费意识，使老人积极参与和监督相关付费互助养老活动。

村集体提供闲置房屋、土地和资金支持。村集体经济条件一般的村庄可利用闲置的村集体房屋和土地打造互助养老场所，集体经济较发达的村庄则可进一步为村庄互助养老活动提供资金支持，维持互助养老场所运行和拓展互助养老服务内容。在河北肥乡的"政府—村委会主导"互助养老模式中，幸福院的场地便由前屯村集体提供，并与村两委办公室和医务室共建，在盘活村集体资源的同时，利于幸福院入住老人进行社会交往以及应对意外突发事件。在浙江义乌"政府—村委会—老年协会协同"的互助养老模式中，集体经济收入较高的何斯路村集体每年需为居家养老服务中心提供 15 万元左右的兜底费用，并为老年协会开展老人集体旅游、晨读班等活动提供补贴。

社会慈善力量捐赠。基金会、福利机构、乡贤群体等社会慈善要素的捐赠是互助养老的又一重要资金来源。在河北省"基金会—社工组织主导"的互助养老模式中，荷花公益基金会为"妇老乡亲"农村养老模式的发展提供了大量资金，在 2016—2018 年度，用于资助相关项目的资金就达到 536 万元。此外，在村庄换届选举时，会有候选人给老年协会捐赠资金以换取村民选举中的支持，如浙江义乌何斯路村。无论是公益性捐赠还是功利性捐赠，社会慈善要素的捐赠可以成为农村互助养老的重要补充，甚至在特定模式（如"妇老乡亲"模式）中成为主要的资金来源。

（二）组织运行方面的经验

积极发挥老年精英的作用。老年精英一般具有参与互助养老的较高意愿和能力，具有成为互助养老活动的服务者和管理者的先进意识。同时，老年精英多是村庄德高望重的老人，对于其他老人具有广泛的号召力和影响力，有利于互助养老组织的运行和管理。在湖北恩施"由政府—老年协会为主导"的互助养老模式中，白果乡老年协会积极吸纳退休教师、退休干部以及有一定文艺特长和公益心的老人等老年精英作为老年协会和老年之家的管理骨干。在重庆铜梁"政府—村庄能人主导"的互助养老模式中，互助养老点负责人多为村庄能人，负责互助养老点的清洁、安全运营和管理等工作。

引入社工机构提升专业化程度。社工和社工组织在组织运行中可以发挥引导和资源链接作用。社工介入有利于培养和深化老年人的互助意识，提高老人互助服务的专业性，引导老人规范有序地开展互助养老活动。同时，社工机构还可以为互助养老组织链接政府部门、爱心企业、事业单位、公益组织的为老资源，扩大互助养老过程中的社会参与。在重庆大足"政府—社工机构为主导"的互助养老模式中，由驻点社工对村庄互助养老服务中心进行统筹管理，对不同老人提供差异化服务，同时发动和组织各社组长、院落联系人、老人亲属建立四级联系人机制，并对村庄助老志愿者进行培训，颁发"助老公益伙伴"聘书，从而提高互助养老服务中心服务的专业性和有序性。在河北"基金会—社工组织主导"的互助养老模式中，社工机构在承接基金会资金后负责具体培育、孵化和督导老年协会和妇女协会等本土养老服务队伍，从而提升村庄互助养老组织能力。

提升互助养老组织的制度化水平。互助养老突破了传统反哺式家庭养老的局限，将有着不同利益诉求的老人组织起来开展互助养老活动。因此，互助养老组织有必要建立系统而规范的管理制度，以应对老人矛盾调解、奖惩、器材使用等问题。在湖北恩施"由政府—老年协会为主导"的互助养老模式中，老年协会建制完整，不仅设立了老年协会章程，还建立了学习制度、文体制度、休息制度、棋牌室管理制度、网络阅览室制度、老年之家公约等管理制度等以从组织运行上提供保障。幸福院有严格的成文制度以规束入住老人的行为。在河北肥乡"政府—村委会主导"的互助养老模式中，幸福院建立了严格的成文管理制度，通过硬性规定营造了老年人在幸福院共同体中生活的安稳环境。

依托老年协会开展助老服务。老年协会作为我国农村广泛存在的、专门服务老人的一种村庄本土化社会组织，可以成为互助养老组织的培育母体。在湖北恩施由"政府—老年协会为主导"的互助养老模式和浙江义乌"政府—村委会—老年协会协同"的互助养老模式中，老年协会自身积极转变职能，从提供单纯的娱乐服务向提供老年教育、生活照料、用餐、精神慰藉等丰富的互助养老服务转变，为老人开展互助养老提供组织载体，并积极与其他村庄次级组织，如妇女组织、合唱班、老年食堂、晨读班、卫生室等互动，为开展互助养老活动链接资源。

（三）老人互助方面的经验

因地制宜采取老人互助形式。我国各地农村实际情况千差万别，不同地区农村老人对于不同互助形式的接受程度也存在差异。在互助基础较为薄弱的村庄，互助主体具有同质性的特征，应在老人村庄内部熟人网络的基础上，鼓励老人与亲近熟悉的老人开展结对帮扶，并可对一些耗时费力的互助服务收取一定的物质报酬。在有一定互助基础的村庄，则可鼓励围老期老人、低龄老人为其他老人提供志愿服务，并引入时间银行机制将老人的互助行为量化、存档并进行奖励兑现。例如，在重庆大足"政府—社工机构为主导"的互助养老模式中，由于社工机构的介入和引导，老年人志愿者可通过爱心存折记录自己的志愿时长并在互助超市中兑现奖品。在浙江义乌"政府—村委会—老年协会协同"的互助养老模式中，何斯路村是一个典型的单姓宗族型村庄，较强的宗族认同容易孕育助老、爱老、孝老观念，"家庭和睦""帮助老人""奉献村庄"等成为功德银行的重要积分标准。

逐步拓展老人互助内容。在互助养老的初级阶段，老人的互助内容主要以浅易的文化娱乐互助、生产活动互助和生活帮扶为主。这些互助行为是我国农村私谊性传统互助行为的延续，具有成本低、易推广、非专业化的特点。例如，重庆铜梁的"政府—村庄能人主导"的互助养老模式和湖北恩施"政府—老年协会为主导"的互助养老模式，在精神慰藉方面，开展棋牌、聊天、休闲保健等娱乐活动；在生产互助方面，开展换工、种养殖技术互换等互助帮扶；在生活照料方面，发动有能力的老人照顾生活困难老人。初级阶段的互助养老服务满足了老人一些较为初级的养老需求，但无法提供老人用餐、医疗、住宿方面较高品质的养老服务。在初级阶段互助内容的基础上，可逐步拓展互助养老服务的内容，提升互助养老的品质。例如，在浙江义乌"政府—村委会—老年协会协同"的互助养老模式中，老年协会在组织初级文化娱乐类养老服务的基础上，不断升级服务内容，为老人提供晨练、老年教育、用餐送餐、统筹大病医疗和养老保险等养老服务。

建立有效的互助激励制度。老人互助需要建立融合物质奖励和精神奖励的激励机制，以提高老人参与的积极性，从而扩大老人参与范围和提升互助内容的品质。在重庆大足"政府—社工机构为主导"的互助养老模式中，社工机构为老年志愿者设置了积分存折，将每次志愿服务时长折算成积分，老人可通过存折在村互助养老中心的互助超市兑换牙膏、牙刷、肥皂、扫把、拖把、毛巾等奖品。在浙江义乌"政府—村委会—老年协会协同"的互助养老模式中，何斯路村在2008年便成立了功德银行，将村民服务老人、奉献村庄等善事按标准量化后进行记录和统计，对积分高者进行荣誉表彰，并与优先发展党员、审批宅基地、低息贷款等相挂钩。

（四）社会连带方面的经验

增强互助养老组织的能力。社会连带效应的激发离不开具有强大资源聚合能力的连带本体。因此，只有在增强互助养老组织的能力的基础上，才能有效地产生丰富的连带效益。一方面，互助养老组织要供给优质的养老服务，打造组织口碑。另一方面，互助养老组织要坚定地维护老年人的权益，积极为老人发声。通过对比不同发展阶段的案例可以发现，相比于初级阶段，中、高级阶段的互助养老组织在供给服务和维护权益上均具有更强的能力，其社会连带产生的附带效益也更为丰富。

积极引导老人和互助养老组织参与村庄治理。在村庄"空心化"的背景下，老年人成为村庄治理的重要参与主体，互助养老组织应积极将自身内嵌于村庄治理活动中，在村庄教育、卫生整治、纠纷调解、集体经济发展等方面贡献力量。老年人积极参与村庄治理有利于再造村庄共同体，促进老人亲属、朋辈群体、社会慈善要素、村组织、政府和社会组织对老年人群体的关注，从而为互助养老活动链接广泛的资源。在浙江义乌"政府—村委会—老年协会协同"的互助养老模式中，老年协会的核心成员同时也是村集体经济组织的股东和重要规划者，而村集体也有意地将收益向老年人倾斜，如统筹老年人大病医疗、养老保险和为村庄为老组织开展活动提供资金，以支持村内养老事业发展和吸引更多老人参与村庄建设。

加大对互助养老组织的舆论宣传，扩大其社会影响力。互助养老作为一种新型养老方式，社会大众对其关注和认识仍较为有限。应积极向老人及其家庭成员宣传互助养老理念及其价值，并通过政府和社会媒体报道一些成功典型，宣传互助养老组织的活动成果，加强村民和村两委对其的认同以及外界社会对其的关注和认识。在河北"基金会—社工组织主导"的互助养老模式中，上级政府和主管部门积极宣传"妇老乡亲"模式，如河北省民政厅多次组织对相关试点项目的考察，评估其成效。在重庆大足"政府—社工机构为主导"的互助养老模式中，龙岗村互助养老中心受到中国网、新华网、华龙网、重庆日报网等多家新闻媒体的报道，成为大足区发展互助养老模式的代表和典型。政府和社会各界的关注也为农村互助养老带来了新的政策照顾与支持，进一步推动养老事业发展，为农村地区老年人提供更完善的养老服务。

第十二章　农村互助养老长效发展的问题与优化路径

一　农村互助养老面临的问题

农村互助养老缺乏法律规范，政策制度体系不完善。目前针对互助养老尚未出台相应的法律规范，且现有养老机构设立的许可办法和养老机构管理办法将互助养老排除在适用范围之外，致使其发展缺乏法律规范的保障[①]。其中，互助养老意外伤害事故责任认定法律规范的缺失使得其在实践运行中面临风险隐患，难以明确责任主体[②]。与此同时，农村互助养老发展的区域差异问题也引起部分学者关注。欠发达农村地区与发达农村地区在经济基础、组织管理等方面存在较大差异，制约其互助养老发展。而发达地区的互助养老设施则存在闲置、浪费的情况。社会资本，如村庄社会资本等不均衡也导致了互助养老发展的区域差异。透视不同的农村互助养老实践，可以发现它们在发展过程中存在很多制约因素和共性问题。

除此之外，比较每个阶段农村互助养老实践，可以发现它们在互助养老的四重机制上既有共性问题，也有个性问题。

（一）农村互助养老中资源筹集机制的问题

1. 共性问题

依赖政府的财政投入。就政策制度体系而言，政府并未在顶层设计层

---

① 纪春艳：《型城镇化视角下农村互助养老模式的发展困境及优化策略》，《农村经济》2018年第1期。

② 金华宝：《农村社区互助养老的发展瓶颈与完善路径》，《探索》2014年第6期。

面明确农村互助养老的发展规划和建议，针对养老场所、人员配置、服务规范、运行管理等尚未形成统一的政策文件，可操作性指导的缺乏制约其规范化发展。同时，在政策支持上，土地供应、财政补贴、税费优惠等保障性政策不足①。无论是重庆铜梁的农村互助养老点和湖北恩施老年人协会负责运行的互助养老中心，还是河北肥乡的农村互助幸福院和重庆大足以社工机构负责运行的互助养老中心都表现出对地方财政支持的过度依赖。调研发现，一个互助养老服务中心的打造，至少需要投入六七万元，再加上基本娱乐设施等，基本需要投入十几万元。虽然农村互助幸福院的建设主体是村集体，但由于村集体经济普遍羸弱，除一些集体经济比较雄厚的乡村外，每个互助幸福院的投资，再加上每年不菲的运营成本，对于不少集体经济薄弱的乡村来说，压力巨大。从目前的情况来看，互助养老的长效运行需要可持续的资金投入，然而政府并未将其纳入财政预算或设立专项资金，来自村集体和社会力量的资金也具有局限性，难以保证持续投入②。在财政资金紧张的情况之下，这种需要政府较大投入的互助养老模式难以实现广覆盖。而一旦政府后续资金难以持续，一些乡村难免会出现互助幸福院开办了时间不长，就因缺乏运营费用而被迫关门的现象。

社会资源注入有限，且渠道不畅。互助养老的可持续发展需要多元主体介入，然而目前其他服务主体的介入程度较低③。老年协会等民间社会组织面临"名存实亡"的窘境，在缺乏官方认可和制度规范的情况下，其在互助养老中发挥的功能有限。社会组织等链接的资源有限，未能较多地链接互助养老服务中最需要且最缺乏的医疗资源。此外，由于我国慈善公益精神的欠缺，来自慈善组织和社会捐赠的资金也极为有限。同时，社会支持资源缺乏稳定性和持续性。从目前的情况来看，农村互助养老运行资金主要靠政府财政投入和补贴，仅能满足基础设施建设。村集体经济普遍羸弱，投入互助养老的资金有限。

---

① 钟仁耀、王建云、张继元：《我国农村互助养老的制度化演进及完善》，《四川大学学报》（哲学社会科学版）2020 年第 1 期。

② 甘满堂、娄晓晓：《互助养老理念的实践模式与推进机制》，《重庆工商大学学报》（社会科版）2014 年第 4 期。

③ 曲绍旭：《多中心治理视角下农村互助养老服务制度发展路径的优化研究》，《广西社会科学》2020 年第 1 期。

互助养老组织自我造血功能能弱。从案例来看，无论是哪一阶段的互助养老组织都离不开政府、社会等的资源支持。从目前的情况来看，互助幸福院普遍存在自我发展能力弱的问题，究其原因在于互助幸福院没有固定的收入渠道，老年人所缴纳的"会费"远远不足以支撑幸福院的持续运行。故而，幸福院的发展仍要依靠外部的资金支持，而一旦外部资源无法及时到位，对幸福院的发展将是巨大的打击。

2. 个性问题

初级阶段的农村互助养老正如本研究所呈现的政府—村庄能人主导模式和政府—老年协会主导的模式，其资金投入和筹集主要依靠政府，而组织运行则更多发挥村庄能人和老年协会的作用。故此，容易产生如下问题。

养老内容有限，无法满足老年人需求。它只能满足老人简单的日常娱乐交往，如提供一个活动空间供老人棋牌娱乐、聊天交往和茶水服务。据前期调查问卷数据显示，目前老人互助的内容主要以满足精神慰藉的文娱活动（53.4%）和聊天谈心（52.8%）为主，互助内容类型单一且服务品质较为初级。虽然也有部分农村互助养老点提供跑步机、台球、乒乓球等略显高档的娱乐设施，但总归养老内容有限，尚未能解决老人吃饭和住宿等问题。老人一般居住在自家，有空闲时间和娱乐需求时才到互助养老点去找乐子。到了中饭和晚饭时，老人一般都回家就餐。而没有在互助养老点就餐主要缘于三方面原因：一是政府投入有限，在农村互助养老服务点建设时，更多是考虑建设一个仅供老人娱乐的场所，没有考虑到筹建食宿场所；要么是就地取材，虽然充分利用既往的闲置办公场所或厂房、学校，能够开辟出厨房，但是就餐者太少，从成本收益角度考虑办食堂不划算。二是老年人大多节约，舍不得花10元钱左右在外面吃饭。三是老年人回去就餐，通常也还需要给家里人，尤其是为孙子孙女做饭。有责任和义务在身，让他们不得不回家。

专业人才不足致使专业化水平较低。目前来说，互助服务主要依靠老人之间的相互照料，缺乏专业的管理人员和服务人员，而老人自身的养老专业素养也较为匮乏①，导致幸福院难以有效满足老年人的养老需求。幸

---

① 赵志强、刘刚：《农村互助养老模式推行的挑战与对策》，《农村经济与科技》2013 年第4 期。

福院的负责人作为村庄能人固然拥有较强的管理能力，但其专业养老知识还较为匮乏，村上对他们的培训也主要是针对安全要求方面。同时，虽然有社工介入，但囿于政府购买资金的有限和互助点的数量较多，其对一个互助点的介入极为有限，尚不能进行有效的指导。从调研案例来看，绝大多数老人不同程度患有各种慢性病，并没有多少护理常识，遇到问题不知道如何处理。农村卫生服务和公共服务设施比较脆弱，难以提供必要的技术支持。

中级阶段的农村互助养老正如本研究所呈现的政府—村委会为主导的互助模式和政府—社工机构为主导的互助模式，其资金投入和筹集主要依靠政府和村集体，而组织运行则更多发挥村委会、社工组织等的作用。故此，容易产生如下问题。

互助养老组织容易形同虚设，产生景观式社工、互助养老点入住率低等问题。从调研案例来看，我们发现社工机构对社工有非常严格的考核制度：要求每位驻点社工开展活动必须有新闻报道，不管是市级还是区级，一个月一条，每个月要有一次社区活动，要有至少四节小组活动，绩效指标未完成的社工将被扣除一个月的绩效工资。此外，在各地迅速建设的农村互助养老幸福院中，一些示范型幸福院能够按照要求规范运行，但相当部分的农村互助幸福院存在徒有其表、重建轻管甚至无人入住等现象，比如河北省目前建的31000多家农村幸福院，覆盖了70%以上行政村，但是2019年实际利用率只有10%左右。

（二）农村互助养老中组织运行机制的问题

1. 共性问题

过度依赖老年精英。初级、中级和高级阶段共6个案例的共性问题是，各阶段农村互助养老均表现出过度依赖老年精英或能人的奉献精神、组织能力和人脉关系等人格魅力。重庆铜梁区茯苓村由政府—村庄能人主导的农村互助养老的陈昌琼老人，湖北恩施由政府—老年协会主导的农村互助养老的张必斗老人，河北肥乡由政府—村委会主导的农村幸福院的蔡清洋老人，政府—村委会—老年协会主导的何障根老人，均在农村互助养老发展中扮演着重要角色。而他们的共同特征是：曾经担任过乡村干部，退休后时间宽裕，物质生活无忧；具有较强的公益精神和组织动员能力，人脉较为宽广，且乐意在村庄公共生活中发挥相应作用；善于与老人交往，相处融洽，能够为老人解决一些急难愁盼的问题；家庭尤其是老伴和子女从理念和行动上较为支持其工作。农村互助养老一旦缺少老年精英的参与支持，则会组织凝聚力不强，运行不畅，老年服务生产供给困难，老人满意度不高等问题，而互助养老设施则蜕变为一个空壳组织，呈现出组织溃败。当前诸多农村互助养老点建设的失败案例大多源自缺少老年精英的积极参与和组织运行。

农村互助养老发展过程中政府存在越位和缺位现象。互助养老本身起源于民间，其本质是自治。然而，政府介入互助养老的限度，以及各主体在互助养老发展中的责任划分问题还有待明确。在养老服务体系政策衔接上，未能将互助养老与居家养老、机构养老等进行有效衔接以形成制度化的养老体系①。此外，激励和监督考核机制的缺失，使得压力型体制之下的地方政府在互助养老发展过程中存在选择性执行、敷衍性应对等问题②。

2. 个性问题

初级阶段互助养老组织运行更多发挥村庄能人和老年协会的作用，故此，容易导致其过度依赖志愿精神，缺乏物质激励。但事实上，物质激励却能提高互助养老的满意度。就前期问卷调查数据显示，农村互助养老的形式主要以志愿服务（66.8%）为主，以及一定比例的结对帮扶（23.8%），但物质报酬（7.8%）和时间银行（1.6%）形式较少。而在各种互助形式中，物质报酬满意度的平均得分却最高（3.20分）。村庄能人和老年协会在互助养老幸福院的管理运行中多是提供无偿性的管理服务，但是这种单方面的付出缺乏有效的物质激励，主要依靠志愿精神和奉献精神来维持运行，这就给幸福院的持续运行带来很大的难题，也使得老人对互助幸福院的未来发展存在不信任感。

中级阶段互助养老组织运行更多发挥村委会、社工组织等的作用，故此，容易产生专业化的管理服务队伍难以落地等问题。"有问题，找邻里街坊"是当前大多数老年人根深蒂固的思维方式。因此，尽管村里建设了

---

① 赵志强：《农村互助养老模式的发展困境与策略》，《河北大学学报》（哲学社会科学版）2015年第1期。

② 于长永：《农村老年人的互助养老意愿及其实现方式研究》，《华中科技大学学报》（社会科学版）2019年第2期。

互助养老的管理服务队伍，但多数老人对此并不关心，甚至不知道这一制度。这种思维方式的差异和冲突导致即使有很多志愿者愿意参与到互助养老中，为老人们提供帮助，但老年人的不理解、不支持仍旧导致志愿者处于有力没处使的窘迫情境。最终导致老年人对专业化服务有需求，但专业化的服务难以落地这一矛盾逐渐加深。

高级阶段互助养老组织运行则更多发挥社工机构和养老机构等的作用，故此，其在管理运行中多主体的协同整合难度较大。"妇老乡亲"模式涉及大量主体参与，虽然在实践的过程中形成了多元主体参与的服务团队，但各服务主体之间缺乏联动、衔接与协调机制，容易造成服务供给不均衡以及资源错配等问题。一方面，项目从开始实施到规范运行的体制机制尚处于不断探索和完善过程当中，常态化的组织协调工作有待进一步规范；另一方面，自治成员的能力，特别是农村老人和妇女的互联网接受和使用能力相对较低，在组织协调方面显得较为僵硬和死板。当社工机构撤出之后，自治成员如何迅速传递相关信息，及时反映老人的养老需求，以及如何结合当地已有条件，整合相应资源实现创收等可能会遇到一些困难与挑战。

（三）农村互助养老中老人互助机制的问题

1. 共性问题

积分制度尚不完善。据调查数据显示，参与过积分制如时间银行的老年人非常少，仅1.6%，积分制的推广较为缓慢。积分制要真正运作起来，至少需要拥有一套积分制度（积分规则、兑换规则）、一个运作团队（记录者、兑换者、监管者）、兑换资金支持。但从案例来看，铜梁区将积分制主要用于农村人居环境整治，其在积分兑换过程中也出现了打"人情分"、重复兑换等乱象，有失"时间银行"机制的公平性。可见，其相应的运作和管理也不完善，长此以往，将大大降低参与者的积极性。服务队伍建设不力和资金短缺也是制约积分制度发展的因素。从老年人群体来看，养老需求大概可分为需要专业护理的高龄、失能老年人群体和仅限于日常需求的大多数身体状态较为良好的老年人群体，而绝大多数志愿者提供的都是一些简单的劳动服务，无法提供专业的养老服务，由此形成了供需匹配的缺口。此外，以积分的形式兑换奖励，本是激励老年人参与互助养老的激励手段，然而奖励从何而来不免成为村集体颇为头疼的事情之一。村集体本身的财力、物力有限，难以维持积分制度的持续运作，而企业、社会基金等社会力量以何种方式提供帮助尚未形成成熟的方案，由此造成了兑换点奖品不足的窘况，使得积分的激励效果大打折扣。

老人认同度和参与度不高。农村老人对互助养老的认识尚不足，其选择互助养老的意愿较低[1]，且近年来呈现下降趋势[2]。究其原因，首先，互助养老的概念模糊，以及功能定位不明确，使得老人对其认识不足。其次，传统文化虽为农村互助养老提供了一定的文化社会基础，然而传统的家庭养老观念和孝文化发挥着负面效应，面子等因素致使农村老年人不愿意选择互助养老，子女也有所顾虑。再次，市场经济和农村社会性质的转变在消解着互助养老所依赖的互助文化传统。最后，目前的互助养老服务难以满足农村老人的养老需求，也是导致其选择意愿低的重要现实因素。

2. 个性问题

对于初级阶段互助养老来说，老人之间的互助处于较低水平。从调研案例来看，相关养老基础设施缺乏，且在地理位置布局上未能与村卫生室、村活动室等公共服务设施相匹配，制约其服务功能的拓展[3]。目前的农村互助养老服务存在明显的轻视养老服务供给的趋势[4]，且服务内容以文化娱乐活动为主，停留在精神慰藉层面，而缺乏照护方面的服务，在一定程度上使得其服务功能被削弱。

对于中级阶段互助养老来说，互助的可持续性和制度化程度不高。在驻点社工的组织管理和引导下，互助养老服务中心能够正常运转并发挥较好的作用。但根据调研的真实情况来看，因为机构社工人员不充足，驻点社工一个人需要负责一个片区的多个养老互助中心，经常在这几个点之间跑来跑去。政府购买社工驻点互助养老服务的最终目的是让社工培育本地

---

① 刘妮娜：《中国农村老年人互助养老服务参与状况及影响因素研究》，《老龄科学研究》2018 年第 12 期。

② 杨立春：《农村空巢老人参与互助养老的现实困境与实施路径》，《农业经济》2019 年第8 期。

③ 金华宝：《农村社区互助养老的发展瓶颈与完善路径》，《探索》2014 年第 6 期。

④ 刘妮娜：《互助与合作：中国农村互助型社会养老模式研究》，《人口研究》2017 年第4 期。

区的专业化志愿者，然而由于老年人对社工志愿者培训的认知不到位，再加上社工兼顾几个互助养老点分身乏术，对其培训不足，使得志愿者专业知识缺乏，难以接续社工的工作独立运行互助养老中心，导致"社工在而互助中心存"的情况屡见不鲜。在调研后期我们走访了此前试点成功的宝顶镇铁马村，发现如今的互助养老中心日常只开设了一间棋牌室，沦为打牌娱乐的场所，几乎没有任何活动开展。活动室和互助超市只是在社工驻点的时候开过门，驻点社工走了之后互助超市处于完全关闭的状态，活动室也蒙上灰尘，里面还有许多之前政府投入的相关设备设施，如电视机、按摩椅等，这些资源都被闲置在室内。

（四）农村互助养老中社会连带机制的问题

1. 共性问题

社会连带的范围有限，受制于互助养老组织的资源筹集能力。就互助范围而言，其要求老人有一定的自理能力，将最弱势和最需要帮助的失能老人纳入互助范围面临瓶颈。而在实践之中因受制于组织水平和老年人的理念，现有的互助娱乐活动也主要局限于彼此熟悉的社交网络和血缘亲缘网络之间①，这都使得互助养老中社会连带的范围变得狭窄。

二 促进农村互助养老长效发展的基本原则

（一）结合人口老龄化战略

鉴于我国严峻的人口老龄化发展趋势，十九届五中全会制定的"十四五"规划提出"实施积极应对人口老龄化国家战略"，其目的是实施积极的老龄化政策来提高老年人生活质量，维护老年人尊严和权益，促进经济发展，增进社会和谐。首先，互助养老倡导老有所为，充分发挥老年人的积极性，促进低龄健康老人照护高龄老人，这与积极老龄化的理念相契合。其次，积极应对人口老龄化战略坚持调动各方主体的积极性，打造共建共治共享的老龄社会治理共同体。农村互助养老也是在政府领导之下，

---

① 李翌萱、蒋美华：《农村互助养老服务支持体系的多元整合与优化——基于关中农村 9 所互助院的调研》，《中州学刊》2020 年第 6 期。

构建企业、村委会、老年协会、社工机构、基金会，乃至社会个体等多主体参与的格局，创造关心关爱老人、生产老年福利的社会网络。再次，积极老龄化战略倡导构建"居家社区机构相协调、医养康养相结合的养老服务体系"，而互助养老正是居家社区机构相互融合的一种养老模式，具有极强的文化嵌入性、经济低成本性和社会适应性。最后，构建互助养老长效机制，需要遵循和落实"以人为中心的发展观"，在课题调研的客观数据基础上，有步骤梯次地满足老年人的各方面需求：资金保障需求、精神文化需求和生活照料需求。概而言之，构建农村互助养老长效机制需要契合人口老龄化战略，从该战略中汲取更多的理念启发和政策支撑。

（二）结合乡村振兴战略

民族要复兴，乡村必振兴。乡村振兴是我国迈向共同富裕和全面建成社会主义现代化强国的重要战略。乡村振兴遵循的"产业兴旺、生态宜居、乡风文明、治理有效、生活富裕"基本要求和"产业振兴、人才振兴、生态振兴、文化振兴和组织振兴"五大内容，决定了其是一个事关我国经济社会发展全局的系统工程。构建农村互助养老长效机制需要结合乡村振兴战略的基本要求，究其根源是在当前老龄化程度高的农村地区，处于围老期或低龄老年人构成了乡村振兴的重要参与者。无论是在发展乡村种养殖业，还是在当前人居环境治理中，抑或在传统文化传承、乡风文明建设和乡村社会治理之中，不仅需要充分激发退休干部、退休教师、退伍军人、退休医生等乡村老年精英的知识禀赋、专业技能、社会阅历和人脉关系，发挥其在乡村振兴中的示范引领作用，还要为广大普通老年群体创造参与乡村振兴的空间和平台[①]。究其原因，老年人参与乡村振兴过程不仅源于获得生活来源、创造物质财富的需求，还能满足精神需求和社会交往的需要。而互助养老恰好满足了老年人社会交往、互帮互助的精神需求。如 2020 年和 2021 年中央一号文件，都提及要发展农村互助养老。

---

① 王辉、宋敏：《老年人参与和乡村治理有效：理论建构与实践机制》，《农业经济问题》2021 年第 5 期。

表 12 - 1　　　　近两年中央一号文件关于发展农村互助养老的表述

时间	中央"一号文件"主题	中央"一号文件"内容
2020 年	关于抓好"三农"领域重点工作确保如期实现全面小康的意见	发展农村互助式养老，多形式建设日间照料中心，改善失能老年人和重度残疾人护理服务。
2021 年	关于全面推进乡村振兴加快农业农村现代化的意见	健全县乡村衔接的三级养老服务网络，推动村级幸福院、日间照料中心等养老服务设施建设，发展农村普惠型养老服务和互动性养老。

更为重要的是，发展农村互助养老需要适当与其他公共文化设施相结合，如将互助养老服务站、农家书屋、文化礼堂等村庄公共文化整合到一起，或者是将养老设施与托育、医疗等公共服务场所整体规划、统筹建设，方可更顺利申请到乡村振兴经费支持。因此，农村互助养老发展需要结合乡村振兴战略协同推进。

（三）因地制宜、分类推进

我国农村地区无论在地理区位上，还是在经济发展水平，或社会结构、文化传统上都呈现出巨大的差异。因此，农村互助养老长效机制的建构需要考虑到当地实际情况。例如，湖北恩施地广人稀、山高路陡，不适合集中式养老，更适合分散式、嵌入式养老；而河北等地属于华北平原，交通便利，且人们居住集中，适合发展"离家不离村、分散供养、集中居住"式农村幸福院。从经济条件来看，可以采取政府资金（福彩公益金）直接投入，也可以根据地方发展实际，吸引村集体资金、基金会资金投入；在宗族观念较为浓厚的团结型村庄，还可以连带性吸纳村庄社会中乡贤或慈善者的捐赠。

在分类推进方式上，要从资源筹集主体、养老服务内容、服务直接生产者、老年人参与范围、互助养老形式、社会连带强度等六个维度推进初级互助养老向中级甚至高级演化。如在铜梁区以老年精英为主导的农村互助养老，仅能满足老年人社会交往、文化娱乐和简单生活互助需求，而不能解决食宿问题。为了促进类似低级阶段的互助养老向中级互助养老转化，政府不仅要加大资金投入，还要加强规划布局，使之满足老年人日常生活需要。需要注意的是，受制于自身条件，并非所有低级互助养老都能够向中级或高级转化。而有些互助养老则是简单维持基本的服务即可，也能够满足老年人需求。

(四) 构建党建引领互助养老的协同治理体系

构建互助养老的协同治理体系，形成党委领导、政府负责、社会参与的协同治理体系。首先，虽然养老服务建设是建设服务型政府的重要组成部分，但是中国共产党是社会各阶层、各团体的领导核心。故此，为了促进农村互助养老长效发展，有必要将互助养老列为各级党委的绩效考核指标之一，需要像抓党建、共青团、妇联、工会那样抓养老工作，将农村互助养老发展纳入各级党委常委会议题之中予以讨论。通过党委的高位推动，各级党委副书记可以利用较大权力配置资源来统筹和联络涉及农村互助养老发展的政府各职能部门。

其次，以政府负责来推进农村互助养老发展。虽然民政部门是农村互助养老发展的牵头部门，但是住房和城乡建设部门可以在互助养老点选址规划、设施建设、施工监督上发挥作用。财政部门可以在财政经费保障和成本收益考量上发挥兜底作用。人力资源和社会保障部门可以在老年人力资源开发利用，以及社保基金的保障测算上发挥协同作用。医保局可以在医养结合举措上予以协同配合，因地制宜地创造性做到"养中办医"，促进医疗和养老功能的适度融合，更好满足老年人医养需求。老龄委可以在维护老年人权益、倡导积极老龄化理念和激发老年协会力量参与互助养老上发挥作用。

最后，以社会参与来推进农村互助养老长效发展。如果仅有党委和政府自上而下推进，缺乏社会组织的参与，也很难形成良好的社会发展基础。村委会作为准行政组织，会在养老服务设施的项目落地、施工建设、组织管理和运行监督上发挥重要作用。而社工机构则会借助专业化的服务理念和队伍助推农村互助养老朝向专业化、规范化的中高阶段演进。基金会和社会爱心人士则凭借自身的慈善精神和社会物质捐赠夯实了农村社会互助养老的物质基础，提高了农村老年人的福利水平。

综上所述，构建农村互助养老发展的"党委领导、政府负责、社会参与"协同治理体系，不仅需要建立良好的协同平台，培植信任文化，还需要建立相对集中的层级体系，以党委领导来统率各政府部门、各社会组织参与的发展格局。

三　农村互助养老长效机制的优化路径

农村互助养老的六种模式，共分为初级、中级和高级阶段。而针对四重机制，每个阶段既有共性问题，也有个性问题。故此，相应的优化路径也分为共性建议和个性建议。

表 12 - 2　　　　　农村互助养老长效机制路径优化的政策建议

		初级阶段	中级阶段	高级阶段
共性问题		过度依赖老年精英；		
		1. 养老服务的专业性弱，只能满足基本的文化、娱乐需求。 2. 容易形同虚设。 3. 对村庄能人、精英过度依赖（人脉、个性特征、能力）。	1. 对政府财政资源投入要求高。 2. 容易形同虚设，产生景观式社工、幸福院入住率低等问题。	1. 多部门、多主体沟通协调可能会存在碎片化问题。 2. 对老年精英的依赖度高。
优化路径	资源筹集	资金：政府加大财政投入，提高福彩公益金用于互助养老的比例。 政府应该采取引导、规划、推动等积极措施来撬动更多村庄和社会潜在资源。 老人娱乐活动场所采用集体和个人自愿提供相结合方式，充分利用村庄闲置资源。		
		1. 减免水电气费。 2. 多方筹集资金，政府多项资金补贴，提高福彩公益金用于互助养老的比例。 3. 动员社会力量捐赠桌椅等设备，优化互助养老中心的设施设备。 4. 位置布局尽可能寻找居民相对集中、有较强互助文化氛围的农家大院，场所要能容纳较多的人。	1. 保障幸福院的集体产权，让老人住得安心舒心。 2. 厚植服务理念，优化团队管理方式，将幸福院的管理状况纳为县乡村三级干部的年终考核指标。 3. 加大政府对于社会保障，尤其是互助养老保障设施的支持力度，提高福彩公益金的比例。 4. 聘请专业的管护人员负责幸福院的管理运行，减轻基层村干部的负担。 5. 吸纳留守妇女参与幸福院的管护。 6. 政府应该注意引导、规划、推动等积极措施来撬动更多村庄、社会潜在资源。	1. 政府应该采取引导、规划、推动等积极措施来撬动更多村庄、社会潜在资源。

续表

		初级阶段	中级阶段	高级阶段
优化路径	组织运行机制	管理者角度：注重发掘和培养老年精英，尤其是低龄老人，发挥其带动作用；吸纳综治干部和计生干部发挥积极作用；选优配强，发挥社长和组长的带动作用。聘请困难老人、留守妇女参与老人活动场所的清洁等工作。 组织载体角度：发挥城镇养老中心对农村互助养老点的（监管）带动作用，建立联系机制、代管机制。 运行制度角度：规范化运行，建立风险防范制度。合理配置资金使用。		
		1. 积分激励机制完善。积分对应的奖品能持续供应；积分计算具有公平性；积分奖励的物品是老人所需的。 2. 提高对个人的补贴力度以激励个人持续参与，加大互助点的投入力度。 3. 发现和培育潜在的村庄能人和老年精英。 4. 发挥乡镇养老中心对农村互助养老的带动作用。 5. 积极宣传互助养老新风尚，让互助养老的互助理念、意识深入人心。	1. 组建幸福院联盟，连锁化规模化规范化运营。 2. 发挥综治干部和计生干部作用。 3. 建立风险防范制度。 4. 选优配强，发挥社长和组长的带动作用。	1. 优化基金会评估与监督机制。 2. 注重发掘和培养老年精英。 3. 让老人在村庄经济发展和乡村治理发挥重要的作用，开发低龄老人（50—60岁）劳动力。
	老人互助机制	完善积分制，将物质性激励（生活品）与精神激励（功德银行、推优入党等）相结合。设置合理的积分标准以及兑换奖励，加大宣传力度，广泛传播互助积分的价值和实惠。 对接党建活动，把党建活动与慰老或志愿服务结合起来。 引入社工，发挥社工在老人互助中的引导和资源链接作用，提高老人互助服务的专业性。 发展集体经济，将老人的文化娱乐互助扩展到生产中。 拓宽老人的互助内容，文化娱乐方面开展老年教育，生活互助方面建设老年食堂。		
		1. 积分制要发挥作用。 2. 互助形式上采取一对一或结对帮扶。 3. 功德银行，引导老人互助，互助中发挥一定作用。 4. 把党建活动与慰老或志愿服务结合起来。 5. 发挥社工的资源链接和服务引导上的作用。 6. 解决吃饭问题（可操作的方法），如： A 建老年食堂，老人能自理一部分费用。 B 发挥自给自足的精神，老人出一部分，政府补贴一部分，给予厨师相应的劳务费。 C 关于集中配餐——每个老人每顿根据不同的年龄段收取 2—5元不等的费用。	1. 从制度上，明确老人互助活动的频率、积分标准以及兑换奖励的对接。 2. 加大宣传力度，广泛传播互助积分的价值和实惠。 3. 拓宽老人的互助内容，将老人们文化娱乐的互助扩展到生产中。	1. 当非物质性激励未能和物质奖励相对应的时候，可以将服务时间和次数以精神奖励的方式予以补偿，也可将其作为评优创先、入党等的参考条件。 2. 老人娱乐活动场所采用集体和个人自愿提供相结合方式，充分利用闲置资源。

续表

		初级阶段	中级阶段	高级阶段
优化路径	社会连带机制	积极宣传互助养老新风尚，营造爱老文化，让互助养老的互助理念、意识深入人心。复兴孝道观念，提升家庭支持。 发挥老年协会等村庄本土社会组织的作用，提高老年协会、妇女组织等的资源筹集能力，加强其组织化权威，促进其在乡村治理中的多重作用，如产业发展、纠纷调解、人居环境治理等，使其成为矛盾纠纷的调解者和公共政策的接收者。		
		1. 发挥老年协会等社会组织的作用。 2. 营造慰老文化氛围，培育乡土情结。 3. 促进老年协会积极参与乡村治理，吸纳更多的老年精英，使其成为矛盾纠纷的调解者和公共政策的接收者。 4. 家庭的支持是孝道观念的复兴，村庄内部是人情面子，不熟悉人之间的是慈善情感，要发挥好这些慈善资源。	1. 依托村委会、社工机构的宣传。 2. 家庭的支持是孝道观念的复兴，村庄内部是人情面子，不熟悉人之间的是慈善情感，要发挥好这些慈善资源。 3. 借助乡土要素，营造爱老敬老文化氛围。	1. 对爱老、敬老、助老的文化进行进一步宣传。 2. 老人的参与要获得家庭和村庄的支持。 3. 提高老年协会妇女组织、社工机构等的资源筹集能力，加强其组织化权威，促进其在乡村治理中的多重作用，如产业发展、纠纷调解、人居环境治理等。

（一）资源筹集机制的优化路径

1. 共性建议

加大政府财政投入。一方面，提高福彩公益金用于互助养老的比例，同时可以将互助养老服务支出纳入年度财政预算，且规范经费使用规程。另一方面，加大政府对于社会保障，尤其是互助养老保障设施的支持补贴力度，鼓励各农村地区充分整合利用闲置资源，兴建互助养老场所，并完善内部基础设施。

发展村集体经济。政府可以通过制定和完善相关惠农政策，比如一定的财政补贴和税费减免，帮助农村家庭获取更多的收入。此外，帮助当地发展相关企业或者实体经济，通过实体产业的运营来增加村集体的整体收入，从而保障互助养老的基本资金来源，在完善农村互助养老政策的同时紧跟乡村振兴伟大战略。

撬动社会潜在资源。一方面，给予参与互助养老的企业以政策倾斜，如通过简化审批手续、税收减免、小额贷款等优惠政策，吸引民间资本加入互助养老。另一方面，大力培育农村老年协会等社会组织，发挥其在农村互助养老运行管理、提供照护服务方面的作用。同时，注意发挥农村老年精英、乡镇企业以及个体经济的作用。创建农村福利捐赠专属资金账户，举办各类形式的捐助活动，鼓励引导企业、社会组织等通过社会捐赠、有偿参与等方式参与到农村互助养老事业中。

加强农村互助养老自我造血功能。例如，鼓励老人自愿参加种菜、加工手工艺品等力所能及的劳动，以实现一定的创收，减轻农村互助养老的资金压力。同时，积极探索发展其他产业以增加收入。

2. 初级阶段

加大政府政策优惠。政府可以根据当地具体情况给予幸福院一定的资金支持和政策优惠，如减免水电气费、提供一定的基础设施等，以保障幸福院的基础运行。

合理选择幸福院位置。选择幸福院位置时应多方考虑，优先设点在居民相对集中、互助文化氛围较浓、宽敞开阔的农家大院。

3. 中级阶段

保障集体产权，让老人安心居住。有条件的村庄可以由村集体出面购买、改建或扩建等方式获得幸福院场地，保障幸福院的集体产权，让老年人能够安心舒心居住。

厚植服务理念，优化管理方式。将农村互助养老幸福院建设工作纳入县乡村三级干部的年终考核指标，同时，重视考核结果的运用，褒奖考核优秀、群众公认的有政绩的干部，并作为干部提拔使用的重要依据之一。

优化幸福院管理人员结构，缓解管理压力。一方面，可以组建专业化的农村养老服务人才队伍，指导农村互助养老院的建设，规范互助幸福院的标准和模式。同时，聘请专业的管护人员负责幸福院的管理运行。另一方面，吸纳留守妇女、低龄退休老人等参与幸福院的管护，在充分发挥村庄劳动力作用的同时也减轻了基层村干部的负担。

4. 高级阶段

从浙江义乌和河北荷花公益基金会两个案例中，可以看到高级阶段的幸福院在规范运行、服务内容方面有了长足的发展，但其对村庄老年精英的依赖度仍旧过高。此外，随着幸福院的发展壮大，相应的管理内容也有所增加，而目前政府多部门、多主体沟通协调带来的碎片化问题则成为幸福院发展瓶颈。因此，这一阶段的互助养老组织应着重撬动社会资源，扩展资源渠道，减少其对某项单一社会资源的依赖。

（二）组织运行机制的优化路径

1. 共性建议

设置专门管理人员，发挥老年精英力量。一方面，设置专门人员负责幸福院的管理，如将其纳入综治干部和计生干部的工作范围，以工作职责和绩效考核的形式保证幸福院有人管理和负责。另一方面，幸福院的顺利运营要依靠带头老年人的有效管理和带动。因此，村干部在选择组长时，应充分考虑老年人的威望、能力、精力等各方面条件，选优配强，充分发挥组长的带动作用。同时，注重发掘和培养老年精英，尤其是低龄老人，发挥其带动作用。退休老干部、退休教师等从政府机关与企事业单位退休的老年精英，责任意识强，对于互助养老的认同度更高（比民营私企退休老人认同度高 2.43 个单位，$P = 0.013$），具有相应的组织管理经验和能力以保障互助组织的有效运行。长期留村务农老人群体中的德高望重者和手艺能人也是可以争取的参与对象，留村务农老人长期在村庄生活，熟悉村庄老人情况，并与其他老人社会关系密切，具有服务邻里乡亲的意愿，对互助养老认同度也更高（模型三，$R = 1.693$，$P = 0.001$）。

发挥城镇养老中心的辐射带动作用。城镇养老中心发展历史久，在组织管理、提供服务等方面具有更多的专业经验。农村幸福院作为探索建立的养老中心，各方面经验稍有欠缺。因此，应积极发挥城镇养老中心对农村互助养老点的（监管）带动作用，尝试建立联系机制、代管机制，加强城乡养老中心的交流沟通。

完善互助养老组织制度设置。理顺幸福院与社会组织、村卫生院的关系，做到规章制度健全，各类关系理顺，内部管理和谐。一方面，完善幸福院的内部管理制度，如管理方法、管理人员、服务内容等具体的管理制度；另一方面，建立幸福院监督和评估机制及风险防范制度，提升农村互助养老服务的规范化水平。

2. 初级阶段

完善互助制度。建立完善幸福院的互助制度，包括积分标准、兑换奖励等基础制度，形成本幸福院的积分指南。同时，确保积分对应的奖品持续供应，以此提高幸福院在老年人心目中的公信力。此外，制度设置应充分考虑老年人的需求和心理预期，按需提供。如，积分计算应确保公平性，提供的奖励应是老人所需。

加强物质激励。提高对参与者的补贴力度以激励个人持续参与。农村老人对于经济支持的需求比例最大，达到了39.8%，这也体现在养老金对于农村老人的互助养老认同度具有显著正向影响（模型三，R = 0.919，P = 0.026）上。且在各种互助形式中，物质报酬的满意度的平均得分最高（3.20分）。因此，可对参与老人进行一定的物质奖励，以增强老人对于互助养老的认同和满意度。比如，对积极参加互助养老服务的人，采取津贴、补贴的形式提供补偿奖励，或采取其他间接的物质奖励方式。

3. 中级阶段

建立互助养老组织联盟。与邻近地区建立幸福院联盟，统一服务标准、积分标准及兑换标准等基础管理制度。一方面，可以加强不同地区的交流沟通，吸取不同地区的经验教训，提高本幸福院的管理服务水平；另一方面，积分标准的统一能够扩大积分的流通范围，方便管理的同时也能够提升老人的参与意愿。

4. 高级阶段

优化基金会评估与监督机制。一方面，要建立科学的评估机制，对基金会的工作内容、工作成效等各方面及时进行评估。另一方面，构建有效的监督体系。基金会要做到信息充分公开，提升工作的公开性和透明度；政府部门应设立专职机构对基金会的获得进行监督，对其违规行为进行严肃处罚；此外，还需不断强化公众和新媒体的监督。

积极开发老龄人力资源。围老期老人、低龄老人身体健康状况较好，对互助养老这种新型养老方式认同度更高，更具能力和意愿参与互助养老。据前期问卷调查数据显示，围老期老人对于互助养老的效益有更高的认同度，分别比低龄、中龄、高龄老人高2.78、2.28和3.05个单位（P = 0.000，P = 0.004，P = 0.002）；健康状况自评得分为5分的老人，对互助养老的认同度，比自评得分为4、3、2、1分的老人分别高1.76、1.52、1.74和4.72个单位（P = 0.008，P = 0.031，P = 0.021，P = 0.001）。在回归模型中，健康状况对于互助养老认同度具有显著正向影响（模型三，R = 0.619，P = 0.002），健康状况越好的老人更具有能力帮助其他困难老人，对互助养老的认同度越高。而围老期老人和低龄老人的健康状况普遍较好，可以发挥这些低龄老人劳动力的作用，让其参与互助养老。搭建老年人信息平台，通过各地数据平台的老年人服务专区增设老年人力资源服务板块，定期发布就业需求信息。也可因地制宜，将村中闲置耕地利用起来为老人提供耕种场所，发挥农村老人农耕优势；利用寒暑假时期为村里的小孩讲述历史故事，发挥老年人的经历优势等，让老年人在村庄经济发展和乡村治理中发挥更重要的作用。

（三）老人互助机制的优化路径

1. 共性建议

首先，完善互助养老服务的积分储蓄和兑现机制。积分制在国外时间银行互助养老模式中得到广泛的运用，即将老人提供的互助养老服务以积分的形式进行量化和存储，在老人有需要时再将积分兑现成相应的奖励。在积分储蓄方面，应根据互助养老服务时长和内容设置合理的积分标准，并对积分记录者进行必要的技能培训和监督。有条件的地方还可尝试积分库上云，简化积分的登报、查询、统计和异地互认。在积分兑现方面，可采取将兑换生活必需品、享受护理服务等物质激励与功德银行、推优入党、荣誉表彰等精神激励相结合的方式，把握不同老年人群体的诉求，从而广泛地调动老年人参与互助养老的积极性。目前，农村互助养老的形式主要以志愿服务（66.8%）为主，以及一定比例的结对帮扶（23.8%），但物质报酬（7.8%）和时间银行（1.6%）形式较少。鉴于积分制是一种较新的公益服务奖励机制，在积分制推广过程中，还应注意加大宣传力度，向老年人普及互助积分的价值和实惠。

其次，以党建来引领互助养老服务活动。可通过将党建活动与组织老年人文娱活动、慰问老人、健身体检等志愿服务活动相结合的方式，发动村内党员群体参与互助养老活动，为其他村民起到带头示范作用，带动更多青年、妇女和村庄能人参与互助养老。

引入专业社工协助开展老人互助。积极发挥社工和社工组织在老人互助中的引导和资源链接作用，通过社工介入培养和深化老年人的互助意识，提高老人互助服务的专业性，并为老年人链接政府部门、爱心企业、事业单位、公益组织的为老资源，扩大互助养老过程中的社会参与。

依托集体经济，将老人的文化娱乐互助扩展到生产中。依托集体经济，可以将村内老年人的土地、空房等闲置资源进行整合，促进老人生产互助。此外，还可以将村集体收益转化为老年人福利，为村庄为老组织开展活动、统筹老人大病医疗和养老保险等提供资金支持。

依托村庄为老组织，拓宽老人互助内容。据前期调查问卷数据显示，目前老人互助的内容以满足精神慰藉的文娱活动（53.4%）和聊天谈心（52.8%）为主，互助内容类型单一且服务品质较为初级。应鼓励村庄发动老年精英和村庄能人的力量成立类型多样的社会组织，如提供用餐服务的老年食堂、开展老年教育的老年大学、合唱班等，将互助内容向高品质养老服务拓展。

2. 初级阶段

推广一对一或结对帮扶的互助形式。优先匹配住所邻近、关系亲近的低龄老人与高龄老人开展结对帮扶，以有针对性地为受助老人提供生活照料、精神慰藉等方面的养老服务，通过稳定帮扶互助关系逐渐培养和提升老人的互助意识和能力。空间距离和关系亲疏会影响农村老人的互助养老条件观，并对互助养老参与意愿产生负向影响（模型十，R = -0.055，P = 0.000），即住所邻近、关系亲近的老人具有更高意愿参与互助养老。

吸纳多方资源共建老年食堂。通过老人自费一部分、政府补贴一部分和村委兜底相结合的方式，建设老年食堂以解决老年人用餐问题。据前期调查显示，农村老人平均家庭年收入为27768元，对部分经济条件较好的老人收取少量的用餐费用以缓解老年食堂资金压力是可行的。可分年龄段对用餐老人收取2—5元不等的费用。还可鼓励老人为其他行动不便老人送餐、提供食材、志愿打扫食堂卫生，将互助养老服务内容向生活互助拓展。

3. 中级阶段

加大互助养老宣传力度。建立互助养老宣传小组，进村入户讲解"互助"理念和"时间银行"等养老模式，帮助老年人及其家属更加深刻地认识互助养老，了解互助积分的价值和实惠。子女支持是影响老人互助养老条件观的因素之一，在获得子女支持的前提下，农村老人会更愿意参与互助养老。

建立互助信息公开制度。将互助模式的实施细则，如参与互助活动的频率、积分标准及兑换奖励的对接等基础信息公示出来。通过这种方式，让老年人实实在在地看到福利，激励老年人参与互助养老。

拓宽互助内容。在提供基础设施等便利条件满足老人的刚性需求的基础上，还可以根据不同年龄段老人的特点组织开展丰富的互助养老活动，如组织老年人教育培训，成立老年书法班、歌唱团、棋牌社，开展书画比赛、广场舞、豫剧、象棋等文体娱乐活动，充分发挥老年人剩余价值，让老年人在相互学习、团结协作的过程中实现老有所乐。

4. 高级阶段

建立精神激励机制。当非物质性激励未能和物质奖励相对应的时候，可以将服务时间和次数以精神奖励的方式予以补偿，或将其作为评优创先、入党等的参考条件。

提高现有资源的整合能力。鼓励部分住房宽裕的老人或村民腾出闲置的房屋，用于开展老年人文体休闲娱乐活动，村集体则配备相应的设施和设备，村民们也提供力所能及的志愿服务。在政府层面，互助养老模式的推进工作要与新农村建设、文化下乡、农村医疗卫生设施建设等工程有机结合，充分整合利用农村卫生、文化、教育等各类公共服务资源，最大限度地发挥现有资源在互助养老实践中的作用。

（四）社会连带机制的优化路径

1. 共性建议

强化"互助"理念宣传，营造互助养老文化氛围。农村老人的受教育程度普遍不高，文化程度为小学及以下的农村老人比例为69.5%，这对互助养老理念的推广产生一定的阻碍。文化程度在模型三和模型六中分别通过了10%和5%统计水平的显著性检验，且系数为正，文化程度越高，农村老人对互助养老的认同度和参与意愿均会更高。因此，需要通过老年教育活动，转变老人对于养老的观念，树立积极的养老观念，提高其对于互助养老的认识。要对"出入相友，守望相助，疾病相扶持""老吾老以及人之老"等传统互助文化进行再挖掘，力促互助养老与中国传统孝道文化相结合，向广大农民宣传普及互助文化，消解村民传统家庭养老观念、情面等因素对互助养老推广的阻力。可依托村级组织或社工组织，结合农村实际，借助广播、电视、网络等多种渠道，加大对互助养老典型经验和典型案例的宣传力度，将对互助养老的科学认知传递给社会大众，让互助养老的理念和意识深入人心。村庄可将互助养老场所建在体现村俗文化建筑设施的附近，以提高村庄对养老文化的尊崇，并组织本村中小学生参与养老实践。基层政府可在区域内评选"互助养老文化模范村"，并借助网络和媒体积极宣传，带动整个地区营造互帮互助、互惠共赢的互助文化氛围，提升群众参与的积极性。此外，逐步完善志愿者、服务者权益保障的各项制度，形成人人尊重互助养老志愿者、服务者，人人争做志愿者、服务者的良好社会氛围。互助养老文化氛围有利于产生社会规范约束，而社会规范对于农村老人互助养老的认同度和参与意愿具有显著正向影响。具体来看，宗族关联对老人互助养老认同度（模型三，R = 0.606，P = 0.043）和参与意愿（模型六，R = 0.096，P = 0.022）均具有正向影响，一是同族老人间出于血缘亲近而自发产生双向互助行为，二是族人出于宗族成员责任感，自发或在族长等长者的号召下向族内困难老人提供帮助的行为；互助传统对老人互助养老认同度（模型三，R = 0.900，P = 0.002）和参与意愿（模型六，R = 0.167，P = 0.000）均具有正向影响，农村老人在农业集体化生产时期塑造的集体意识和传统村庄社会孕育的互助默契仍在发挥积极影响；社会舆论程度对老人互助养老认同度（模型三，R = 1.331，P = 0.000）和参与意愿（模型六，R = 0.090，P = 0.020）均具有正向影响，村庄社会是一个人情社会，有必要对互助养老的服务供给者的优秀品格进行表彰和宣传，以对其形成激励。

发挥本土社会组织作用。积极培育与互助养老发展相适应的老年协会、妇女组织等本土社会组织，充分利用农村资源，提高其资源筹集能力。同时，由发展成熟的社会组织真正主导互助养老模式，真正赋予社会组织权力，加强其组织化权威，促进其在乡村治理中发挥多重作用，如产业发展、纠纷调解、人居环境治理等，使其成为矛盾纠纷的调解者和公共政策的接收者。

2. 初级阶段

引入社会组织的力量。政府相关部门倡导建立或积极引进涉老社会组织，并在注册登记、税收减免、考核评估等方面给予政策支持，吸引更多社会组织从事农村互助养老模式的相关工作。

充分吸纳本土老年精英参与。村庄本土社会组织的管理人员可由村里的老党员、退休干部、有威望的长者、受过教育的老年知识分子等担任，吸纳有能力有意愿的老年人为村集体做出贡献。村两委可以通过颁发证书、赋予其荣誉称号等方式，增强老年精英荣誉感和责任感，引导老年精英关注和参与互助养老，带动本土社会组织积极参与乡村治理，使其成为矛盾纠纷的调解者和公共政策的接收者。

3. 中级阶段

动员多元慈善力量注入慈善支持。老人的家属和乡邻、具有公益精神的村民等都是潜在的慈善力量，要充分利用和发挥这些等潜在的慈善力量，助力互助养老发展。为此，可以提供多种奖励机制，满足不同服务者的需求。可通过精神激励机制，如评选"最美媳妇""最美家庭""最美乡邻"等，对提供互助养老服务的人给予荣誉激励。让其感到自身进行互助服务的价值和服务的自豪感。通过时间银行式互助、结对帮扶式互助等形式将邻里养老互助的做法制度化，形成邻里养老互助的局面，以点带面，逐步推进整个村庄的互助养老工作。

4. 高级阶段

使爱老、敬老、助老文化成为村庄文化的重要组成部分。在互助养老获得村民广泛认可的基础上，将爱老、敬老、助老文化打造成展示村风民风、向外界推广村庄的亮丽名片，从而助力村庄吸收更多村外慈善要素、政府部门为老资源。同时，和睦的家庭代际关系也会进一步增强老年人对于互助养老的认同度（模型三，$R = 0.747$，$P = 0.037$）和参与意愿（模型六，$R = 0.747$，$P = 0.037$）。

引导社会组织在乡村治理中发挥多重作用。基层政府要提高老年协会、妇女组织、社工机构等社会组织的资源筹集能力，增强其组织化权威，引导其在乡村治理中发挥多重作用，将互助养老活动与发展村集体产业、纠纷调解、人居环境治理等工作相衔接，从而使老年人享受村庄公共福利的同时释放老年人群体建设村庄的潜能。

附录1 调查问卷

问卷编号：_____   调查员：_____

农村老人互助养老意愿调查问卷

尊敬的老年朋友：

您好！我们是重庆大学"农村互助养老"调研组，为了了解农村老人生活现状和互助养老意愿，进而为构建农村老人互助养老体系提供决策基础，我们在全国10余个省份开展调查。请根据实际情况，在相应答案上打√，或填写相应内容。此次调查仅作为课题研究的参考，不泄密，也没有对错之分，敬请放心。

感谢您的支持与合作！

重庆大学"农村互助养老"调研组

2019年7月10日

总负责人：重庆大学公共管理学院   王辉副教授

一、个人情况

1. 您的性别是？   A. 男   B. 女

2. 您的年龄是：_____

3. 您的文化程度是？

A. 小学及以下   B. 初中

C. 高中/中专/中技   D. 大专及以上

4. 您目前从事的或退休前的单位性质是？

A. 政府机关与企事业单位   B. 民营私企

C. 个体   D. 务农

E. 其他

5. 您的健康状况是多少分？

A. 1 分   B. 2 分

C. 3 分   D. 4 分

E. 5 分

6. 您目前的婚姻状况是？

A. 有配偶   B. 未婚

C. 离异   D. 丧偶

7. 您有几个子女/几男几女：＿＿＿＿＿＿

8. 总的看来，您与子女的关系如何？

A. 非常差   B. 较差

C. 比较好   D. 非常好

9. 您是否正在为自己的儿女带小孩？

A. 是   B. 否

10. 您的居住方式是？

A. 与子女、老伴一起居住   B. 与老伴居住

C. 与子女居住   D. 独居

E. 其他＿＿＿

二、经济社会情况

11. 您目前的家庭年收入是多少：＿＿＿＿＿＿

12. 您目前的主要收入来源是？

A. 劳动所得   B. 退休金/新农保

C. 子女赡养   D. 政府资助

E. 亲友资助   F. 其他

13. 您日常的主要支出内容是？

A. 衣食住行   B. 人情往来

C. 医疗   D. 为子女支出

E. 兴趣爱好   F. 种地

G. 其他

条目	A 很少	B 较少	C 较多	D 很多
14. 您投入农活和家务的时间多吗？				
15. 您到邻居家串门次数多吗？				
16. 您去茶馆、集市、文化悠闲室等场所的次数多吗？				

17.　您是否参加了老年协会/老年电大或其他社团组织？

　　A.　是　　　　　　　　　　B.　否（跳过下题）

18.　您认为老年协会等对于您的吸引力强吗？

　　A.　非常弱　　　　　　　　B.　比较弱

　　C.　比较强　　　　　　　　D.　非常强

19.　当子女不在身边，而您又需要被人照顾时，可以让您依靠的人有哪些？（最多 3 项）

　　A.　老伴　　　　　　　　　B.　邻居

　　C.　亲友　　　　　　　　　D.　村干部

　　E.　志愿者　　　　　　　　F.　医生或社工

20.　目前您最想得到哪项帮助？

　　A.　经济支持　　　　　　　B.　生活照料

　　C.　情感慰藉　　　　　　　D.　医疗

　　E.　其他

条目	A 非常弱	B 比较弱	C 比较强	D 非常强
21. 您村家族或宗族关联程度强吗？				
22. 您村生产生活上互助传统强吗？				
23. 您村内的社会舆论作用强吗？				

三、互助养老意愿及行为

24.　您的村庄是否开展老伙伴结对互助项目？

　　A.　是　　　　　　　　　　B.　否

25.　您的村镇是否有互助养老组织（如农村幸福院、农家大院）或活动？

    A. 是　　　　　　　　　　　　B. 否（跳过26—29题）

26. 您是否参与过这样的互助养老服务？

    A. 是　　　　　　　　　　　　B. 否

27. 您参与的互助活动中，内容主要是？（可多选）

    A. 家政服务（打扫卫生、洗衣熨烫）

    B. 文娱活动（下棋、健身操等）

    C. 生活照料（穿衣、喂饭、送餐、做饭）

    D. 医疗卫生

    E. 聊天谈心

    F. 其他＿＿＿＿＿＿＿＿＿＿＿＿

28. 您参与的互助活动中，主要方式是？

    A. 志愿服务　　　　　　　　　B. 物质报酬

    C. 结对帮扶　　　　　　　　　D. 时间银行

29. 您对互助养老服务满意度如何？

    A. 非常不满意　　　　　　　　B. 比较不满意

    C. 比较满意　　　　　　　　　D. 非常满意

30. 您是否愿意参与互助养老？核心因变量，因子分析（意愿层面，路径分析）

    A. 非常不愿意　　　　　　　　B. 比较不愿意

    C. 比较愿意　　　　　　　　　D. 非常愿意

条目	非常 不认同	比较 不认同	有些 认同	比较 认同	非常 认同
31. 有人认为"互助养老让人不孤独"，您认同吗？	1	2	3	4	5
32. 有人认为"互助养老能减轻子女负担"，您认同吗？	1	2	3	4	5
33. 有人认为"互助养老/帮助老人很有意义"，您认同吗？	1	2	3	4	5
34. 如果互助养老可以满足我的养老需求，我会积极参与。	1	2	3	4	5

续表

条目	非常 不认同	比较 不认同	有些 认同	比较 认同	非常 认同
35. 如果帮助其他老人会提供报酬，我会积极参与。	1	2	3	4	5
36. 如果互助对象距离较近的话，我会积极参与。	1	2	3	4	5
37. 如果参与互助养老可以结交许多新朋友，我会积极参与。	1	2	3	4	5
38. 如果存在像时间银行这种互助机制，我会积极参与。	1	2	3	4	5
39. 如果帮助的对象是我不亲近的人，我不会积极参与。	1	2	3	4	5
40. 如果子女不太愿意我参与互助养老，我不会积极参与。	1	2	3	4	5
41. 我不愿参与互助养老是因为我不想自己的时间被占用。	1	2	3	4	5
42. 就算提供报酬我也不是很愿意帮助其他老人。	1	2	3	4	5

附录2 调研行程

（一）重庆铜梁农村互助养老调研行程

表1   重庆铜梁调研行程

时间	行程
2020 年 9 月 25 日	前往铜梁区民政局养老服务科，与现任科长 YCL、河水村党支部书记座谈，了解铜梁区农村互助养老基本情况。 前往茯苓村 23 社农村互助养老点进行实地走访。
2020 年 10 月 6 日	对茯苓村 23 社农村互助养老点负责人 CCQ 进行深度访谈。 同在茯苓村 23 社互助养老点的老人进行交流，了解其生活状况。 前往铜梁区龙互助社工机构，对两位负责人进行访谈。
2020 年 10 月 10 日	对茯苓村村书记进行电话访谈了解村庄及互助养老基本情况。
2020 年 10 月 21 日	前往重庆市民政局，与养老服务处李处长、刘处长，以及社工处李处长进行座谈，了解重庆市农村互助养老总体情况。
2020 年 11 月 20 日	通过电话访谈茯苓村村干部了解该村农村互助养老情况。
2021 年 1 月 12 日	①前往铜梁区六赢村杨华大哥家互助养老点进行实地走访，对负责人进行访谈。 ②与六赢村民政专员 YL 进行交流。 ③同在六赢村 YH 家互助养老点的老人进行交流，了解其生活状况。 ④前往铜梁区民政局，与田局长、黄副局长、杨科长进行座谈，了解铜梁区养老服务发展状况。
2021 年 7 月 28 题	通过电话访谈茯苓村 23 社农村互助养老点负责人 CCQ，了解农村互助养老实际运行情况。
2021 年 12 月 16 日	前往铜梁区华兴镇对镇党委书记 HDZ、民政办工作人员展开农村互助养老、人居环境整治等方面调研。

（二）湖北恩施农村互助养老调研行程

表2　　　　　　　　　　　　　　湖北恩施调研行程

时间	行程
2019 年 8 月 2 日	前往恩施市民政局养老服务和儿童福利科，与俞科长座谈，并由科长填写问卷，了解恩施市农村互助养老基本情况。
2019 年 8 月 3 日	前往恩施市沙地乡福利院老年服务中心，对负责人谭先生进行访谈，并填写了调研问卷。 前往恩施市沙地乡麦淌村瓦屋桥组一组和二组，在调研员沟通交流帮助下，该地 40 位老人填写约 40 份有效问卷。
2020 年 8 月 21 日	再次前往恩施市民政局养老服务和儿童福利科，由于科长出差，与另一位副科长进行座谈，得到其支持，得知恩施市白果乡两河口村农村互助最为典型。 前往恩施市白果乡乡政府，对接乡镇养老服务干部，了解该乡农村互助养老总体情况。 前往白果乡两河口村村委会，实地调研走访两河口老年协会暨老年互助中心，对老年协会党小组组长、协会会长 ZBD 进行深度访谈，了解该中心互助养老总体情况。 对两河口村村民进行访谈并填写有效问卷约 10 份。 前往白果乡两河口村水田坝，实地走访互助中心下设的水田坝老年协会，并对其负责人进行访谈，了解该协会开展互助养老的基本情况。 同在白果乡水田坝协会互助养老点的老人进行交流，了解其生活状况。
2021 年 11 月 5 日	通过电话回访恩施市白果乡各基层老年协会主要干部，线上交流提取其核心个人特征，并了解现阶段农村互助养老实际运行情况。

（三）河北肥乡农村互助养老调研行程

表3　　　　　　　　　　　　　　河北肥乡调研行程

时间	行程
2019 年 8 月 2 日	前往邯郸市肥乡区前屯村，与现任村支书郭书记座谈，了解村庄基本情况与前屯村互助幸福院现状。
2019 年 8 月 3 日	①与幸福院创建者、现任幸福院院长、前屯村前任书记蔡书记交谈，深入了解互助幸福院创建目的、过程与发展历程。 ②同前屯村幸福院内居住的老人交谈，了解其生活状况。 ③向村民发放"互助意愿"问卷。

续表

时间	行程
2019 年 8 月 4 日	①前往肥乡区城南堡村，与城南堡村互助幸福院院长郝院长交流、了解本村幸福院发展状况。 ②同城南堡村老人交谈，了解其养老意愿与养老状况。 ③向村民发放"互助意愿"问卷。
2019 年 8 月 5 日	①返回前屯村、了解其产业和农业种植情况。 ②前往肥乡区民政局，与杨副局长交谈，了解肥乡区互助幸福院总体情况。
2019 年 8 月 6 日	前往河北省民政厅，与老年服务处黄处长座谈，了解河北省关于农村互助幸福院相关政策与互助养老总体状况。
2020 年 1 月 20 日 2021 年 1 月 10 日	通过电话访谈前屯村书记，进一步了解农村幸福院的组织运行和老人互助机制。

（四）重庆大足农村互助养老调研行程

表 4　　　　　　　　　　　　　重庆大足调研行程

时间	行程
2020 年 11 月 26 日	前往重庆市大足区和平村、龙岗村，与大足区福佑机构负责人屠欢座谈，了解村庄基本情况与互助养老中心运营现状。
2021 年 1 月 12 日	①与龙岗村互助养老服务中心负责的驻点社工 LCY 交谈，深入了解互龙岗村养老中心创建过程与发展历程。 ②同前来互助养老中心的老人交谈，了解其生活状况、身体状况以及对互助中心的了解程度等方面。
2021 年 1 月 13 日	①继续前往大足区龙岗村，与居住在互助养老中心周围的老人进行交谈。 ②同部分志愿者老人交谈，了解其互助意愿与养老状况。 ③参与社工组织的剪纸活动，观察老人们日常活动开展情况。
2021 年 1 月 14 日	①随机走访龙岗村其他老人，询问其互助意愿，及对互助中心的想法看法。 ②前往闲置房屋拒绝租赁的老人家里，进行深度交谈。
2021 年 1 月 15 日	前往大足区宝顶镇铁马村，了解现在驻点社工离开后互助养老中心的运营状况。

（五）浙江义乌何斯路村互助养老调研行程

表 5   浙江义乌何斯路村调研行程

时间	调研行程
2015 年 10 月至 2016 年 6 月	实地和电话访谈走访村内多个利益相关者。
2020 年 10 月 2 日	与何斯路村村支书 HYH 交谈。 与何斯路村老年大学校长 HZG 交谈。 访谈村务助理 LL。
2020 年 10 月 13 日	访问村老年协会会长、薰衣草花园早期管理者 HYF。
2021 年 2 月 20 日	访问城西街道工作人员 JK。 访问佛堂镇花园口村文书 JLP。
2021 年 2 月 23 日	与何斯路村村支书 HYH 交流。 访何斯路村村民若干。

附录3　访谈提纲

（一）重庆铜梁区和大足区社工机构调研访谈提纲

【农村互助养老实际运行问题调研】

1. 多少农村老年人参与其中？
2. 互助点如何选址？
3. 老年人在互助点具体有哪些活动？
4. 互助点负责人的动机？
5. 社工互助频率，以及社工在其中如何发挥作用？
6. 村两委有哪些具体支持措施？
7. 党员是如何被动员起来的？
8. 如何挖掘志愿者？有哪些激励措施？
9. 低龄老人帮助高龄老人有无具体的引导措施？
10. 互助养老点存在哪些问题？

【积分制运行问题调研】

1. 如何让老人理解并接受、认同、参与到其中？目前老人对积分认识如何？
2. 由哪个主体对其进行计分、衡量、考评？目前考评主体比较随意，是否存在不公平、不客观问题？需要什么样的制度体系来保障积分的顺利进行？
3. 积分如何兑换？在多长时间内兑换？目前积分兑换物品较单一，期望（储存起来）与实际兑换的物品（礼品、生活用品）能否达成统一？
4. 经费紧缺的情况下如何实现积分礼品的购买和兑换？
5. 服务积分的异地流转问题？

6. 哈尔滨银行的介入和积分制的完善如何？

7. 重复兑换的问题，如何监管？

8. 积分兑换过程中存在的问题（排队、哄抢问题），如何加强引导？

9. 志愿服务时长和时间银行的互动问题？

调研人员：王辉、张继容、陈筱媛、谢敏、金子健、史弋锋等

调研时间：2020 年 10 月，2021 年 1 月

（二）大足区农村互助养老调研访谈提纲

【大足互助养老开展的基本情况】

1. 大足区大概是什么时候开始探索农村互助养老模式的？探索农村互助养老模式的动力是什么（上级任务 or 学习其他省市经验 or 自发摸索）？到如今大概形成了多大规模？

2. 据报道，大足区率先在铁马村、梯子村两个市级贫困村启动了互助式养老试点，为何考虑先在贫困村进行试点？现有的 24 个互助养老中心的布局是否有讲究？

【社工参与机制】

3. 大足的互助养老模式具体是如何运行的？社工在农村互助养老模式中发挥了哪些作用？从社工培育骨干党员、志愿者到为老人提供服务的整个流程是什么样的？（社工对骨干党员队伍进行哪些方面的培育，党员队伍又如何对志愿者开展培训，志愿者是如何开展互助养老服务的？

4. 如何看待社工培育效果，培育的内容和动机是来源于政府的要求，还是村里的需求？社工如何发动骨干党员、志愿者参与，是依靠政府发动、村支书威望还是社工的奖励机制？

5. 目前保持长期合作的社工组织有哪些？他们参与互助养老的经费主要来源于什么？社工组织如何利用其资源链接能力吸引其他社会资源投入互助养老？

6. 社工到村里开展互动的频率如何？老人对社工的认知是怎样的，会认为社工代表政府吗？

7. 据报道，大足在此前推行过"社工制"，协助村干部处理村庄事务，这个"社工制"在互助养老中还有体现吗？政府与社工组织的长期合作信任关系是如何建立的？目前社工参与互助养老面临的困难主要有哪

些？政府层面对社工组织提供了哪些支持？

【其他方面】

8. 大足对于农村互助养老的资金投入大概是什么规模，及其如何分配，如建设村互助养老中心（是否有运行补贴）、购买社工服务、购买设备等？像今年财政紧张的情况下，为了保障农村互助养老的资金投入，有哪些举措（如何开源或者节流）？

9. 大足针对特困、失能老人的"10＋2＋1＋N"区域性供养模式目前开展得如何，是否实现了特困、失能老人的全覆盖？是否存在空床率高的问题？互助帮扶四级联系人制度是如何开展的，发挥什么作用？

10. 大足区农村互助养老中心的"互助爱心银行"具体是如何开展的（谁计分/计分标准/如何兑换/监督）？开展过程中遇到了哪些问题？怎么看待时间银行？

11. 现在的互助服务内容主要以娱乐方面为主，对配餐、健康养护、生活照料等服务供给不足，将来如何丰富和拓展互助养老服务内容呢？社工组织又可以在其中发挥哪些作用？

12. 是否有必要找村干部（如负责妇女、综治工作的专干）来专门负责互助养老方面的工作，如管理互助养老中心、爱心银行等，并为其提供兼职补贴？

13. 对于大足互助养老模式的可持续发展，有什么建议或者展望？

调研人员：王辉、张继容、金子健、陈筱媛、谢敏

调研时间：2020 年 11 月 26 日

（三）重庆市民政局养老服务体系调研提纲

【居家和社区养老服务改革试点】

1. 当前重庆市居家养老的现状和突出问题是怎样的？怎样来破解这些问题？

2. 区县政府申报全国居家和社区养老服务改革试点的流程如何？申报的区县是地方主动申报还是由市民政局进行选择？对于申报的区县，市民政局是否会先进行选拔再上报给民政部？若要进行选拔，选拔的标准是什么？

3. 大足区作为第四批居家和社区养老服务改革试点地区，在其申报

和改革实施的过程中，重庆市政府和市民政局给予了哪些支持和帮助？大足区的验收成果如何？

【社工介入社区养老】

4. 当前重庆市社区养老的现状和突出问题怎样？怎样来破解这些问题？

5. 当前重庆医养结合的现状和突出问题怎样？怎样来破解这些问题？

6. 医养结合中，社工可以从哪些方面介入，做哪些工作？

7. 目前养老中心和养老站点，民办公助和公建民营的区别有哪些？

8. 养老中心和站点分别存在的问题有哪些？针对这些问题，有什么解决方法？

9. 未来社区养老的发展方向和趋势是什么？社工在其中还要发挥什么作用？

【互助养老发展】

10. 重庆市在今年的《农村养老服务全覆盖方案》中提到"明年建成8000个村级互助养老点"，民政局对此有没有什么保障和支持措施？

11.《重庆市农村养老服务全覆盖方案》与《重庆市社区居家养老服务全覆盖实施方案》相比，对互助养老的发展要求、发展模式等进行了进一步明确，是否包含对区县政府发展互助养老的经验吸收借鉴？为何将原有的到2022年之前建设5180个互助养老点的目标提升到了8000个？

12. 在实施《社区居家养老服务全覆盖方案》过程中，并未将村级互助养老点纳入硬性考核指标，当时的考虑是什么？在实施《农村养老服务全覆盖方案》后，是否会将村级互助养老点建设纳入硬性考核指标？

13. 目前互助机构的养老服务普遍存在专业性不足的问题，在大力设置互助点的同时，针对互助服务的专业性有哪方面的考虑和举措呢？

14. 如何看待老年协会和社工机构在发展互助养老中的作用？如何充分发挥他们的作用？

15. 如何评价大足区和铜梁区目前的互助养老实践？前者的城乡互助式养老倾向于走专业化发展道路，后者的"1141"互助养老发展模式倾向于走低成本、广覆盖发展道路，如何看待这两种不同的互助养老发展道路？

【养老领域的政策制定与执行】

16. 在养老领域政策制定与执行的过程中，常采用的政策工具是什么？相较于以往，放管服改革背景下的养老服务政策制定与实施有何新特色？

17. 为什么决定要采用这样的政策？（换而言之即制定政策的出发点与立足点为何）就民政局近年来印发的民政工作要点而言，民政工作大量采用宣传、引导与政策鼓励等方式来推动工作开展，能否认为在当前政策制定的过程中存在着路径依赖的现象？

18. 在养老领域政策制定与执行的过程中，如何应对多部门主体参与的情况？例如近日重庆市民政局、残疾人联合会、老龄工作委员会办公室、财政局印发了《重庆市经济困难的高龄失能老年人养老服务补贴实施办法》，其间民政、财政部门是如何进行相应的跨部门合作的？在类似的案例中有值得分享的经验与教训吗？

19. 市级民政部门在政策的制定与施行中如何面对区县间不同养老政策的协调问题？例如就现目前铜梁所施行的"1141"模式与大足、江津主要采用的"政府购买社工机构服务"模式间该如何进行协调与互补？需要就相应的标准进行统一吗？

20. 当既定的政策在运行过程中不太奏效时，民政局会对它做出怎样的改进与调整？这种改进是通过实行中的逐渐修改抑或是颁布新的政策取代来实现的？就养老政策这一领域，有具体体现或案例可以分享吗？

21. 当前重庆市机构养老的现状和突出问题怎样？怎样来破解这些问题？

22. 当前重庆医养结合的现状和突出问题怎样？怎样来破解这些问题？

23. 在促进养老服务业和养老产业协同上，重庆市民政局有哪些政策支持或实践探索？

调研人员：王辉、谢敏、陈筱嫒、金子健、张继容

调研时间：2021 年 3 月 22 日

（四）养老事业与养老产业协同发展访谈提纲

【养老事业与养老产业协同发展】

1. 目前重庆市养老事业主要参与主体有哪些？除政府之外其他主体参与养老事业的程度高吗？其他主体参与的方式有哪些？

2. 政府对参与养老事业的社会组织有哪些政策支持？给予社会组织

的自主性与独立性高吗？政府与社会组织合作有哪些优势？面临的困境有些？可以分享一些相关的案例吗？您如何看待社会组织参与养老事业？如何充分发挥他们的作用？

3. 目前重庆市养老企业发展如何？民建民营养老机构发展如何？能够为政府减轻一些社会养老负担吗？其与公办公营、民建公助是否具有互补关系？国家养老金与商业养老金有什么样的关系？商业养老金能否真正成为国家社会保障体系的第三大支柱？

4. 政府与养老企业有哪些合作模式？可以分享一些案例吗？

5. 社会组织（非营利性部门）与养老企业（营利性部门）有哪些合作模式？可以分享一些案例吗？

6. 您是否认为养老服务主体之间的信任是协同发展的最重要因素？您认为有哪些方法可以更好地建立起他们之间的信任？

7. 在促进养老事业与养老产业协同上，重庆市民政局有哪些政策支持？

调研人员：王辉、王盟迪、金子健

调研时间：2021 年 6 月

（五）铜梁区养老服务放管服改革访谈提纲

1. 在"放管服"改革过程中，铜梁区依照《重庆市养老机构管理办法》，有了那些改动与创新？

2. 当前铜梁区互联网化养老，建设全区智慧养老服务平台有何成果？将社区服务站、康养小镇等项目纳入信息服务库中对于养老服务行业而言有何影响？目前铜梁区已完成多少项目入库？

3. 在养老服务"放管服"改革的过程中，重庆以政府规章形式取消养老机构设立许可，将养老机构准入变更为备案登记制度，并按照属地原则将备案登记权限全部下放到区县。请问这项措施的实施对于铜梁区养老服务业的发展有显著促进作用吗？在民政部门备案的养老组织有无增加？

4. 铜梁区在养老服务业人才培养方面有何创举？联系了哪些高校与专职院校开展培训？此外，在养老服务业这一领域人才留存率如何？铜梁区采用了哪些政策来吸引并留住养老行业人才？

5. 就康养产业发展与促进，铜梁区做了哪些推广？例如就康养小镇项目而言，铜梁区有无相应的计划与方案？

6. 在加强营商服务这一层面，铜梁区有哪些独到举措？就日常工作而言，设立服务政策咨询岗位，建立营商服务机制，全流程为社会力量投资养老、举办养老机构和设施提供全天候服务，协助解决养老企业运营中的各类难题和障碍，有没有一些具体案例可供了解与参考？

7. 在养老领域"放管服"改革的过程中，铜梁区如何有效地进行建立养老服务综合监管制度与公办养老机构改革？监管制度如何具体运作？考察过程还是考察成果？

8. "放管服"改革中减轻养老服务税费负担，做好养老服务领域信息公开和政策指引对于铜梁区养老服务有何影响？

9. 市政府颁发的《养老服务政策扶持及标准》中所涉及的税费、土地使用费以及水电气费用的减免能够为养老服务业减免多少数额的税费？

10. 平均而言，政府对于养老组织的一次性补贴以及常时性补贴数额大概有多少？这些优惠政策对于地方养老组织的发展有刺激性作用吗？

调研人员：王辉、史弋峰、张继容、陈筱媛、谢敏

调研时间：2021 年 1 月

参考文献

一　中文论著

班娟:《社区老年群体互助养老中增权模式探究》,《社会科学战线》2014年第8期。

班涛:《农村养老的区域差异研究》,《社会科学研究》2017年第5期。

曹莹、苗志刚:《"互联网 + "催生智慧互助养老新模式》,《人民论坛》2018年第8期。

常亮:《中国农村养老保障:制度演进与文化反思》,博士学位论文,中国农业大学,2016年。

陈柏峰:《熟人社会:村庄秩序机制的理想型探究》,《社会》2011年第31卷,第1期。

陈功、杜鹏、陈谊:《关于养老"时间储蓄"的问题与思考》,《人口与经济》2001年第5期。

陈功、黄国桂:《时间银行的本土化发展、实践与创新——兼论积极应对中国人口老龄化之新思路》,《北京大学学报》(哲学社会科学版)2017年第6期。

陈际华:《"时间银行"互助养老模式发展难点及应对策略——基于积极老龄化的理论视角》,《江苏社会科》2020年第1期。

陈际华、黄健元:《农村空巢老人互助养老:社会资本的缺失与补偿——基于苏北S县"老年关爱之家"的经验分析》,《学海》2018年第6期。

陈际华、姚云伟:《时间银行模式在农村互助养老长效运行机制中的探索——以苏北SN县为例》,《湖北农业科学》2017年,第17期。

陈皆明:《中国养老模式:传统文化、家庭边界和代际关系》,《西安交通大学学报》(社会科学版)2010年,第6期。

陈竞:《邻里互助网络与当代日本社会的养老关怀》,《中南民族大学学报》

（人文社会科学版）2008 年第 3 期。

陈静、江海霞：《"互助"与"自助"：老年社会工作视角下"互助养老"模式探析》，《北京青年政治学院学报》2013 年第 4 期。

陈雪萍等：《互助养老服务理论与实践》，上海交通大学出版社 2017 版。

陈友华、施旖旎：《时间银行：缘起、问题与前景》，《人文杂志》2015 年第 12 期。

崔盼盼：《乡村振兴背景下中西部地区的能人治村》，《华南农业大学学报》（社会科学版）2021 年第 1 期。

邓燕华、阮横俯：《农村银色力量何以可能——以浙江老年协会为例》，《社会学研究》2008 年第 6 期。

邓志锋：《关于我国助老服务"时间银行"建设的思考》，《南京人口管理干部学院学报》2012 年第 4 期。

丁煜、朱火云、周桢妮：《农村互助养老的合作生产何以可能——内生需求和外部激励的必要性》，《中州学刊》2021 年第 6 期。

豆霞、贾兵强：《论宋代义庄的特征与社会功能》，《华南农业大学学报》（社会科学版）2007 年第 3 期。

杜鹏、安瑞霞：《政府治理与村民自治下的中国农村互助养老》，《中国农业大学学报》（社会科学版）2019 年第 3 期。

杜鹏、李兵、李海荣：《"整合照料"与中国老龄政策的完善》，《国家行政学院学报》2014 第 3 期。

方静文：《超越家庭的可能：历史人类学视野下的互助养老——以太监、自梳女为例》，《思想战线》2015 年第 4 期。

方静文：《从互助行为到互助养老》，《中南民族大学学报》（人文社会科学版）2016 年第 5 期。

费孝通：《家庭结构变动中的老年赡养问题——再论中国家庭结构的变化》，《北京大学学报》（哲学社会科学版）1983 第 3 期。

费孝通：《乡土中国》，北京大学出版社 2012 年版。

风笑天：《从"依赖养老"到"独立养老"——独生子女家庭养老观念的重要转变》，《河北学刊》2006 年第 3 期。

干咏昕：《中国民间互助养老的福利传统回溯及其现代意义》，《今日中国论坛》2013 年第 7 期。

甘满堂、娄晓晓等：《互助养老理念的实践模式与推进机制》，《重庆工商大学学报》（社会科学版）2014 年第 4 期。

高斌、窦晨辉：《于米脂县开展农村"邻里互助"养老服务工作的调研报告》，《陕西老年学通讯》2012 年第 4 期。

高和荣、张爱敏：《中国传统民间互助养老形式及其时代价值——基于闽南地区的调查》，《山东社会科学》2014 年第 4 期。

高和荣、张爱敏：《宗族养老的嵌入性建构》，《吉首大学学报》（社会科学版）2019 年第 3 期。

葛晓萍、李澍卿、袁丙澍：《中国传统社会养老观的变迁》，《河北学刊》2008 年第 1 期。

古怀璞：《互助养老模式是解决农村未富先老实现小康的内生驱动力》，《中国民政》2013 年第 7 期。

桂世勋：《志愿服务：时间银行养老的悖论与破解》，《探索与争鸣》2019 年第 8 期。

郝亚亚、毕红霞：《山东省农村老人社区互助养老意愿及影响因素分析》，《西北人口》2018 年第 2 期。

何晖：《政府主导型农村互助养老：衍生逻辑·实践框架·路径取向》，《吉首大学学报》（社会科学版）2021 年第 4 期。

何茜：《国外互助养老模式对我国农村地区养老的借鉴与启示》，《农业经济》2018 年第 6 期。

贺雪峰：《互助养老：中国农村养老的出路》，《南京农业大学学报》（社会科学版）2020 年第 5 期。

贺雪峰：《论半熟人社会——理解村委会选举的一个视角》，《政治学研究》2000 年第 3 期。

贺雪峰：《论中国农村的区域差异——村庄社会结构的视角》，《开放时代》2012 年的 10 期。

贺雪峰：《如何应对农村老龄化——关于建立农村互助养老的设想》，《中国农业大学学报》（社会科学版）2019 年第 3 期。

贺雪峰：《中国农村社会转型及其困境》，《东岳论丛》2006 年第 2 期。

贺寨平：《社会网络与生存状态——农村老年人社会支持网研究》，中国社会科学出版社 2004 年版。

贺寨平、武继龙：《农村社区互助养老的可行性分析与问题研究——基于大同市水泊寺乡 X、D 两村的实地调查》，《天津师范大学学报》（社会科学版）2017 年第 6 期。

洪彩华、李桂梅：《"反哺"与"接力"：中西方家庭养老模式之异同》，《中州学刊》2007 年第 2 期。

胡博、葛倩玉等：《参与式治理视角下农村互助养老服务的困境及建议——以石家庄市 D 村为例》，《农村经济与科技》2020 年第 31 卷，第 3 期。

胡芳肖、李蒙娜、张迪：《农村老年人养老服务方式需求意愿及影响因素研究——以陕西省为例》，《西安交通大学学报》（社会科学版）2016 年第 4 期。

胡宏兵、高娜娜：《城乡二元结构养老保险与农村居民消费不足》，《宏观经济研究》2017 年第 7 期。

黄海娜：《时间银行式互助养老服务模式化发展路径探索》，《新金融》2019 年第 7 期。

纪春艳：《农村"时间银行"养老模式发展的优势、困境与应对策略》，《理论学刊》2020 年第 5 期。

纪春艳：《新型城镇化视角下农村互助养老模式的发展困境及优化策略》，《农村经济》2018 年第 1 期。

金华宝：《发达国家互助养老的典型模式与经验借鉴》，《山东社会科学》2019 年第 2 期。

景军、赵芮：《互助养老：来自"爱心时间银行"的启示》，《思想战线》2015 年第 4 期。

雷咸胜：《新中国成立以来农村养老保障政策的演进——基于间断—均衡理论框架的分析》，《广东行政学院学报》2019 年第 5 期。

李海舰、李文杰、李然：《中国未来养老模式研究——基于时间银行的拓展路径》，《管理世界》2020 年第 3 期。

李捷枚：《20 世纪 50 年代中国农村养老保障模式变革》，《华中师范大学学报》（人文社会科学版）2016 年第 2 期。

李明、曹海军：《老龄化背景下国外时间银行的发展及其对我国互助养老的启示》，《国外社会科学》2019 年第 1 期。

李俏、李久维：《回归自主与放权社会：中国农村养老治理实践》，《国农业大学学报》（社会科学版）2016 年第 3 期。

李俏、刘亚琪：《农村互助养老的历史演进、实践模式与发展走向》，《西北农林科技大学学报》（社会科学版）2018 年第 5 期。

李翌萱、蒋美华：《农村互助养老服务支持体系的多元整合与优化——基于关中农村 9 所互助院的调研》，《中州学刊》2020 年第 6 期。

梁磊、郭凤英：《基于"时间银行"养老平台模式体系研究及实践》，《新疆社会科学》2016 年第 3 期。

梁巧惠：《我国城镇社区"互助养老"模式研究》，硕士学位论文，东北师范大学，2014 年。

廖鲁言：《关于高级农业生产合作社示范章程草案的说明》，《中华人民共和国国务院公报》1956 年第 29 期。

刘金海：《互助：中国农民合作的类型及历史传统》，《社会主义研究》2009 年第 4 期。

刘妮娜：《互助与合作：中国农村互助型社会养老模式研究》，《人口研究》2017 年第 4 期。

刘妮娜：《论中国时间银行的特色及发展逻辑》，《城市问题》2020 年第 7 期。

刘妮娜：《农村互助型社会养老：中国特色与发展路径》，《华南农业大学学报》（社会科学版）2019 年第 1 期。

刘妮娜：《欠发达地区农村互助型社会养老服务的发展》，《人口与经济》2017 年第 1 期。

刘妮娜：《中国农村互助型社会养老的定位、模式与进路》，《云南民族大学学报》（哲学社会科学版）2020 年第 3 期。

刘苹苹：《建立宜居社区与"多代屋"——中国应对人口老龄化问题的路径选择》，《人口学刊》2013 年第 6 期。

刘少杰、邵占鹏：《社会运行理论的时空观》，《社会学评论》2016 年第 2 期。

刘晓梅、乌晓琳：《农村互助养老的实践经验与政策指向》，《江汉论坛》2018 年第 1 期。

刘燕舞：《农民自杀研究》，社会科学文献出版社 2014 年版。

卢艳、张永理：《社会支持网络视角下的农村互助养老研究》，《宁夏党校报》2015 年第 3 期。

穆光宗：《家庭养老面临的挑战以及社会对策问题》，《中州学刊》1999 年第 1 期。

穆光宗：《建立代际互助体系　走出传统养老困境》，《市场与人口分析》1999 年第 6 期。

穆光宗：《中国传统养老方式的变革和展望》，《中国人民大学学报》2000 年第 5 期。

聂建亮、唐乐：《人际信任、制度信任与农村老人互助养老参与意愿》，《北京社会科学》2021 年第 5 期。

欧旭理、胡文根：《中国互助养老典型模式及创新探讨》，《求索》2017 第 11 期。

潘光旦：《潘光旦文集（第 1 卷）》，北京大学出版社 1993 版。

彭炎辉：《代际双重绑定时间银行：农村养老服务新模式》，《西北人口》2017 年第 6 期。

祁峰、高策：《发展"时间银行"互助养老服务的难点及着力点》，《天津行政学院学报》2018 年第 3 期。

乔琦、蔡永洁：《非血缘关系的多代居——德国新型社会互助养老模式案例及启示》，《建筑学报》2014 年第 2 期。

曲绍旭：《多中心治理视角下农村互助养老服务制度发展路径的优化研究》，《广西社会科学》2020 年第 1 期。

沈朝霞：《社会工作介入农村互助养老策略研究》，《华中师范大学》2017 年 5 月 1 日。

宋全成、崔瑞宁：《人口高速老龄化的理论应对——从健康老龄化到积极老龄化》，《山东社会科学》2013 年第 4 期。

隋国辉、蔡山彤、黄琳：《新时间银行互助养老模式研究——基于传统时间银行的改进》，《老龄科学研究》2019 年第 4 期。

孙立平、王汉生、王思斌、林彬、杨善华：《改革以来中国社会结构的变迁》，《中国社会科学》1994 年第 2 期。

孙永浩：《农村老年人参与社区互助养老意愿的影响因素研究——基于 ISM-AHP 的分析》，《福建行政学院学报》2019 年第 5 期。

唐灿：《中国城乡社会家庭结构与功能的变迁》，《浙江学刊》2005 年第 2 期。

唐健、彭钢：《从模糊失衡到多元均衡：福利多元主义视域下农村社会化养老主体责任反思与重构》，《农村经济》2020 年第 8 期。

田北海、王彩云：《城乡老年人社会养老服务需求特征及其影响因素——

基于对家庭养老替代机制的分析》，《中国农村观察》2014 第 4 期。

万谊娜：《社区治理视角下互助养老模式中社会资本的培育——基于美国"村庄运动"的经验》，《西北大学学报》（哲学社会科学版）2019 年第 4 期。

王洪国：《二元制背景下城乡养老的现状与未来》，《中国集体经济》2017 年第 36 期。

王辉：《村老年组织的连带福利机制研究》，博士学位论文，上海交通大学，2016 年。

王辉：《村庄结构、赋权模式与老年组织连带福利比较研究》，《中国农村观察》2020 第 4 期。

王辉：《农村养老中正式支持何以连带非正式支持？——基于川北 S 村农村互助养老的实证研究》，《南京社会科学》2017 年第 12 期。

王辉：《政策工具视角下多元福利有效运转的逻辑——以川北 S 村互助式养老为个案》，《公共管理学报》2015 年第 4 期。

王辉、金华宝：《连带福利：农村老年协会福利再生产》，《探索》2020 年第 6 期。

王铭铭：《村落视野中的文化与权力——闽台三村五论》，生活·读书·新知三联书店 1997 年版。

王日根：《义田及其在封建社会中后期之社会功能浅析》，《社会学研究》1992 年第 6 期。

王瑞芳：《没收族田与封建宗族制度的解体——以建国初期的苏南土改为中心的考察》，《江海学刊》2006 年第 5 期。

王胜今、舒莉：《积极应对我国人口老龄化的战略思考》，《吉林大学社会科学学报》2018 年第 6 期。

王天夫、王飞、唐有财、王阳阳、裴晓梅：《土地集体化与农村传统大家庭的结构转型》，《中国社会科学》2015 年第 2 期。

王卫平：《从普遍福利到周贫济困——范氏义庄社会保障功能的演变》，《江苏社会科学》2009 年第 2 期。

王伟进：《互助养老的模式类型与现实困境》，《行政管理改革》2015 年第 10 期。

王小宁：《农村公共物品供给制度变迁的路径依赖与创新》，《中国行政管理》2005 年第 7 期。

王跃生：《改革开放以来中国农村家庭结构变动分析》，《社会科学研究》第 2019 年第 4 期。

邬沧萍、姜向群：《老年学概论》，中国人民大学出版社 2015 年版。

吴志成：《德国"多代居"空间环境建设及其借鉴启示》，《老龄科学研究》2015 年第 6 期。

夏辛萍：《时间银行社区养老服务模式初探》，《人民论坛》2012 年第 17 期。

夏辛萍：《中国互助养老"时间银行"本土化发展历程及经验反思》，《中国老年学杂志》2017 年第 37 卷，第 22 期。

谢立中：《结构—制度分析，还是过程—事件分析？——从多元话语分析的视角看》，《中国农业大学学报》（社会科学版）2007 年第 4 期。

熊跃根：《需要、互惠和责任分担》，格致出版社 2008 版。

许加明、华学成：《城市社区空巢老人互助养老的参与意愿与互助方式——基于江苏省淮安市的调查与分析现代经济探讨》2015 年第 8 期。

许烺光：《宗族·种姓·俱乐部》，薛刚译，华夏出版社 1990 年版。

杨帆、曹艳春：《基于社会交换理论的我国时间银行养老服务模式影响因素分析》，《东北大学学报》（社会科学版）2019 年第 4 期。

杨静慧：《互助养老模式：特质、价值与建构路径》，《中州学刊》2016 第 3 期。

杨静慧：《农村老人互助养老意愿及政策启示——基于江苏的实证研究》，《兰州学刊》2020 年第 4 期。

杨静慧：《欠发达地区农村空巢家庭养老的困境与应对——兼论互助式养老的综合效益》，《甘肃社会科学》2017 第 6 期。

杨清哲：《人口老龄化背景下中国农村老年人养老保障问题研究》，博士学位论文，吉林大学，2013 年。

杨文健、程可桢：《农村互助养老实践与长效运行机制的探讨》，《江西农业学报》2016 年第 5 期。

姚远：《对家庭养老概念的再认识》，《人口研究》2000 年第 5 期。

姚远、范西莹：《血亲价值观及中国老年人对非正式支持资源的选择研究》，《中州学刊》2009 年第 2 期。

要瑞丽：《"以老养老"：一种家庭养老的过渡性模式》，硕士学位论文，华东理工大学，2010 年。

应星：《"气"与抗争政治：当代中国乡村社会稳定问题研究》，社会科学
　　文献出版社 2016 年版。

于长永：《农村老年人的互助养老意愿及其实现方式研究》，《华中科技大
　　学学报》（社会科学版），2019 年第 2 期。

于潇、孙悦：《"互联网 + 养老"：新时期养老服务模式创新发展研究》，
　　《人口学刊》2017 年第 1 期。

袁方：《中国老年人在家庭、社会中的地位和作用》，《北京大学学报》
　　（哲学社会科学版）1987 年第 3 期。

袁同成：《"义庄"：创建现代农村家族邻里互助养老模式的重要参鉴——
　　基于社会资本的视角》，《理论导刊》2009 年第 4 期。

袁志刚、陈功等：《时间银行：新型互助养老何以可能与何以可为》，《探
　　索与争鸣》2019 年 8 期。

张彩华：《村庄互助养老幸福院模式研究：支持性社会结构的视角》，博士
　　学位论文，中国农业大学，2017 年。

张彩华、熊春文：《美国农村社区互助养老"村庄"模式的发展及启示》，
　　《探索》2015 年第 6 期。

张晨寒、李玲玉：《时间银行：居家养老服务模式的新探索》，《河南师范
　　大学学报》（哲学社会科学版）2016 年第 5 期。

张继元：《互助养老的福利自生产机制——互惠的连锁效应与结构效应》，
　　《山东社会科学》2021 年第 10 期。

张继元：《农村互助养老的福利生产与制度升级》，《学习与实践》2021 年
　　第 6 期。

张俊浦：《积极老龄化视角下农村互助养老模式的功能分析》，《福建农林
　　大学学报》（哲学社会科学版）2017 年第 1 期。

张乐天：《告别理想——人民公社制度研究》，东方出版中心 1998 版。

张丽、毕红霞：《基于 SEM 的农村互助养老选择意愿及影响因素分析》，
　　《调研世界》2018 年第 12 期。

张岭泉、郝雅奇：《农村互助养老模式问题研究》，《现代经济信息》2017
　　年第 13 期。

张佩国：《传统中国福利实践的社会逻辑——基于明清社会研究的解释》，
　　《社会学研究》2017 年第 2 期。

张仕平、刘丽华：《建国以来农村老年保障的历史沿革、特点及成因》，

《人口学刊》2000 年第 5 期。

张文超、杨华磊：《我国"时间银行"互助养老的发展现状、存在问题及对策建议》，《南方金融》2019 年第 3 期。

张雪松：《清代以来的太监庙探析》，《清史研究》2009 年第 4 期。

张云英、张紫薇：《农村互助养老模式的历史嬗变与现实审思》，《湘潭大学学报》（哲学社会科学版）2017 年第 4 期。

张正正：《农村老年人互助养老需求意愿影响因素分析及政策支持研究》，硕士学位论文，河北经贸大学，2020 年。

张志雄、孙建娥：《多元化养老格局下的互助养老》，《老龄科学研究》2015 年第 5 期。

赵洁：《国内外互助养老模式的比较及借鉴》，《中国民政》2019 年第 5 期。

赵立新：《社区内结伴互助的老年照顾模式探究》，《人口学刊》2018 年第 3 期。

赵宁：《社会资本视角下农村多元化养老模式研究》，《社会保障研究》2018 年第 2 期。

赵志强：《社会资本视野下的农村互助养老模式》，《经济论坛》2014 年第 6 期。

赵志强、王凤芝：《文化社会学视角下的农村互助养老模式》，《农业经济》2013 年第 10 期。

赵志强、杨青：《制度嵌入性视角下的农村互助养老模式》，《农村经济》2013 年第 1 期。

郑杭生：《社会学对象问题新探》，《社会学研究》1986 年第 1 期。

郑杭生：《社会学概论新编》，中国人民大学出版社 1987 版。

钟仁耀、王建云、张继元：《我国农村互助养老的制度化演进及完善》，《四川大学学报》（哲学社会科学版）2020 第 1 期。

钟水映、赵雨、任静儒：《我国地区间"未富先老"现象研究》，《人口研究》2015 第 1 期。

周裕琼：《数字代沟与文化反哺：对家庭内"静悄悄的革命"的量化考察》，《现代传播》（中国传媒大学学报）2014 年第 2 期。

朱传一：《开拓互助组合养老的新模式》，《中国社会工作》1997 年第 1 期。

朱火云、丁煜:《农村互助养老的合作生产困境与路径优化——以 X 市幸福院为例》,《南京农业大学学报》(社会科学版)2021 年第 2 期。

朱林方:《义庄:宗法一体化国家治理体系的一个样本》,《华中科技大学学报》(社会科学版)2014 年第 4 期。

二 中译论著

[俄] 克鲁泡特金:《互助论:进化的一个要素》,李平沤译,商务印书馆 2010 版。

[法] 皮埃尔·布迪厄:《文化资本与社会炼金术》,包亚明译,上海人民出版社 1997 版。

[法] 涂尔干:《社会分工论》,渠东译,生活·读书·新知三联书店版,2000 年版。

[美] 罗伯特·D. 帕特南:《使民主运转起来——现代意大利的公民传统》,王列、赖海荣译,江西人民出版社 2001 年版。

[美] 詹姆斯·C. 斯科特:《农民的道义经济学》,程立显、刘建等译,译林出版社 2001 年版。

[美] 尼尔·吉尔伯特、特雷尔:《社会福利政策导论》,黄晨熹、刘红、周烨译,华东理工大学出版社 2003 年版。

[英] 安东尼·吉登斯:《社会的构成》,李康、李猛译,生活·读书·新知三联书店 1998 年版。

[英] 莫里斯·弗里德曼:《中国东南的宗族组织》,上海人民出版社 2009 年版。

三 外文文献

Ed Collom. Engagement of the Elderly in Time Banking: The Potential for Social Capital Generation in an Aging Society. *Journal of Aging & Social Policy*, Vol. 20, No. 4, 2008.

Goodwin, Nick. Understanding Integrated Care: a Complex Process, A Fundamental Principle. *International Journal of Integrated Care*, No. 3, 2013.

James Midgley, Mitsuhiko Hosaka. Grassroots Social Security in Asia: Mutual Aid, Microinsurance and Social Welfare. *Taylor and Francis*, 2011.

Judith Lasker. Time Banking and Health: The Role of a Community Currency

Organization in Enhancing Well-Being. *Health Promotion Practice*, Vol. 2, No. 1, 2011.

Lukas Valek, The Time Bank Implementation and Governance: Is Prince 2 Suitable?. *Procedia Technology*, No. 16, 2014.

Luo Y, Su B, Zheng X. Trends and Challenges for Population and HealthDuring Population Aging-China, 2015 – 2050. *China CDC Wkly*, Vol. 3, No. 28, 2021.

Michael Glassman. Mutual Aid Theory and Human Development: Sociability as Primary. *Journal for the Theory of Social Behaviour*, Vol. 30, No. 4, 2000.

Political Science Review, No. 2, 2015.

TSAI. L. Solidary Groups, Informal Accountability, and Local Public Goods Provision in Rural China. *America Political Science Review*, No. 2, 2007.

后　记

本研究感谢国家社科基金青年项目"农村互助养老长效机制理论建构与路径优化研究"（18CSH063）资助，相关研究成果发表在《中国农村观察》《农业经济问题》《南京社会科学》《行政论坛》《探索》《社会保障研究》等期刊上。部分研究观点在重庆市领导批示的资政建议《积极应对人口老龄化的对策建议》中得到体现。此外，笔者在2019年得到河北省荷花公益基金会资助参与中国农村互助养老第三届高峰论坛，分享农村互助养老发展模式和建设经验；在2021年接受《重庆日报》采访，发表重庆市农村互助养老发展趋势的相关观点；在2022年也通过线上参与农村互助养老可持续发展论坛，阐述其长效机制研究构建的理论和路径。

感谢重庆大学、社科处、公共管理学院和重庆市社科联等各级、各部门领导老师在科研上的勉励、关心和支持！感谢博士生导师——上海交通大学陈映芳教授将我引入农村养老研究领域，感谢陈筱媛、金子健、刘芝钰、张继容、谢敏、陈嘉怡、张素美、刘惠敏、陈丹、廖婷婷、杜晨阳、史弋锋、宋敏、李元、刘大伟的积极作为。在一起田野调查、研读文献、材料分析和写作打磨的时光是该书成型的必经环节，也是我一辈子都难以忘怀的美好回忆。感谢赵有声、张佩国、贺雪峰、韩志明、陈升、田先红、胡晓芳、刘妮娜、陈培峰、谭新雨、孙哲、戴坚等师友在研究过程中的交流和指导，令人受益匪浅。

家是温暖的港湾！感谢妻子对我事业上的鼎力支持和在家务事上的辛勤操劳，感谢两个可爱的儿子在我研究写作过程中增添的乐趣和动力。感谢绿春县领导、同事和朋友对我工作与生活上的诸多关心支持，让我在边疆民族地区能够从容地开展工作，并与当地干群结下深情厚谊。从学者到负责重庆大学对口帮扶和乡村振兴工作的挂职副县长，对于我是一个全新的考验和锻炼。挂职期间，我牢记"心中有重大、心中有绿春、心中有责任、心中有底线"重托，从教育、文化、产业、消费、党建等方面助力巩固脱贫攻坚成果有效衔接乡村振兴，在绿春开展了一系列标志性的帮扶工作，并助力重庆大学的定点帮扶业绩在2021年和2022年被教育部考评为"好"。虽然平日行政事务较多，但是我未敢忘却自己的学者身份，利用晚上和周末闲暇时间来从事学术研究和指导研究生工作。为此，自我调侃是一个较为勤奋的新农人，通过理论务农和直接参与乡村社会实践来助力村振兴和农业农村现代化。

感谢调研过程中接受我们访谈和问卷调查的各级领导和老年朋友。多年调研经历也与不少老年人处成了忘年交，每当重阳节来临之前会接到他们的电话邀请我们参加节日活动时，会感到欣慰和高兴。听他们分享家长里短，感受着他们的喜怒哀乐，让我能够全面地理解这个群体，直至理解整个中国社会。就此而言，如果我的研究成果能够作为咨政建言，有助于提升农村老年福利水平和优化农村互助养老长效机制，也算是对于众多老年朋友的一种感谢和回馈。

最后真诚感谢中国社会科学出版社应允出版和编辑老师耐心细致的编辑修改，令著作增色不少。